Becker · Disziplin im Unterricht

Georg E. Becker

Disziplin im Unterricht

Auf dem Weg zu einer zeitgemäßen Autorität

Beltz Verlag · Weinheim und Basel

Dr. *Georg E. Becker* war Professor für Allgemeine Didaktik/Schulpädagogik an den Pädagogischen Hochschulen Heidelberg und Schwäbisch Gmünd.

Lektorat: Michael Kühlen

www.beltz.de
Herstellung: Lore Amann
Satz: Druckhaus »Thomas Müntzer«, Bad Langensalza
Druck: Druck Partner Rübelmann, Hemsbach
Umschlaggestaltung: glas ag, Seeheim-Jugenheim
Umschlagabbildung: Fotolia
Printed in Germany

ISBN 978-3-407-62488-8

Inhaltsverzeichnis

Einleitung ... 7

»Disziplin« – ein belasteter Begriff ... 11

Disziplin in der deutschen Geschichte ... 18

Übersteigerte Disziplin ... 37

Erziehung zur Disziplin in der Familie ... 45

Schulen sind auch Disziplinierungsanstalten ... 61

Schüler müssen sich disziplinieren ... 75

Lehren und Lernen mit Disziplin ... 84

Anspruchsvolles Lernen bedarf der Disziplin ... 94

Diszipliniertes Verhalten muss geübt werden ... 103

Freude am Lernen, Spaß und Humor ... 116

Hausaufgaben erfordern viel Selbstdisziplin ... 121

Disziplinkonflikte ... 128

Interventionsmöglichkeiten ... 134

Konfliktursachen und Konfliktprophylaxe ... 156

Rituale in ihrer Bedeutung für die Disziplin 174

Autorität und Disziplin 181

Zur Relevanz empirischer Forschung 187

Disziplin – Ungehorsam – Zivilcourage 193

Einsichten und Folgerungen 204

Literaturverzeichnis 212

Sachverzeichnis 215

Einleitung

Warum ist das Thema »Disziplin« heute so aktuell? Wer sich um eine Antwort auf diese Frage bemüht, stößt auf viele mögliche Ursachen. Vordergründig kann man vermuten, weil Bernhard Bueb einen Bestseller mit dem Titel »Lob der Disziplin. Eine Streitschrift«, verfasst hat, auf die prompt mit dem Sammelband »Vom Missbrauch der Disziplin« reagiert wurde (Bueb 2006; Brumlik 2007).

Eine weitere Ursache ist wohl der Umstand, dass man nach dem Zweiten Weltkrieg nichts mehr von Disziplin wissen wollte. Für die »flotten 68er« war Disziplin ohnehin ein Unwort, das man aus der Erziehung, der Schule, dem Unterricht und aus den pädagogischen Lehrveranstaltungen an Hochschulen und Universitäten verbannte. Zwar erkannten problembewusste Erziehungswissenschaftler schon vor über 20 Jahren die Notwendigkeit der Disziplin für das schulische Lehren und Lernen und publizierten einen Sammelband mit dem Titel »Das verdrängte Disziplinproblem« (Schneider 1985). Doch leider fand dieses lesenswerte Buch zu wenig Beachtung. Die breite Öffentlichkeit und die Lehrerschaft waren noch nicht bereit, sich intensiv mit der Thematik auseinanderzusetzen.

Eine dritte Ursache kann im globalen Wettbewerb liegen, in der Tatsache, dass »Disziplin« heute nicht mehr als typisch preußisch-schwäbische Tugend gelten kann, sondern viele andere Nationen, wie z. B. die osteuropäischen oder fernöstlichen Staaten, in gleicher Weise auszeichnet. Diese Staaten haben aufgrund ihrer disziplinierten Bevölkerung große wirtschaftliche Erfolge erzielt. Also ist es nicht erstaunlich, wenn aus den Bereichen der Wirtschaft und der Industrie der Ruf nach mehr Disziplin erschallt, um wettbewerbsfähig zu bleiben.

Eine vierte Ursache lässt sich bei jenen Eltern finden, die mit ihren Erziehungsbemühungen scheitern und ihre Kinder häufig als undisziplinierte kleine Tyrannen erleben (Winterhoff 2008). Gleichzeitig lassen sich die Zukunftsängste vieler Eltern nicht übersehen (Bonner/Weiss 2008). Und so erhoffen sich einige Eltern über mehr Disziplin bessere Zukunftschancen für ihre Kinder.

Die im internationalen Vergleich eher mittelmäßigen PISA-Ergebnisse deutscher Schülerinnen und Schüler tragen zum Ruf nach mehr Disziplin in Erziehung und Unterricht bei. Einige Lehrer glauben ernsthaft, sie könnten über mehr Disziplin und mehr Hausaufgaben die Lernleistungen der Schüler wesentlich steigern – was sicher ein Trugschluss ist, wie noch zu zeigen sein wird.

Auch die spektakulären Fernsehberichte über die Berliner Rütli-Schule haben sicher ihren Teil dazu beigetragen, das Thema in den Brennpunkt zu rücken. Zwar lassen sich die dortigen Verhältnisse nicht verallgemeinern, doch gibt es bundesweit Schulen, an denen chaotische Zustände vorherrschen. Und so fordert man naiv von den Schülern mehr Respekt vor den Lehrern ein, ohne über die Ursachen der Respektlosigkeit nachzudenken.

Warum musste dieses Buch geschrieben werden?
Zunächst ist der Autor mit den vorliegenden Publikationen unzufrieden. Viele Autoren geben sich nicht einmal die Mühe, zu definieren, was sie unter »Disziplin« verstehen. Ich fasse Disziplin so: Individuen stellen ihre spezifischen und unmittelbaren Bedürfnisse zurück. Sie schränken sich ein oder üben Verzicht. Sie tun dies mit Blick auf ein übergeordnetes und höherwertiges Ziel, etwa die Aufrechterhaltung der sozialen Ordnung.

Fast alle Autoren klammern in ihrer Beschäftigung mit der Disziplin den zeitgeschichtlichen Hintergrund aus, so auch Buchner in ihrer praxisnahen Publikation »Disziplin – kein Schnee von gestern, sondern eine Tugend von morgen« (Buchner 2006). Gleiches gilt für das Buch von Rüedi, »Disziplin in der Schule« (Rüedi 2002). Als Schweizer interessiert sich der Autor verständlicherweise weniger für ein typisch deutsches Trauma.

Auch lässt sich die Disziplinproblematik nicht nur aus der Sicht von Schul-, Kinder- und Jugendpsychologen abhandeln, wie es Krowatschek et al. (2008) versuchen. Diese Autoren bieten zwar wichtige Anregungen zur Verbesserung des Klassenklimas. Auch die vorgeschlagenen gruppendynamischen Aktivitäten sind in ihrer anschaulichen und verständlichen Darstellung überzeugend. Aber unberücksichtigt bleibt die schulpädagogische Perspektive, das Lehren und Lernen im Unterricht.

Was in allen Publikationen fehlt, sind differenzierte Ausführungen zu den Ursachen mangelnder Disziplin. Natürlich sind es auch viele Schüler, die für chaotische Verhältnisse sorgen. Doch primär wirken die Erwachsenen verursachend. So schicken viele Eltern ihre Kinder unerzogen zur Schule. In einigen Bundesländern werden immer noch zehnjährige Kinder selektiert und auf vier verschiedene Schularten – die Sonderschule nicht zu vergessen – verteilt. Dann wundert man sich, dass Hauptschüler, denen man kaum Perspektiven bieten kann, sich undiszipliniert verhalten. Bildungs- und Finanzpolitiker stellen nicht die erforderlichen Mittel bereit, um Ganztagsschulen einzurichten, die Klassengrößen überschaubar zu halten und Lernumgebungen zu schaffen, in denen sich die Schüler wohlfühlen und gerne lernen.

Es sind die Direktoren und Schulleiter, denen es an schulpädagogischen Einsichten und didaktischer Fantasie mangelt. Sie organisieren den Unterricht immer noch im 45-Minuten-Takt und konfrontieren die Schüler an einem Vormittag mit sechs verschiedenen Fächern. Viele Lehrer verneinen ihren Erziehungsauftrag, sondern unterrichten nur ihr Fach, nicht aber die ihnen anvertrauten Schüler. Und so herrscht an vielen weiterführenden Schulen zwischen Lehrern und Schülern Beziehungslosigkeit vor. Es fehlt eine wechselseitige Verantwortung für den Lehr-Lernprozess und für die Lehr-Lernergebnisse.

Was in fast allen Publikationen unberücksichtigt bleibt, ist der interessante Übergang von der Disziplin zum Ungehorsam, vom gesetzestreuen Staatsbürger zum zivilcouragierten Bürger. Es kann nicht alleiniges Erziehungsziel sein, Schüler zu disziplinieren und von ihnen ein hohes Maß an Selbstdisziplin zu verlangen. In politischen Krisensituationen werden Bürger gebraucht, die ihrem Gewissen folgen und Widerstand leisten. Deshalb ist dieser Thematik das abschließende Kapitel gewidmet.

Dies ist in erster Linie ein schulpädagogisches Buch. Wer aber in Deutschland ernsthaft über Disziplin nachdenkt, muss interdisziplinär arbeiten und zeitgeschichtliche Überlegungen einfließen lassen.

Für wen ist dieses Buch gedacht? Zunächst für alle Studenten, die sich auf den Lehrerberuf vorbereiten, damit sie nicht schon in den ersten Unterrichtsstunden im Chaos versinken. Dann möchte das Buch Lehrern helfen, die Disziplin im Unterricht aufrechtzuerhalten, den Überblick zu wahren und angemessen zu intervenieren. Und schließlich ist das Buch für jenen Personenkreis gedacht, der pädagogische Verantwortung trägt, für Abgeordnete, die in den Landesparlamenten über den Bildungsetat entscheiden, für Minister und Ministerialbeamte, die überfällige Innovationen einleiten können, für Gemeinderäte, die über den Schuletat der Gemeinden befinden.

Schulaufsichtsbeamte, Direktoren und Schulleiter werden zwar keine grundlegend neuen Einsichten gewinnen. Ihnen ist bewusst, dass chaotische Verhältnisse die Lehr-Lerneffektivität drastisch mindern, aber sie können sicher einige Erkenntnisse gewinnen, die über die oberflächliche Sichtweise von Bueb hinausgehen. Nicht zuletzt ist das Buch auch für Hochschullehrer gedacht, die sich in ihren Lehrveranstaltungen mit diesem Thema befassen und somit auch für die Lehrerausbildung mitverantwortlich sind.

Den Studenten der Pädagogischen Hochschulen Heidelberg und Schwäbisch Gmünd sowie den Studenten am Bildungswissenschaftlichen Institut der Universität Heidelberg danke ich für viele Anregungen auch zu diesem Buch. Jenen Ausbildungslehrern, Mentoren und Schulräten gilt mein besonderer Dank, die mich bei meiner Arbeit als Senatsbeauftragter für die schulpraktische Ausbildung an der Pädagogischen Hochschule Heidelberg unterstützten. Ihr Rat war immer dann besonders gefragt, wenn Lehrer, Praktikanten oder Referendare mit massiven Disziplinschwierigkeiten zu kämpfen hatten.

Um den Text flüssiger zu gestalten, wird in diesem Buch über Lehrer und Schüler geschrieben. Selbstverständlich sind alle Lehrerinnen und Schülerinnen mitgemeint. Wo das Geschlecht eine Rolle spielt, wird dies besonders vermerkt. So wird stets über Grundschullehrerinnen und nicht über Grundschullehrer geschrieben, weil diese Lehrerinnen mehrheitlich die Erziehungsarbeit in den Grundschulen leisten.

»Disziplin« – ein belasteter Begriff

Warum ist »Disziplin« ein belasteter Begriff? In der Zeit des Nationalsozialismus wurde die gesamte Bevölkerung weitgehend diszipliniert, und schon allein deshalb ist der Begriff der »Disziplin« in Deutschland zeitgeschichtlich belastet. Der nationalsozialistischen Ideologie entsprechend hatten die Eltern ihre Kinder den Jugendorganisationen zu übergeben, und sie taten es fast ausnahmslos. Die Lehrer wurden auf die Rassenlehre und die Lehre von Blut und Boden verpflichtet. Und von wenigen Ausnahmen abgesehen, lehrten sie diese Inhalte im Sinne der Partei.

Die Schüler hatten ihre Lehrer mit dem Hitlergruß zu empfangen und Meldung zu erstatten. Und den Schülern blieb nichts anderes übrig, als dieses Ritual zu akzeptieren. Nach dem Zusammenbruch wollten sich viele Menschen nicht eingestehen, dass sie sich hatten indoktrinieren und disziplinieren lassen. Und so wurde der Begriff der »Disziplin« aus dem Erziehungs- und Bildungswesen weitgehend verbannt (Schneider 1985).

Disziplin ist zunächst ein auf Ordnung oder Unterordnung gerichtetes Handeln oder Verhalten. In dieser allgemeinen Definition liegt schon die Unterscheidung zwischen Selbst- und Fremddisziplin. Wer andere Menschen diszipliniert, übt Macht über sie aus, fordert von ihnen, spezifische Bedürfnisse einzuschränken, aufzuschieben oder auf deren Befriedigung zu verzichten. Wer sich selbst diszipliniert, handelt aufgrund eigener Einsichten entsprechend jener Regeln, die er sich selbst vorgegeben hat und die er für sinnvoll hält. Er entwickelt und verfolgt eigene Ordnungsvorstellungen und übt von sich aus Verzicht.

Disziplin wird häufig mit den preußisch-schwäbischen Sekundärtugenden gleichgesetzt, mit Fleiß, Ordnung, Pünktlichkeit und Sparsamkeit. Auch wenn das eine unzulässige Einschränkung ist: Diese Tugenden sind unverzichtbar, wenn es darum geht, anspruchsvollere

Zielsetzungen anzustreben und bedeutsame Ergebnisse zu erzielen. Ohne Disziplin sind keine Rettungsaktionen und keine humanitären Hilfseinsätze denkbar.

Disziplin ist in allen Lebensbereichen eine Notwendigkeit, so z. B. in der Wissenschaft, der Politik, in der Wirtschaft, beim Militär, der Polizei, bei den Hilfsorganisationen, in Lagern, im Straßenverkehr, beim Sport, in der Freizeit, in der Schule und im Unterricht.

Eine Wissenschaftsdisziplin ist eine Struktur, die einen abgrenzbaren Bereich umfasst und aus zahlreichen Elementen besteht, die miteinander in Beziehung stehen. Grundlegende Elemente und einfache Strukturen bilden einen Rahmen. Anspruchsvollere Elemente und kompliziertere Teilstrukturen bauen darauf auf. Hochschullehrer forschen und lehren in Kenntnis ihrer Disziplin unter Berücksichtigung spezifischer Methoden und des problemgeschichtlichen Verfahrens. Und wer sich nicht an diesen Ordnungsrahmen hält, wird als unwissenschaftlich abqualifiziert.

Politiker dürfen sich zwar formalrechtlich frei entscheiden und brauchen nur ihrem Gewissen zu folgen. Doch in der Praxis müssen sie sich an die Beschlüsse ihrer Fraktion halten und Parteidisziplin üben. Verhalten sie sich undiszipliniert, müssen sie damit rechnen, vor der nächsten Wahl keinen sicheren Listenplatz oder Wahlkreis zu bekommen.

Beim Militär ist diszipliniertes Verhalten unverzichtbar. Militärische Einsätze können nur gelingen, wenn die Mannschaften den Befehlen ihrer Vorgesetzten folgen. Wer Befehle verweigert, riskiert ein Disziplinarverfahren und eine entsprechende Bestrafung.

Die zahlreichen Hilfsorganisationen, wie z. B. das Technische Hilfswerk, das Rote Kreuz oder die Feuerwehr, erwarten von ihren Helfern ein diszipliniertes Verhalten und Handeln. Wenn der Brandmeister vor Ort seine Befehle erteilt, sind die Feuerwehrleute selbstverständlich verpflichtet, diesen Befehlen nachzukommen.

Bei der Polizei muss sich der Einsatzleiter darauf verlassen können, dass seine Leute seinen Anweisungen folgen. Nur so können Großveranstaltungen und Großdemonstration ordnungsgemäß ablaufen und Geiselbefreiungen gelingen.

Alle Arbeitnehmer müssen ihren Arbeitsvertrag erfüllen, pünktlich zur Arbeit erscheinen, ihre Arbeitskraft zur Verfügung stellen, mit den Arbeitskollegen kooperieren und sich mit dem Betrieb identifizieren. Wer diese Erwartungen nicht erfüllt, dem wird gekündigt.

Auch von jedem Arbeitgeber wird verlangt, dass er sich diszipliniert, seinen Betrieb regelgerecht führt, für Aufträge sorgt, die Werbung effektiviert, die Produktion optimiert, den Vertrieb organisiert und die Mitarbeiter angemessen entlohnt. Außerdem muss er an die Zukunft denken, innovieren und investieren. Kommt er seinen Aufgaben und Verpflichtungen nicht nach, wird er eines Tages Konkurs anmelden müssen.

Ärzte, die stundenlang im Operationssaal stehen und schwierige Eingriffe vorzunehmen haben, müssen sich selbst disziplinieren und von allen Teammitgliedern ein hohes Maß an Disziplin verlangen. Alle sollten hellwach, einsatzbereit und kompetent sein.

Piloten müssen in ähnlicher Weise von sich und ihrer Crew Disziplin verlangen. Sie haben sich von der Flugtauglichkeit der Maschine zu überzeugen und von der sachgerechten Verstauung des Fluggepäcks. Sie müssen nüchtern in die Kanzel steigen und Gleiches von ihren Kopiloten und den Flugbegleitern erwarten können. Kommen Piloten ihren Aufgaben und Verpflichtungen nicht nach, werden sie zum Risiko. Irgendwann gelten sie als »abgeflogen« und werden ins Bodenpersonal eingereiht.

In ähnlicher Weise müssen sich Zugführer disziplinieren und dafür sorgen, dass sich das Begleitpersonal ebenfalls diszipliniert. Die Züge sollten pünktlich abfahren und die Fahrpläne eingehalten werden. Geschieht dies nicht, protestieren die Fahrgäste, fordern mehr Pünktlichkeit von der Deutschen Bahn und einen Teil des Fahrpreises zurück.

Bergführer überprüfen zunächst einmal die Bergtauglichkeit ihrer Gäste, vereinbaren mit den Mitgliedern einer Seilschaft die Route, verteilen Ausrüstung und Proviant auf die einzelnen Bergsteiger, bestimmen, wer vorangeht und wer hinten sichert, und entscheiden, ob eine Tour wegen schlechter Witterungsbedingungen abgebrochen wird.

Von allen Verkehrsteilnehmern, von Fußgängern und Fahrzeuglenkern, wird Verkehrsdisziplin verlangt. Sie müssen sich an die Straßenverkehrsordnung halten, die Verbots- und Gebotsschilder achten, dürfen bei Rot nicht über die Straße laufen und nicht schneller fahren als erlaubt. Wer sich undiszipliniert verhält, muss mit einem »Knöllchen« oder einer Anzeige rechnen.

Alle Bewohner von Wohnhäusern, Wohnblöcken, Wohnheimen, Seniorenheimen, Pflegeheimen, Kasernen, Justizvollzugsanstalten oder Krankenhäusern müssen sich disziplinieren und die Hausordnung, Kasernenordnung, Anstalts- oder Heimordnung akzeptieren.

Gleiches gilt für alle erdenklichen Lager, in denen von allen Lagerbewohnern die Einhaltung der jeweiligen Lagerordnung verlangt wird. Auffanglager, Flüchtlingslager, Internierungslager oder Gefangenenlager benötigen eine Lagerordnung. Wer gegen sie verstößt, muss mit Sanktionen rechnen. In Konzentrations- und Arbeitslagern wurden die Häftlinge und Zwangsarbeiter auf grausame Weise diszipliniert. Aber sie hatten nur eine Chance zu überleben, wenn sie sich in Selbstdisziplin übten, die kärglichen Rationen über den Tag verteilten und möglichst nicht auffielen, indem sie die Lagerordnung einhielten.

Alle Sportler müssen sich an die Wettkampfregeln ihrer Disziplin halten. Für regelwidriges Verhalten werden sie ermahnt, bekommen sie eine Zeitstrafe, die Gelbe oder Rote Karte gezeigt, dürfen an bestimmten Wettkämpfen nicht mehr teilnehmen oder werden von ihrem Verband zeitweise oder auf Lebenszeit ausgeschlossen.

Leistungssportler können nur dann ihre Höchstleistungen abrufen, wenn sie sich über längere Zeit hinweg disziplinieren, täglich trainieren, sich gesund ernähren, die Anordnungen des Trainers befolgen, den Trainingsplan einhalten und auf viele Annehmlichkeiten verzichten. Schon ein Diätfehler kann ihre Leistungsfähigkeit entscheidend mindern.

Freizeitsportler brauchen sich nicht besonders zu disziplinieren, solange sie lediglich joggen oder daheim Tischtennis spielen. Aber sobald sie in öffentlichen Gewässern baden oder diese befahren möchten, in Klettergärten oder Hochseilgärten unterwegs sind, hochalpine Klettersteige begehen oder Berggipfel besteigen wollen, wird die Freiheit eingeschränkt und Disziplin gefordert: Im Naturschutzgebiet dürfen bestimmte Wege nicht verlassen werden. Im Skigebiet werden Abfahrten wegen Lawinengefahr gesperrt. Mountainbike-Fahrer werden auf bestimmte Routen gelenkt. Fußgänger dürfen mit ihren Hunden die Langlaufloipen nicht betreten. Wanderern ist es untersagt, im Wald zu rauchen. Wer sich nicht an die vorgeschriebenen Regeln hält, muss mit einem Bußgeld rechnen. Von den Mitgliedern einer Familie oder Wohngemeinschaft wird die Einhaltung vereinbarter Regeln erwartet. Solche Gemeinschaften haben nur Bestand, wenn alle Beteiligten ihre Erwartungen offen ansprechen, ihre Bedürfnisse äußern, aufeinander Rücksicht nehmen, Beruf und Freizeit koordinieren und Ausgabendisziplin üben. Wenn sich ein Mitglied nicht an die getroffenen Vereinbarungen hält, kommt es zu massiven Schwierigkeiten.

Jede Lerngemeinschaft – die Schüler einer Lerngruppe und ihr Lehrer – muss die für das Lehren und Lernen in Gruppen erforderliche soziale Ordnung einhalten. Geschieht dies nicht, sind Lehren und Lernen nur noch unter hohem Zeitverlust oder gar nicht mehr möglich. Schüler, die die soziale Ordnung empfindlich stören, müssen Disziplinierungstechniken über sich ergehen lassen oder haben mit pädagogischen Maßnahmen zu rechnen.

Disziplinierungstechniken zielen auf die Eliminierung unerwünschter Verhaltensweisen in der konkreten Situation, z. B. durch Klassenbucheinträge oder Strafarbeiten. Pädagogische Maßnahmen hingegen möchten bei den Schülern eine Bewusstseinserweiterung (und auf diesem Wege Verhaltensänderung) bewirken. Sie stehen in einem direkten inhaltlichen Zusammenhang zum unerwünschten Verhalten und lassen sich daher auch begründen.

Die Mitglieder einer Schulgemeinschaft – die Schüler, Lehrer, Schulleiter, der Hausmeister und die Eltern – haben die für den Schulbetrieb erforderlichen Regeln zu achten. Über den regelmäßigen Schulbesuch, den pünktlichen Unterrichtsbeginn, das Unterrichtsende, die Pausenzeiten, die Hofordnung, die Übernahme besonderer Dienste ist zu beraten und zu entscheiden. Grobe Verstöße gegen die Schulordnung werden sanktioniert.

Alle Beteiligten müssen zeitweise individuelle Bedürfnisse einschränken oder aufschieben. Deswegen ist die These »Wer sich in Selbstdisziplin übt, hat die Schönheit der Arbeit noch nicht entdeckt« (Passig/Lobo 2008) unhaltbar: Die Autoren sollten einmal über diesen Punkt mit Fließbandarbeitern sprechen, die bestimmte Arbeitstakte einhalten müssen. Wahrscheinlich wird es einem hohen Prozentsatz der arbeitenden Bevölkerung nie vergönnt sein, die

Schönheit ihrer Arbeiten zu entdecken. Sie werden sich auch künftig oft überwinden müssen, zur Arbeit in den Betrieb oder in das Büro zu gehen. Und sie werden sich auch künftig auf den Urlaub freuen.

Gänzlich unverständlich ist die Empfehlung von Kathrin Passig und Sascha Lobo, Dinge »ohne einen Funken Selbstdisziplin zu regeln«. In Umkehrung des Spruches, den jeder Leser aus der Kindheit kennt – »Was du heute kannst besorgen, das verschiebe nicht auf morgen« –, fordern sie zur Prokrastination auf, d. h. dazu, alle Aufgaben erst einmal aufzuschieben und sie erst dann in Angriff zu nehmen, wenn es sich gar nicht mehr vermeiden lässt.

Wenn wir unsere Kinder und Schüler zu kleinen Prokrastinateuren erziehen würden, wäre dies wohl der allgemeine Untergang. Eine Erziehung zur Faulheit lässt sich nicht legitimieren. Wie wohltuend ist es doch für die Schüler, wenn sie in dem Bewusstsein schlafen gehen, die Hausaufgaben erledigt zu haben. Und wie beruhigend ist es für Erwachsene, die Korrespondenz erledigt und alle Rechnungen bezahlt zu haben. Prokrastination können sich nur Menschen leisten, die in keinem abhängigen Arbeitsverhältnis stehen, wie z. B. Autoren, die wenig hilfreiche Büchlein schreiben, wie die Geschäftsführerin einer »Zentralen Intelligenz Agentur« oder der »Kreativdirektor einer Werbeagentur«.

Disziplin ist notwendig, das habe ich gezeigt. Genauso selbstverständlich bedarf jede Gruppe einer Führung oder Leitung. Ein wissenschaftliches Projekt lässt sich nur in der vorgesehenen Zeit realisieren, wenn der Projektleiter sich intensiv um die Mitarbeiter und deren Arbeiten kümmert. Eine politische Partei bedarf eines Vorsitzenden, der die Partei führt. Soldaten oder Polizisten benötigen Führungsoffiziere oder Einsatzleiter. Institutionen verpflichten einen Geschäftsführer, der sie nach außen vertritt. Der Inhaber eines Wirtschaftsunternehmens muss seinen Betrieb führen. Erfolgreiche Mannschaften benötigen Führungspersönlichkeiten. Im Hochgebirge braucht eine Seilschaft einen kompetenten Bergführer. Und Schulen können sich glücklich schätzen, wenn der Leiter als Führungspersönlichkeit anerkannt ist, die, mit Amts- und Sachautorität ausgestattet, Anordnungen trifft, die durchdacht erscheinen und die von den Lehrern gerne befolgt werden.

Nach dem Zweiten Weltkrieg wurde nicht nur der Begriff der »Disziplin«, sondern auch das Wort »Führung« im deutschen Sprachraum aus Erziehung und Bildung weitgehend verbannt. Peter Petersen (1884–1952) schrieb 1937 seine »Führungslehre des Unterrichts«. Auch Theodor Litt (1880–1962) verfasste 1932 seine Denkschrift »Führen oder wachsen lassen«. Doch dann wurde der Begriff tabuisiert. Nun hat Bernhard Bueb mit dem Büchlein »Von der Pflicht zu führen« auch dieses Tabu gebrochen, ohne allerdings grundlegende schulpädagogische Einsichten zu berücksichtigen (Bueb 2008).

Denn Lehrer haben nicht nur zu führen. Bei der Umsetzung verschiedener Unterrichtskonzeptionen haben sie ganz unterschiedliche Funktionen zu erfüllen. Mal sind Lerngruppen zu führen, dann sind Schüler zu motivieren. Lehrer haben unterschiedliche Gespräche zu leiten oder bei Diskussionen zu moderieren. Bei Einzelarbeit haben sie Lernhilfen zu geben und einzelne Schüler zu betreuen. Bei Auseinandersetzungen müssen sie schlichten und die betroffenen Schüler beraten. In anderen Worten: Ihre Aufgabe besteht in erster Linie darin, den Schülern beim Lernen zu helfen.

Disziplin in der deutschen Geschichte

Der Leser wird nun eingeladen, sich auf eine Zeitreise zu begeben, um die Frage zu beantworten, wie sich in den letzten hundert Jahren die Einstellungen zur Disziplin verändert haben. Die Zeitreise könnte natürlich viel früher beginnen, z. B. bei den Spartanern, bei den Eltern jener Führungsschicht, die ihre Buben öffentlich auspeitschen ließen und stolz darauf waren, wenn diese keine Miene verzogen. Am Beginn der Reise könnten auch jene erzieherischen Ideale stehen, wie sie im 17. Jahrhundert in unserer Region vom Pietismus gepflegt wurden: täglich die vorgeschriebenen Gebete verrichten, tätige Nächstenliebe praktizieren und der christlichen Obrigkeit gehorchen. Auch wäre eine nähere Betrachtung des Philanthropismus interessant, jener Reformbewegung im Zeitalter der Aufklärung, die die natürlichen Kräfte des Kindes stärken und entwickeln wollte. Allerdings hielt man Tugenden wie Fleiß, Ordnung und Sauberkeit für nützlich und unverzichtbar. Stattdessen kürzen wir die Reise stark ab und verzichten auf den ganz großen historischen Bogenschlag und auf den Besuch fremder Länder. Das ist wichtig, denn anderswo ist das Verhältnis zur Disziplin ungebrochen.

Beginnen wir also die Reise im Wilhelminischen Deutschland, besuchen dann die Weimarer Republik, das Dritte Reich, das Deutschland der Nachkriegszeit, das geteilte Deutschland, das Deutschland der 68er, um schließlich im wiedervereinigten Deutschland die Reise zu beenden. Den einzelnen Epochen werden zeit- und gesellschaftsgeschichtliche Anmerkungen vorausgeschickt, die reduziert und holzschnittartig ausfallen müssen. Dann wird der Frage nachgegangen, wie die Menschen und Schüler in ihrer Zeit diszipliniert wurden und wie sie sich disziplinieren ließen.

In der Wilhelminischen Zeit war Disziplin eine Selbstverständlichkeit. Das gesellschaftliche Leben wurde durch das Militär, den Adel, das preußische Beamtentum, die Industriebarone, Fabrikbesitzer und Besitzbürger bestimmt.

Die Offiziere, die sich traditionsgemäß fast ausschließlich aus dem Adel rekrutierten, waren auf die Einhaltung der militärischen Disziplin stolz. Sie beruhte auf die Anerkennung der Obrigkeit und der Hierarchie, auf Befehl und Gehorsam, Führung und Unterordnung, Drill und Uniformierung.

Neben der Offizierskaste genossen die Beamten hohes Ansehen. Sie waren wie die Soldaten der Obrigkeit verpflichtet und setzten, häufig pedantisch, die Gesetze und Vorschriften um. Entsprechend der Gehorsamspflicht nahmen sie auch willkürliche Entscheidungen, wie z. B. eine Versetzung aus dem Rheinland nach Ostpreußen, widerspruchslos hin. Der preußische Beamte galt als äußerst diszipliniert, pflichtbewusst, unbestechlich und bescheiden. Als Gegenleistung hatte der Staat für ihn zu sorgen. Diese Alimentationspflicht hat sich bis heute weitgehend erhalten.

Mit der zunehmenden Industrialisierung erhielten die Bürger ein neues Gewicht. Und so wurden die wohlhabenden Industriebarone, Kaufleute und Bankiers wegen ihrer finanziellen Möglichkeiten von der Offizierskaste, dem Adel, den ostelbischen Junkern und den höheren Beamten akzeptiert, geschätzt und oft auch beneidet.

Die Fabrikbesitzer, die mit der Herstellung und dem Vertrieb deutscher Waren »Made in Germany« beschäftigt waren, hatten ein Interesse an disziplinierten Arbeitern, die pünktlich, fleißig und ordentlich ihrer Arbeit nachgingen. Die Unternehmer disziplinierten ihre Arbeiter mit dem »Herr-im-Hause-Standpunkt« und ließen schwarze Listen führen, in denen unbotmäßige oder aufmüpfige Arbeiter vermerkt wurden. Die Junker disziplinierten die Landarbeiter, Tagelöhner und Saisonarbeiter. Die Ministerialbeamten disziplinierten innerhalb des klassisch-hierarchischen Bürokratiemodells die ihnen untergeordneten Beamten.

Zwar gab es einige Protest- und Streikbewegungen, wie den Weberaufstand. 1863 erfolgte die Gründung des Allgemeinen Deutschen Arbeitervereins, des Vorläufers der SPD. Und es gab auch die als Kulturkampf in die Geschichte eingegangene Auseinandersetzung zwischen dem Staat und der Kirche, die in Preußen schon 1872 zum Gesetz über die staatliche Schulaufsicht führte.

Aber insgesamt gesehen lässt sich die Feststellung treffen, dass die Mitglieder der herrschenden Gesellschaftsschicht die Angehörigen der mittleren und unteren Sozialschichten disziplinierten. Diesen blieb nichts weiter übrig, als sich mit einem Existenzminimum zu begnügen. Wollten sie und ihre Familien überleben, mussten sie sich fügen und in Selbstdisziplin üben. Die wenigen und oft durchaus gut gemeinten Reformen von oben änderten nichts an der Tatsache, dass weite Teile der Bevölkerung in bitterer Armut lebten.

Neben dem Adel, den Offizieren, den Besitzbürgern und höheren Beamten standen im Land der Dichter und Denker die Professoren hoch um Kurs. Professoren genossen zahlreiche Privilegien, wurden aber vor allem wegen ihrer Berufsauffassung und disziplinierten Arbeitshaltung geachtet. Die deutschen Professoren forschten fast ausnahmslos mit Hingabe, und ihre Forschungsergebnisse verhalfen dem Kaiserreich zu Ruhm und Ansehen in der Welt.

Fragen wir nun nach den übergeordneten Normen in der Erziehung und im Unterricht jener Zeit, sind dies primär die viel geschmähten Sekundärtugenden wie Fleiß, Ordnung, Sauberkeit, Pünktlichkeit, Sparsamkeit und Bescheidenheit. Gefragt waren außerdem Ehrlichkeit, Demut und Unterwürfigkeit. Auch waren Tugenden wie Treue gegenüber der Obrigkeit oder dem Dienstherrn, Gehorsam, Pflichterfüllung und Gottesfurcht übergeordnete Werte. Von der Garnisonskirche in Potsdam erklang um die Mittagszeit im Glockenspiel die Melodie: »Üb' immer Treu und Redlichkeit bis an dein kühles Grab, und weiche keinen Finger breit von Gottes Wegen ab.«

Übergeordnete Lehr- und Erziehungsziele, die uns heute selbstverständlich erscheinen, wie z. B. eine Erziehung zur Selbstständigkeit und Selbstverantwortung, zur Mitbestimmung und Mitverantwortung, zur Kritikfähigkeit und zur Zivilcourage, galten damals als defätistisch. Solche Ziele wurden nur von »gemeingefährlichen« Sozialdemokraten und Kommunisten vertreten, die nicht an den Hebeln der Macht saßen.

Die Schulen der Kaiserzeit waren Drillanstalten, Buch- und Lernschulen, in denen der Unterricht häufig in einer geistlosen Gedächtnisroutine erstarrte. Wer Gelegenheit hatte, sich mit älteren Menschen zu unterhalten, die noch vor dem Ersten Weltkrieg zur

Schule gingen, der staunte über das angehäufte lexikalische Wissen, über den Schatz auswendig gelernter Liedtexte, Gedichte und über die vielen Zitate, die man als Bildungsbürger in die Konversation einzubringen pflegte.

Regional unterschiedlich besuchten nur etwa fünf bis zehn Prozent aller Schüler eine Präparandenanstalt und anschließend ein Gymnasium. Etwa 90 Prozent aller Schüler besuchten die Volksschule, die damals eine wirkliche Schule des Volkes war. In diesen Volksschulen mussten die Schüler lesen, rechnen, schön schreiben und viele Lieder aus dem Gesangbuch auswendig lernen. Die Inhalte an den Gymnasien waren natürlich reichhaltiger, wurden allerdings damals wie heute oft naiv aus den universitären Disziplinen abgeleitet. An den humanistischen Gymnasien standen die alten Sprachen im Mittelpunkt. An den Realgymnasien wurden die Naturwissenschaften und moderne Fremdsprachen eingeführt.

Schüler aller Schularten hatten ihre Lehrer zu respektieren und ihnen einfach zu gehorchen. Ihre Autorität durfte nicht infrage gestellt werden. Die Lehrer forderten selbstverständlich Respekt ein, gleichgültig, ob sie ihn verdienten oder nicht. Wer sich als Schüler despektierlich verhielt, wurde gezüchtigt.

An den Gymnasien herrschte jene Sitzordnung vor, die wohl in der Zeit der Gegenreformation von den Jesuiten erdacht worden war. Der Unterricht wurde selbstverständlich frontal erteilt. Der Klassenprimus saß vorn auf dem ersten Platz, der Zweitbeste auf dem zweiten Platz usw. Häufig wurde das Pensum abgefragt, und das ging dann so: eine Antwort nicht gewusst – zwei Plätze runter; zwei Antworten nicht gewusst – vier Plätze runter; eine Antwort gewusst – einen Platz hoch; eine besonders gute Antwort gegeben – drei Plätze hoch ...

Zur Disziplinierung der Schüler diente auch ein Zensurenfetischismus, der sich bis in unsere Tage erhalten hat. Es wurde weniger um der Sache willen gelernt, sondern in erster Linie, um ein gutes Zeugnis vorweisen zu können.

Im Ersten Weltkrieg wurden von fast allen Bürgern Disziplin und die Einschränkung individueller Bedürfnisse gefordert. Dies galt sowohl für die Soldaten an der Front als auch für die Menschen in der

Heimat. Diese Generation erinnert sich an den »Steckrübenwinter« 1917, in dem weite Kreise der Bevölkerung hungerten.

Die Gründung der Weimarer Republik nötigte die Menschen in fast allen Lebensbereichen zum Umdenken und zu einer Neuorientierung. Die alte Ordnung war zerbrochen, neue Strukturen waren noch nicht erkennbar. National gesinnte Kräfte glaubten an die Dolchstoßlegende, empfanden den Versailler Vertrag als Schandvertrag. In Berlin herrschten zunächst bürgerkriegsähnliche Verhältnisse. Eine allgemeine Verunsicherung erfasste weite Bevölkerungsschichten. Die Zersplitterung der Parteienlandschaft, die Republik ohne Demokraten, die Morde an führenden Politikern, die Inflation, die hohe Arbeitslosigkeit und die Weltwirtschaftskrise sorgten für instabile Verhältnisse.

Für große Teile der Bevölkerung waren die Goldenen Zwanziger eher Hungerjahre, wie die satirisch-anklagenden Zeichnungen von Heinrich Zille aus dem Berliner Milieu und die Radierungen und Holzschnitte von Käthe Kollwitz eindrucksvoll belegen. Den kriegsversehrten Soldaten fehlten angemessene medizinische Versorgung und materielle Absicherung. Einige zogen mit ihren Krücken protestierend durch Berlin, andere bettelten um ein Stück Brot. Das Elend in den Berliner Hinterhöfen, wo die Tuberkulose grassierte, war groß.

Diese allgemeine Verunsicherung und Orientierungslosigkeit brachten zahlreiche zivilisationskritische, lebensreformerische und reformpädagogische Ansätze hervor, deren Ursprünge häufig in die Zeit vor dem Ersten Weltkrieg zurückreichten. Erwähnt seien in diesem Zusammenhang die Wandervogel-Bewegung und die Bündische Jugend, die Arbeitsschulbewegung, die deutsche Landerziehungsheim-Bewegung, die Kunsterziehungsbewegung, die Waldorf-Pädagogik, die Montessori-Pädagogik und die Jenaplan-Schulen.

Für die Jugend war die Welt der Erwachsenen nicht besonders attraktiv. Also taten sich junge Menschen zusammen, um draußen in der Natur im Zeltlager am Lagerfeuer, mit Kochtopf und Milchnudeln, Spiel und Tanz, Klampfe und Fahrtenliedern ihr eigenes Leben zu führen. Auf ihren »großen Fahrten« mussten sich die Wanderer selbstverständlich disziplinieren, sonst hätten sie ihr Ziel nie erreicht.

Die Arbeitsschulbewegung betonte die Bedeutung praktischer und handwerklicher Arbeit auch für die geistige Entwicklung der Schüler. Die deutsche Landerziehungsheim-Bewegung wollte die Schüler aus den Klauen der morbiden Erwachsenenwelt befreien. Man zog mit den Schülern aufs Land, um dort verschiedene Experimente zu wagen, so z. B. die Koedukation, den Epochenunterricht, den Projektunterricht oder Projekte der Schülermitbestimmung und Schülermitverantwortung.

Den Reformansätzen war eines gemeinsam: Sie richteten den Blick auf das Kind und den Schüler mit seinen Lernmöglichkeiten und Lernbedürfnissen. Diese Schulreformer wollten die Bevormundung und Fremddisziplinierung der Schüler überwinden und diese zur Selbstständigkeit und Selbstverantwortung führen, was allerdings nur ansatzweise gelang. So pflegte z. B. Hermann Lietz einen autokratischen Erziehungsstil, den viele seiner Mitarbeiter, wie Paul Geheeb und Gustav Wyneken, nicht akzeptieren konnten.

Einige schulpädagogische Positionen jener Zeit sind heute Allgemeingut, so die Einsicht, dass man die individuellen Begabungen und Fähigkeiten eines jeden Schülers fördern sollte und die Lernvoraussetzungen der Schüler zu berücksichtigen sind. Erkannt wurde auch, dass es sensible Phasen gibt, die es zu nutzen gilt, Zeiten, in denen sich die Kinder gern mit bestimmten Lerninhalten beschäftigen und deshalb auch gute Lernergebnisse erzielen. Auch wurde erkannt, wie sinnvoll und notwendig es ist, die Schule zu öffnen, sei es durch Lerngänge, durch den Besuch kultureller Veranstaltungen oder durch Exkursionen.

Man erkannte schon damals die Bedeutung ganzheitlichen Fühlens und Denkens auch im Unterricht, dass also kognitive Prozesse stets von Emotionen begleitet werden, die es zu berücksichtigen gilt. In diesem Zusammenhang sind Unterrichtskonzeptionen wie der Gesamtunterricht und der Fächerübergreifende Unterricht zu erwähnen. Mit ihnen wollte man der Ausdifferenzierung der Lerninhalte begegnen und das Lehren und Lernen in größeren Sinnzusammenhängen ermöglichen.

Die Einsicht, dass man zur geistigen Durchdringung eines Sachverhaltes Zeit benötigt, Zeit zur Konzentration und zum Nachdenken, war von Maria Montessori mit dem Begriff »Polarisation der

Aufmerksamkeit« betont wurden. Des Weiteren wurde das Ziel verfolgt, den Unterricht vom Erwerb nutzloser Fakten zu befreien und die »freie geistige Schularbeit« im Sinne Hugo Gaudigs zu fördern. Vertreter der Kunsterziehungsbewegung wollten die in den Schülern schlummernden kreativen Potenziale wecken. Schließlich wurde auch die Bedeutung des Klassenklimas für erfolgreiche Lehr-Lernprozesse entdeckt sowie die Bedeutung der Kleingruppenarbeit, um die sozialen und kooperativen Fähigkeiten der Schüler zu fördern.

Was die Disziplinierung der Schüler in der Zeit der Weimarer Republik betrifft, so darf man sich keinen Illusionen hingeben. Die Einsichten der Pädagogischen Bewegung wurden nur an wenigen Schulen und dort auch nur ansatzweise umgesetzt. Um die für das Lehren und Lernen in Gruppen erforderliche soziale Ordnung zu sichern, wurden weiterhin die tradierten und »bewährten« Disziplinierungstechniken eingesetzt. Zwar schrieb Ellen Key im Jahr 1900 ein Buch mit dem Titel »Das Jahrhundert des Kindes«. Aber das Buch entfaltete keine große Wirkung. Viele Kinder spürten noch wenig von »ihrem« Jahrhundert. In fast allen Familien und Schulen waren Prügelstrafen weiterhin selbstverständlich.

Die nationalsozialistischen Machthaber verlangten eine totale Disziplin – wie sie in allen diktatorischen Gesellschaftssystemen eingefordert wird. Sie gaben eine staatliche Ordnung mit zahlreichen Regeln vor und überwachten und kontrollierten die strikte Einhaltung dieser Regeln. Wer den absoluten Führungs- und Machtanspruch infrage stellte oder eine Regel missachtete, bekam es mit der Geheimen Staatspolizei zu tun. Oft landeten »ungehorsame« Bürger in einem Prügelkeller, einer Folterkammer, in einem Arbeits- oder Konzentrationslager. Und von den Kindern und Jugendlichen wurde gefordert, sich zu disziplinieren und für die nationalsozialistische Sache zu kämpfen.

Die Gesellschaft war hierarchisch gegliedert. An ihrer Spitze stand der Führer und Reichskanzler, dann folgten die Reichsführer, wie z. B. der Reichsführer SS oder der Reichsjugendführer, die Gauleiter, Kreisleiter, Blockleiter bis hinunter zum Blockwart. Die Geheime Staatspolizei perfektionierte ein Spitzelsystem, das der Disziplinierung der Bevölkerung diente. Die paramilitärischen Einheiten der SA und SS beeindruckten die Bevölkerung durch Aufmärsche, Fahnen und Massenkundgebungen, schüchterten sie aber auch ein. Alle Jugendorganisationen aus der Weimarer Republik wurden vereinnahmt und in der Hitlerjugend, dem Jungvolk und dem Bund Deutscher Mädchen zusammengeführt.

Die nationalsozialistischen Erziehungsideale lassen sich mit Schlagworten wie Disziplin, Treue, Dienst, Gehorsam, Einsatzbereitschaft, Willens- und Entschlusskraft sowie Opferbereitschaft für Führer, Volk und Vaterland umschreiben. An der Spitze der nationalsozialistischen Jugendorganisationen stand der Reichsjugendführer. Ihm waren regionale Führer untergeordnet bis hin zu den Fähnleinführern auf der untersten Ebene. Anders als in der Weimarer Republik, in der sich die Jugendführer durch positive Eigenschaften auszeichneten, um dann von den Gruppen aufgrund ihrer Führungsqualitäten anerkannt zu werden, wurden nun die Jugendführer systematisch von oben eingesetzt, auf ihre Aufgaben vorbereitet, in Lagern geschult und gemäß der nationalsozialistischen Doktrin vereinnahmt (Wilhelm 1960).

Viele Kinder und Jugendliche begeisterten sich gerade deshalb so für diese Organisationen, weil sie strukturiert und transparent erschienen, weil in ihnen die Disziplin gewahrt wurde und weil man schnell innerhalb der Organisationen aufsteigen konnte. Dass diese Organisationen nach Befehl und Gehorsam gesteuert wurden, schien sie nicht weiter zu stören. Durch viele gemeinsame Unternehmungen, durch Gruppenabende, Fahrten und Aufenthalte in Jugendlagern wurde das Gemeinschaftsgefühl gepflegt. Nahezu jeder Jugendliche wollte dazugehören, die HJ-Uniform tragen, mitmarschieren und mitsingen.

Die Texte der Lieder machen deutlich, welche Bedürfnisse eingeschränkt, aufgeschoben oder verleugnet werden sollten. So hieß es etwa: »Führer, befiehl, wir folgen dir!« Und an anderer Stelle: »Die Fahne ist mehr als der Tod!« Weit verbreitet waren auch markige Sprüche wie: »Du bist nichts, dein Volk ist alles!« Oder: »Gemeinnutz geht vor Eigennutz!« Und im Poesiealbum jener Zeit war zu lesen: »Ich bin geboren, deutsch zu fühlen, bin ganz auf deutsches Denken eingestellt. Erst kommt mein Volk und dann die andern vielen, erst meine Heimat, dann die Welt!«

Was wurde da von den jungen Menschen verlangt? Eingefordert wurde die bedingungslose Gefolgschaft. Zugunsten der Fahne und zur Erhaltung des Volkes wurde sogar das Recht auf Leben aberkannt. Den Kindern und Jugendlichen wurde ein Überlegenheitsgefühl vermittelt, indem man ihnen immer wieder erklärte, dass sie die Elite seien, der Herrenrasse angehörten, ausersehen seien, andere Menschen zu führen und minderwertige Menschen zu unterdrücken. Werden solche Parolen oft genug wiederholt, glauben viele Kinder und Jugendliche sie auch.

Die weibliche Jugend wurde auf die Rolle der Hausfrau und Mutter festgelegt, deren Aufgabe es war, dem Führer möglichst viele männliche Nachkommen, Soldaten, zu schenken. Ideologisch verblendet meldeten sich viele junge Menschen freiwillig zum Militär oder zur SS, um sich für Führer, Volk und Vaterland zu opfern.

Disziplinierungsanstalten besonderer Art waren die Nationalpolitischen Erziehungsanstalten, jene Internate, in die Schüler aufgenommen wurden, die einen arischen Stammbaum nachweisen konnten und deren Eltern sich als linientreu erwiesen hatten. In diesen Internaten wurde Hitlers Erziehungsideologie praktisch umgesetzt. Die politische Schulung, Abhärtung und Sport, auch Boxen, standen im Mittelpunkt des Erziehungsprogramms, frei nach dem Motto »Zäh wie Leder, hart wie Kruppstahl«. Überflüssig zu betonen, dass ein deutscher Junge, insbesondere der Schüler einer Nationalpolitischen Erziehungsanstalt, nicht weinen durfte.

Nur wenigen Jugendlichen gelang es, sich der nationalsozialistischen Indoktrination zu entziehen. Und wer dies dennoch versuchte, hatte mit erheblichen Schwierigkeiten zu kämpfen. So fand sich z. B. Ralf Dahrendorf, dessen Vater ein überzeugter Sozialdemokrat war, gegen Ende des Zweiten Weltkrieges in einem Jugendgefängnis in Frankfurt/Oder wieder (Dahrendorf 2003).

Der Parteiführung gelang es, die nationalsozialistische Ideologie in den öffentlichen Schulen zu verankern. Fast alle Lehrer traten dem Nationalsozialistischen Lehrerbund bei oder wurden zum Beitritt genötigt. Die Schulbücher wurden im Sinne der Partei, der Blut-und-Boden-Ideologie und der Rassenlehre, umgeschrieben.

Der Unterricht wurde in allen Fächern und Lernbereichen umgestaltet. Die Lehrer hatten ihre Klassen zu führen, und die Schüler hatten den Lehrern zu gehorchen. Wenn der Lehrer die Klasse betrat, mussten die Schüler Haltung annehmen, Meldung erstatten, und dann begrüßte man sich mit »Heil Hitler«. Nur wenige Lehrer hatten den Mut und die Kraft, sich diesem Ritual zu entziehen.

Im Zweiten Weltkrieg war Disziplin überlebensnotwendig. So ergriff der Staat zahlreiche Maßnahmen der Fremddisziplinierung, um die Versorgung der Bevölkerung sicherzustellen. Ein hohes Maß an Selbstdisziplin war gefordert, um mit dem wenigen, das es gab, auszukommen. Die Befriedigung zahlreicher Bedürfnisse war nicht mehr möglich – selbst das elementare Bedürfnis zu leben, wenn Städte bombardiert wurden oder im Feuersturm versanken. Eingeschränkt wurde das Schlafbedürfnis, wenn in einer Nacht mehrmals die Sirenen heulten und die Luftschutzkeller aufgesucht werden mussten.

Stark eingeschränkt war auch das Bedürfnis nach Nahrungsaufnahme, indem Lebensmittelkarten ausgegeben wurden und es oft nicht einmal das zu kaufen gab, was es aufgrund der Karten hätte geben sollen. Bei Kriegsende waren viele Kinder unterernährt. Eingeschränkt war das Bedürfnis nach Wärme, denn auch das Heizmaterial wurde zugeteilt, weil der »Kohlenklau« umging.

Auch dem Bedürfnis, sich individuell oder gar modisch zu kleiden, wurde nicht entsprochen. Kleidung, die im Winter hätte getragen werden können, wie z. B. Pelzmäntel, musste dem »Winterhilfswerk« geopfert werden.

Das Bedürfnis, den Wohnort zu wechseln und den Arbeitsplatz frei zu wählen, wurde ebenfalls stark eingeschränkt. Die Kinder aus den Großstädten wurden vor den Bombenangriffen in Landverschickungslagern in Sicherheit gebracht und mussten dort ihr Heimweh bekämpfen. Viele Mütter leisteten in der Landwirtschaft oder Industrie ihren Arbeitseinsatz. Die Bedürfnisse nach Geborgenheit, Liebe und Nähe mussten ausgeblendet werden, wenn die Männer an der Front waren. Überbrachte der Postbote eine Todesnachricht, mussten sich die Hinterbliebenen zusammennehmen, sich staatsfeindlicher Äußerungen enthalten und sich disziplinieren.

Wer evakuiert bei einer fremden Familie einquartiert worden war, von dem wurde ein hohes Maß an Disziplin verlangt. Die beengten Wohnverhältnisse zwangen zu gegenseitiger Rücksichtnahme. Die

Neuankömmlinge aus den vom Bombenkrieg teilweise zerstörten Städten wurden oft als Eindringlinge empfunden und mussten viele Demütigungen ertragen.

Von den Frontsoldaten wurde »eiserne Disziplin« verlangt. Wer an der Ostfront im Schützengraben lag, hatte stets den Tod vor Augen, musste froh sein, wenn er nicht erfror oder verhungerte. An die Befriedigung individueller Bedürfnisse war kaum zu denken. Nur mit Glück und Selbstdisziplin hatte ein Soldat in seiner Einheit eine Überlebenschance. Wer nicht Verzicht üben konnte, nachts im Schützengraben rauchte oder seinen Posten verließ, sah sich vor einem Kriegsgericht wieder, wurde einer Strafkompanie zugeteilt oder hatte sein Leben verwirkt.

Zur Disziplin gezwungen wurden auch Millionen Zwangsarbeiter, die Häftlinge in den Konzentrationslagern und den zahlreichen Außenlagern. Sie hatten kaum eine Überlebenschance, weil man ihre Vernichtung durch Arbeit einkalkulierte. Sie konnten nur überleben, wenn sie versuchten, die gestellten Anforderungen zu erfüllen, wenn sie die Lagerordnung einhielten und die wenige Nahrung, die sie erhielten, diszipliniert über den Tag verteilt zu sich nahmen.

Wer sich gegen Kriegsende auf der Flucht befand, musste sich selbstverständlich diszipliniert verhalten. Gleiches galt für die Bevölkerung, die nach dem Zweiten Weltkrieg aus den deutschen Ostgebieten vertrieben wurde. Wenn eine Mutter mit ihren Kindern unterwegs war und ihnen zurief »Zusammenbleiben!«, gab es für die Kinder keine Alternative; sie mussten gehorchen und folgen, solange sie dazu in der Lage waren. Dass Disziplin allein nicht das Überleben sicherte, belegen die vielen erfolglosen Suchmeldungen des Deutschen Roten Kreuzes. Zur Disziplin musste das Glück hinzukommen.

In den letzten Kriegsmonaten wurde der Unterricht unter denkbar schlechten Rahmenbedingungen erteilt. Viele Lehrer waren an der Front, umgekommen oder in Gefangenschaft. So waren die Lerngruppen meist viel zu groß. Auf den einzelnen Schüler konnte kaum Rücksicht genommen werden. Hatte ein Lehrer gleichzeitig bis zu 60 Schüler zu unterrichten, musste er von den Schülern ein diszipliniertes Verhalten einfordern. Oft behalf man sich mit Schichtunterricht, indem ein Teil der Schüler vormittags, der andere nachmittags unterrichtet wurde. Häufig fehlte es an geeigneten Räumen, weil Schulen zu Notunterkünften oder zu Lazaretten umfunktioniert worden waren.

Lehr- und Lernmittel gab es kaum. Es fehlte an allem, an Papier und an Schreibutensilien. Um die für das Lehren und Lernen erforderliche soziale Ordnung zu sichern, setzen viele Lehrer fragwürdige Disziplinierungstechniken ein. In einer von Gewalt geprägten Gesellschaft nahmen die Schüler Stockschläge und Ohrfeigen als selbstverständlich hin.

Die Nachkriegszeit war für einen großen Teil der Bevölkerung entbehrungsreich. Um nicht zu hungern und zu frieren, war Kinderarbeit selbstverständlich. Im ländlichen Raum lasen Kinder auf den abgeernteten Getreidefeldern Ähren, gingen Kartoffeln stoppeln, sammelten Holz, verzogen Rüben, erbrachten allerlei kleine Dienstleistungen und ernährten sich im Frühsommer überwiegend von unreifem Obst.

Die Kinder spielten in den Ruinen, obgleich man es ihnen wegen der Einsturzgefahr verboten hatte. Oft war der Unterricht im Leben dieser Kinder die einzige feste Größe. Zu Hause wurde ihnen gesagt: Wir haben alles verloren. Wir können euch nichts vererben. Das Einzige, was ihr habt, ist euer Verstand. Bringt gute Zeugnisse nach Hause. Die können später einmal nützlich sein.

Und so blieb diesen Kindern gar nichts anderes übrig, als sich zu disziplinieren und dieser Aufforderung zu folgen. Allerdings bot der Unterricht Flüchtlingskindern auch Gelegenheit, fair mit den einheimischen Mitschülern zu konkurrieren. Diese waren zwar besser gekleidet und hatten mehr zu essen, aber wenn man ihnen geistig überlegen war, wurde wenigstens das Selbstwertgefühl gestärkt.

In den von den Westalliierten besetzten Gebieten verbesserte sich die Versorgungslage allmählich. So erhielten viele Familien Care-Pakete, und in den Schulen gab es Schulspeisung, meist Grießbrei mit Rosinen. Außerdem hatten die Westalliierten ein Umerziehungsprogramm gestartet, eine »reeducation« mit dem Ziel, die Pimpfe und Hitlerjungen zu überzeugten kleinen Demokraten zu erziehen. Aus der Sicht der Sieger waren diese Bemühungen verständlich, wollte man es doch künftig nicht mit »freien herrlichen Raubtieren« zu tun haben.

Von vielen Lehrern und Eltern wurde dieses Programm als Bevormundung empfunden. Jene Lehrer, die überzeugte Nationalsozialisten gewesen waren, mussten in der Tat völlig umdenken. Die älteren unter ihnen hatten es im Laufe ihres Lebens nun mit der vierten Weltanschauung zu tun. Im Kaiserreich groß geworden, erlebten sie die Wirren der Weimarer Republik, dann die Zeit des Nationalsozialismus, und nun sollten sie auf einmal überzeugte Demokraten sein. Dass sich diese Lehrer abwartend verhielten, sich möglichst wenig über die Vergangenheit äußerten und dass bei ihnen der Geschichtsunterricht oft mit dem Ersten Weltkrieg endete, ist nachvollziehbar.

Aber es gab auch ganz andere Lehrer, die als Kommunisten, Sozialdemokraten oder überzeugte Christen in der Nazizeit massive Nachteile hatten in Kauf nehmen müssen. Einige von ihnen hatten in Folterstätten oder in Konzentrationslagern gelitten. Und diese Gruppe arbeitete gezielt auf einen Neuanfang hin. Im Deutschunterricht lasen sie mit ihren Schülern Wolfgang Borcherts »Draußen vor der Tür«, Kurzgeschichten von Heinrich Böll, wie »Wanderer, kommst du nach Spa …« und »Der Zug war pünktlich«, oder Albrecht Haushofers »Moabiter Sonette«.

Kriegskinder und Schüler, die im Zweiten Weltkrieg ihre Erfahrungen gesammelt hatten, wollten ebenfalls einen ganz anderen Staat und ganz andere Verhältnisse. Sie orientierten sich an der Erklärung der Menschenrechte, am Grundgesetz oder – sofern sie kirchlich gebunden waren – an den Zehn Geboten. Sie wurden in Jugendgruppen oder bei den Pfadfindern aktiv. Bekamen sie zu Beginn eines Schuljahrs einen neuen Lehrer, begann ein Ratespiel: »Ist er nun ein alter Nazi, oder handelt es sich um einen Lehrer mit einem neuen Demokratieverständnis?« War das Rätsel gelöst, nahm man das Ergebnis gelassen hin, weil man ja wusste, dass sich Einstellungen und Haltungen ohnehin nicht über Nacht ändern können.

Einige Lehrer versuchten, die Ideen der pädagogischen Reformbewegung aufzugreifen und umzusetzen. Aufgrund der vorherrschenden bescheidenen Schulverhältnisse waren sie allerdings selten erfolgreich. Zwar wurden Begriffe wie »Disziplin«, »Zucht«, »Ordnung«, »Führung« oder »Autorität« weitgehend vermieden. Dennoch konnte man in der Schulpraxis nicht auf die für das Lehren und Lernen in Gruppen erforderliche soziale Ordnung verzichten.

Vielen Lehrern gelang es nicht, sich von den autoritären Strukturen zu lösen. Sie lehrten deshalb weiter so, wie sie selbst unterrichtet worden waren. Und so forderten sie von ihren Schülern – übrigens mit Billigung der Schulaufsichtsbehörden – Respekt und Disziplin ein, wenn es sein musste, auch mit Ohrfeigen und Stockschlägen. So durften die Lehrer in Baden-Württemberg zu Beginn der 60er Jahre noch alle Schülerinnen und Schüler schlagen, Mitte der 60er durften nur noch die Jungen verhauen werden. Wenig später wurde die Prügelstrafe als Disziplinierungsmittel ganz abgeschafft – in Bayern übrigens mit einiger Verspätung erst Anfang der 70er Jahre.

Ganz anders verlief die gesellschaftliche Entwicklung in der sowjetischen Besatzungszone und in der Deutschen Demokratischen Republik. In diesem Teil Deutschlands wurden zunächst einmal fast alle Lehrer entlassen, weil sie vorbelastet erschienen. An ihre Stelle traten »Junglehrer«, die eine pädagogische Kurzausbildung erhalten hatten.

Sodann wurden die Ideologien ausgetauscht. An die Stelle des Nationalsozialismus mit seinem Rassenwahn und den Herrenmenschen trat der Marxismus-Leninismus mit der Utopie einer klassenlosen Gesellschaft. An die Stelle der Nationalsozialistischen Deutschen Arbeiterpartei trat nun die Sozialistische Einheitspartei. Aus der Hitlerjugend wurden die Jungen Pioniere, und das Jungvolk verwandelte sich in die Freie Deutsche Jugend. Die Geheime Staatspolizei fand ihre Nachfolgeorganisation im Staatssicherheitsdienst. In den Schulen, in Jugend- und Parteiorganisationen sang man nun nicht mehr »Führer, befiehl, wir folgen dir!«, sondern: »Die Partei, die Partei, die hat immer Recht ...«

In »Ordnung und Disziplin« von Hans Döbert und Günter Scholz, erschienen 1985 bei Volk und Welt, wird »die bewusste Disziplin als eines der wesentlichsten Ziele und Ergebnisse der Erziehung zur kommunistischen Moral« gepriesen. An anderer Stelle heißt es:

> *»Wir wollen uns deshalb noch einmal vergegenwärtigen, welche Disziplin wir unter der Sicht unserer heutigen und künftigen gesellschaftlichen Bedingungen und Erfordernisse bei unseren Schülern anstreben. Es ist eine bewußte Disziplin, die sich als eine politische*

und moralische Haltung gründet auf ideologischen Überzeugungen, auf Einsicht in die Notwendigkeit des Handelns entsprechend den jeweiligen gesellschaftlichen Verhaltensnormen und -regeln, auf die Erkenntnis, daß die Disziplin für die Gesellschaft, das Kollektiv und den einzelnen erforderlich ist. ... Mehr oder weniger unabhängig von diesem Niveau der Bewußtheit schließt die Disziplin in unserer sozialistischen Schule aber auch die unbedingte Beachtung und Einhaltung von Gesetzen, Regeln und moralischen Normen, also die Unterordnung der Schüler unter die allgemein anerkannte Ordnung innerhalb und außerhalb der Schule – mit anderen Worten Gehorsam – ein« (Döbert/Scholz 1985, S. 28).

Nach Makarenko wurde die bewusste Disziplin als kämpferische Disziplin benötigt, um das Ziel der klassenlosen Gesellschaft zu erreichen. Lenin kennzeichnete die Disziplin im Feudalismus als »Disziplin des Stocks«, die des Kapitalismus als »Disziplin des Hungers« – was ja weitgehend der Wirklichkeit entsprach (zitiert nach Reich 1980). Im real existierenden Sozialismus der ehemaligen DDR wurde »Disziplin« als bewusste Parteinahme für die sozialistisch-kommunistische Idee verstanden.

Mit anderen Vorzeichen wurden auch Rituale aus dem Dritten Reich in die Schulen übernommen. An die Stelle des Hitlergrußes trat nun die Frage »Seid ihr bereit?« – und die Schüler riefen: »Allzeit bereit!« Wie in der Zeit des Nationalsozialismus wurden die Bedeutung der Gruppe und die Pflege des Gemeinschaftsgefühls für die sozialistische Erziehung erkannt und genutzt. An die Stelle des Fähnleins trat nun das Lernkollektiv, in dem man bewusste Disziplin übte und gemeinsam für den Sieg des Sozialismus lernte.

Die Disziplinierung der Kinder setzte schon früh in den Kinderkrippen ein. Dem Leser sind sicher jene Bilder bekannt, auf denen zahlreiche Kleinkinder mit ernster Miene auf ihren Töpfchen sitzen, offenbar bemüht, den Vorstellungen der Erzieherinnen hinsichtlich der Reinlichkeitserziehung zu entsprechen. Und ähnliche Bilder sind aus Schlafsälen überliefert, wo die Kinder mit angelegten Ärmchen zum Mittagsschlaf gezwungen wurden.

Nun gab es sicher einige Krippen, in denen die frühkindliche Disziplinierung zu weit getrieben wurde, und andere, in denen die

Kinder weitaus besser versorgt wurden als in den Familien, in denen beide Elternteile tagsüber fehlten, weil sie am Aufbau des Sozialismus mitarbeiten mussten.

Im Unterschied zur Bundesrepublik wurden in der DDR Tugenden wie »Disziplin«, »Ordnung« oder »Gehorsam« in der Erziehung und im Unterricht nie infrage gestellt. Von allen Seiten wurden die Schüler aufgefordert, die etablierten Strukturen anzuerkennen, sich ein- und unterzuordnen. Nach der Wende 1989 staunten die Lehrer aus Westdeutschland über die disziplinierten Schüler in Ostdeutschland, umgekehrt wunderten sich die Lehrer aus Ostdeutschland über die undisziplinierten westdeutschen Schüler.

Zuvor aber hatten die 68er die schulischen Verhältnisse in der Bundesrepublik grundlegend zu verändern versucht. Wenn der Autor immer wieder über die »flotten 68er« schreibt, so hat dies mehrere Gründe. Einmal stellen sie sich bis heute in den Medien in einer unerträglichen Arroganz dar, die jeder Grundlage entbehrt. Viele tun so, als hätten sie allein die Bundesrepublik Deutschland mit ihren demokratischen Strukturen erfunden, obgleich es diese schon seit zwei Jahrzehnten gab.

Die 68er erheben zudem den Vorwurf, die ältere Generation sei allein darauf aus gewesen zu konsumieren. Frühere Generationen hatten jahrzehntelang Konsumverzicht üben müssen, im Ersten Weltkrieg, in der Weimarer Republik, im Dritten Reich und in der Nachkriegszeit. Wenn nun einige die Möglichkeit hatten, individuelle Wünsche und Bedürfnisse zu befriedigen, ist das nachvollziehbar.

Was die 68er irritierte, war der Umstand, dass sie von der älteren Generation zur Disziplin angehalten wurden. Argwöhnisch beobachteten sie die Lebensgewohnheiten der älteren Generation, die sich in den Kriegs- und Nachkriegsjahren disziplinieren und meist sparsam leben musste und der nachwachsenden Generation eben diese Tugenden predigte. Dann fiel ihnen aber auf, dass viele dazu übergegangen waren, individuelle Bedürfnisse zu befriedigen, indem sie im Kleinwagen nach Italien reisten, sich dort an den Strand legten, den Sonnenuntergang genossen, Wein tranken und Wasser predigten. Was lag also näher als der Versuch, sich vom Erwartungsdruck zu befreien und ebenfalls in die Toskana zu reisen?

Wie das bei Protestbewegungen üblich ist, wurden überzogene Forderungen gestellt, die wenig später nicht eingelöst werden konnten. Mit dem Ruf »Macht kaputt, was euch kaputt macht!« wurden alle Institutionen infrage gestellt, Schulen, Universitäten, Behörden und die staatlichen Institutionen insgesamt. Jede Autorität wurde zunächst einmal abgelehnt, mit Ausnahme jener Professoren, die die studentischen Anliegen unterstützten oder sich bei den Jungrevolutionären anbiederten.

Die Autorität der Lehrer wurde ebenfalls zurückgewiesen und eine antiautoritäre Erziehung gefordert. In Kinderläden wurde mit einer Erziehung zum Ungehorsam experimentiert. »Jede Erziehung der Kinder zu Ordnung, Gehorsam, Rücksichtnahme und Gemeinschaftsgefühl war verpönt, weil man von der Annahme ausging, dass sich Kinder selbst am besten erziehen würden und daher jede Art von Vorgabe, Zwang oder gar Strafe schädlich sei. Bekanntlich ist dieses Konzept gescheitert, und viele der Kinder, die dieser Nichterziehung unterworfen waren, gehören zu den Opfern dieser Verirrungen« (Schönbohm 2008, S. 32).

Zweifelsohne waren einige Anliegen der 68er gerechtfertigt, so die Demonstrationen gegen den Vietnamkrieg, gegen die überharten Polizeieinsätze, gegen die Notstandsgesetze und gegen die Art der Berichterstattung in einigen Boulevardzeitungen. Zu Recht setzte man sich für mehr Mitbestimmung in allen Bereichen des gesellschaftlichen Lebens ein, insbesondere für die Gleichberechtigung der Frau.

Auch der Protest gegen jene Politiker war gerechtfertigt, die als ehemalige überzeugte Nationalsozialisten nun hohe Staatsämter bekleideten. Gerechtfertigt waren auch die Versuche, das Leben eigenständiger zu führen und sich nicht mehr indoktrinieren und manipulieren zu lassen. Ziel war die Selbstverwirklichung, wobei man damals wie heute nicht präzisieren kann, was man darunter zu verstehen hat. Einig war man sich in der Ablehnung aller Formen einer direkten Einflussnahme durch Eltern, Lehrer, Erzieher und Vorgesetzte.

Wer 1968 und in den darauffolgenden Jahren als Lehrer und Hochschullehrer tätig war, konnte sich allerdings nur wundern. In den Universitätsstädten liefen die Studenten untergehakt durch die

Straßen, legten den Verkehr lahm, riefen »Ho, Ho, Ho Chi Minh«, verteilten Flugblätter und forderten alle Teile der Bevölkerung auf, sich ihnen anzuschließen. Gern wäre man ja mitgelaufen, hätte alle Zwänge abgeschüttelt. Aber als Lehrer musste man am nächsten Morgen wieder in die Schule gehen, sich selbst und die Schüler disziplinieren in dem Bewusstsein, dass ohne die Kenntnis unregelmäßiger Verben die englische Sprache nur rudimentär beherrscht werden kann.

Die Schüler jener Zeit reagierten auf die vielen Verheißungen meist mit Unverständnis und Ablehnung. Sie hatten keine Lust, sich an der Lebensstilreform zu beteiligen. Ganz überwiegend fanden sie den Lebensstil, die Haartracht und die Kleidung der Revolutionäre eigenartig, nicht aber nachahmenswert. Sie wollten lieber weiterhin in einer Familie und nicht in einer Kommune leben. Sie hielten auch wenig von der freien Liebe, wollten lieber einen festen Freund haben und waren mit der damals noch vorherrschenden Rollenverteilung zwischen den Geschlechtern weitgehend einverstanden.

Einige zumeist jüngere Lehrer wurden vom Gedankengut der 68er angesteckt. Natürlich wollten sie das hierarchische Verhältnis, das zwischen Lehrern und Schülern nun einmal besteht, abbauen. Wenn sie den Schülern das »Du« anboten, was in jener Zeit häufig vorkam, hieß es später bei den Schülern: »Das war so ein 68er, bei dem konnten wir machen, was wir wollten, bei dem haben wir nichts gelernt.« Oder: »Vor dem hatten wir keinen Respekt, der konnte sich nicht durchsetzen.«

Diese engagierten Lehrer mussten unter dem Druck der realen Verhältnisse ihre Einstellungen ändern und ihren Lehrstil revidieren. Wie alle Lehrer mussten auch sie die für das Lehren und Lernen in Gruppen erforderliche soziale Ordnung wahren und an wichtigen Stellen im Unterricht Disziplin einfordern, volle Aufmerksamkeit, Konzentration und Durchhaltevermögen.

Heute fordern Politiker von den Bürgern Disziplin in allen Lebensbereichen. So lobte der Ministerpräsident des Landes Baden-Württemberg zum 40-jährigen Landesjubiläum die Bevölkerung: »Pioniere, die sich durchsetzten, fanden in der Bevölkerung die rechten Tugenden für den durchschlagenden Erfolg: Nüchternheit, wirtschaftliches Verhalten, Fleiß, Ausdauer, Hingabe an eine Sache, Sparsamkeit. Sekundärtugenden werden sie inzwischen genannt; für die Menschen in Baden-Württemberg sind es Primärtugenden. Wir sind bis heute nicht schlecht damit gefahren, und wir werden sie in Zukunft brauchen, wenn wir unseren Kindern und Kindeskindern eine bewohnbare Welt hinterlassen wollen« (Ministerpräsident Erwin Teufel am 24.4.1992).

In einem Punkt kann man zustimmen: Wer bedeutsame Leistungen erbringen will, muss sich auf die jeweilige Aufgabe konzentrieren und individuelle Bedürfnisse einschränken, aufschieben oder Verzicht üben. Und wo Menschen zusammen arbeiten, müssen sie eine soziale Ordnung etablieren und aufrechterhalten. Nicht zustimmen kann man der geradezu atemberaubenden Feststellung, dass »Disziplin« eine Primärtugend sei. Da gibt es doch noch andere übergeordnete Tugenden wie Ehrfurcht vor der Schöpfung, den Menschen, den Tieren, den Pflanzen und Ressourcen, Tugenden wie Toleranz, Hilfsbereitschaft, Solidarität und Zivilcourage, die sicher auch im deutschen Südwesten anzutreffen sind.

Die Politiker aller Parteien haben erkannt, dass jedes System zur Systemerhaltung auf disziplinierte Bürger angewiesen ist. Nur darf dabei nicht die entscheidende Frage vergessen werden, wozu ein diszipliniertes Verhalten dienen soll.

Übersteigerte Disziplin

Warum werden viele Menschen regelrecht disziplinversessen? Sie gehen geradezu zwanghaft bestimmten Aktivitäten nach, unterwerfen sich vorgegebenen oder selbst entwickelten Ordnungsvorstellungen und Handlungsplänen, denen sie unbedingt nachkommen müssen. Ob eine Person durch Fremdeinwirkung zu einer übersteigerten Disziplin findet oder ob sie von sich aus dieses Verhalten aufbaut, lässt sich, wenn es schon zu spät ist, nicht mehr feststellen. Meist handelt es sich wohl um einen Wechselwirkungsprozess zwischen einer Fremddisziplinierung und einer selbst auferlegten Disziplin.

Betrachten wir zunächst die Schüler und die Lerngruppen. Lehrer werden bestätigen, dass disziplinversessene Schüler und Lerngruppen selten sind. Zwar gibt es einige Musterschüler, die sich bemühen, stets den an sie gestellten Anforderungen gerecht zu werden. Als überdiszipliniert sind sie zu bezeichnen, wenn sie fast regelmäßig bis in die Nacht hinein arbeiten, immer ihre Hausaufgaben haben, nur die Note Eins akzeptieren und schon durch geringe Misserfolge aus der Bahn geworfen werden. Solche Schüler werden von ihren Mitschülern oft als »Streber« abqualifiziert und opfern ihre Kindheit und Jugend der Schule.

Disziplinierte Lerngruppen sind noch seltener anzutreffen. Es ist nicht vorstellbar, dass alle Schüler einer Lerngruppe allen Anweisungen der Lehrer willig folgen, zu jeder Lehrerfrage nach Antworten suchen, jeden Arbeitsauftrag akzeptieren und alle individuellen Bedürfnisse einschränken oder aufschieben. Eine überdisziplinierte Lerngruppe wäre keine lebendige Gruppe, und es wäre höchst langweilig, in dieser Klasse zu unterrichten. Aber disziplinierte Lerngruppen, die im Kollegium als »leicht zu haben« bekannt sind und in denen die Lehrer gerne unterrichten, gibt es schon hin und wieder.

Hochschullehrer wünschen sich Studenten, die sich im Stadium der Selbstbildung befinden. Diese »Musterstudenten« lesen zunächst einmal sorgfältig die Studienordnung, dann analysieren sie das Vorlesungsangebot, erstellen nach Absprache mit dem zuständigen Hochschullehrer ihren individuellen Studienplan, besuchen regelmäßig die Pflichtveranstaltungen, schreiben alle Klausuren mit, erwerben so früh wie möglich alle Scheine und bestehen ihre Examina mit Auszeichnung. Solche Studenten sind häufig in der Bibliothek anzutreffen, verlassen diese nur mit einem Stapel Bücher unter dem Arm, arbeiten fast täglich bis tief in die Nacht hinein, exzerpieren, strukturieren und referieren. Hoch motiviert stoßen sie immer wieder auf neue Fragen, besuchen häufig die Sprechstunden der Dozenten und nehmen an möglichst vielen disziplinübergreifenden Veranstaltungen teil, um sich so umfassend zu orientieren. Um leistungsfähig zu bleiben, treiben sie täglich Sport, achten auf gesunde Ernährung und – vernachlässigen häufig die Sozialbeziehungen.

Analog gibt es Arbeitnehmer und Arbeitgeber, die als »Workaholics« bezeichnet werden. Sie lassen sich disziplinieren und üben Selbstdisziplin. Sie opfern sich für den Betrieb auf. Ein in Japan bekanntes Phänomen ist der Tod durch Überarbeitung, Karnshi genannt. In Deutschland mag diese Todesursache seltener auftreten. Aber auch bei uns gibt es z. B. Pfleger, die alles für ihre Patienten tun möchten und im Klinikalltag ständig an ihre Grenzen stoßen. Oder es sind Sozialarbeiter, die nur für ihre Klienten da sein wollen. Und dann gibt es auch Lehrer, die täglich bis in die Nacht hinein den Unterricht planen, die unterrichtsfreie Zeit mit Fortbildungskursen ausfüllen, die sich kaum Urlaub gönnen und sehr bald Überforderungssymptome zeigen.

Diese Menschen mit übersteigerten Disziplinvorstellungen – meist handelt es sich um Angehörige sozialer Berufe, wie Pfleger, Sozialarbeiter, Lehrer oder Pfarrer – erliegen nach wenigen Berufsjahren dem Burn-out-Syndrom. Meist gehen die Betroffenen vorzeitig in Rente oder beantragen ihre Frühpensionierung.

In eine äußerst strenge Disziplin stellen sich katholische Geistliche, Nonnen und Mönche, die sich entscheiden, ihr Leben in einem Kloster zu verbringen. Zunächst einmal verzichten sie auf die Befriedigung zahlreicher individueller Bedürfnisse, auf privates Eigentum, auf Partnerschaft, Sexualität und Familie. Dann unterwerfen sie sich den Ordensregeln sowie jenen Personen, denen sie innerhalb des

Ordens Gehorsam schulden. Und schließlich verzichten sie auf die freie Entfaltung der Persönlichkeit, auf eine durch Vernunft geleitete selbst verantwortete Lebensgestaltung.

Auch Angehörige von Religionsgemeinschaften, ob Christen, Juden oder Moslems, die fast ihr ganzes Leben nach den Vorgaben der Religionsgemeinschaft ausrichten, regelmäßig die Gottesdienste besuchen, ihre Gebete verrichten, Fastenzeiten einhalten, die Feiertage heiligen und Pilgerreisen antreten, unterwerfen sich einer strengen Disziplin. Eine solche Disziplin kann zur Gefahr und zur Ursache krimineller Handlungen werden, wenn sie sich mit Intoleranz verbindet, wenn Eiferer zu Gotteskriegern werden oder christliche Milizen Palästinenserlager überfallen.

Disziplinbesessen sind fast alle Künstler und Virtuosen, die schon im zarten Kindesalter ein Instrument erlernen, täglich mehrere Stunden üben und auf die Befriedigung anderer Bedürfnisse weitgehend verzichten. Sie werden von ihren Musikpädagogen und Eltern so lange diszipliniert, bis sie das tägliche Üben ganz normal finden. Irgendwann kommt der Zeitpunkt, an dem das Üben zu ihrem Leben dazugehört. Wenn sie als Wunderkinder bestaunt werden, Preise bei »Jugend musiziert« einheimsen, sich auf den Bühnen feiern lassen oder in den Medien präsentiert werden, hat sich für sie die jahrelange entbehrungsreiche Zeit gelohnt. Und die geübte Selbstdisziplin verbindet sich mit dem Glück des Erfolgs.

Ähnliches gilt für viele Leistungs- und Freizeitsportler. So gab es im Jahr 2007 in der Bundesrepublik 600 000 Marathonläufer. Viele dieser Freizeitsportler lassen zunächst eine ärztliche Untersuchung über sich ergehen, legen sich Laufschuhe und zweckmäßige Kleidung zu, erstellen einen Trainingsplan oder lassen sich diesen erstellen, trainieren fünfmal pro Woche, auch bei schlechtem Wetter, halten den Trainingsplan ein, stellen die Ernährung um und nehmen ab, bis sie das Normalgewicht, besser noch das Idealgewicht, erreicht haben.

Solche Marathonläufer nehmen abends vor dem Wettkampf an einer »Nudelparty« teil, essen morgens am Wettkampftag eine Semmel, gehen dafür voll hydriert an den Start, laufen langsam an, trinken regelmäßig, nehmen bei der Umstellung vom Kohlehydrat- auf den Fetthaushalt das Tempo heraus, um dann locker weiter bis ins

Ziel zu laufen. Das tägliche Training, das Hinfiebern auf den Starttag und das gemeinsame Laufabenteuer treiben also mehrere Hunderttausend Menschen an.

Jene Sportler, die von der Laufsucht voll erfasst sind, nehmen an den Ultra-Langstreckenläufen teil, am Rennsteiglauf durch den Thüringer Wald, am Swiss Alpin bei Davos oder an den 100 Kilometern von Biel. Ein besonderer Reiz geht von den Bergläufen aus, so z. B. vom Zugspitzlauf, der von Ehrwald auf den Gipfel der Zugspitze führt und den im Jahr 2008 zwei Läufer nicht überlebten. Weil sie ihre Grenzen überschritten, wurde ihnen ihre Laufsucht zum Verhängnis, und sie starben an Unterkühlung.

Disziplinbesessen sind auch alle Extremkletterer und Bergsteiger, weil sie nur dann ihre Felswände durchklettern und einen Achttausender bezwingen können, wenn sie sich regelmäßig einem harten Training unterziehen. Eine extreme Leistung, wie sie Ueli Steck erbrachte, als er 2008 die Eigernordwand allein und ohne Sicherung in zwei Stunden, 47 Minuten und 33 Sekunden durchstieg, kann nur ein Sportler erbringen, der jahrelang intensiv trainiert und auf viele Annehmlichkeiten verzichtet hat.

Eine ausgeprägte Disziplinierung ist bei Senioren zu beobachten, die sich an einen sorgfältig durchdachten Tagesplan halten, den sie mit ihrem Arzt, ihrem Psychologen, der Physiotherapeutin und der Ernährungsberaterin abgesprochen haben. Zu bestimmten Tageszeiten trinken sie ihren Gesundheitstee, nehmen ihre Biomahlzeiten ein, treiben die vorgeschriebene Gymnastik, machen ihren täglichen Spaziergang stets mit einem Schrittzähler, halten immer um 14 Uhr ihren Mittagsschlaf, aber nie länger als 30 Minuten, gehen pünktlich um 23 Uhr zu Bett und besuchen regelmäßig einen Volkshochschulkurs, um Chinesisch zu erlernen.

Disziplinbesessen sind auch fast alle Wissenschaftler und Forscher. Sie studieren, promovieren, publizieren, habilitieren und lassen sich für den Ruhestand ein Zimmer in der Universität reservieren, damit sie weiter arbeiten und forschen können.

Als besonders disziplinbewusst kann Hartmut von Hentig bezeichnet werden. In seinen Vorträgen fordert er die Zuhörer auf, sich selbst und die Schüler zu disziplinieren, um die zu erwartenden existenziellen Krisensituationen besser meistern zu können. So befürwortet er eine asketische Lebensweise, schlägt vor, die Nahrungsaufnahme drastisch zu reduzieren, hin und wieder auf eine Tagesmahlzeit zu verzichten und des Öfteren zu fasten.

Suchen wir nach einer Antwort auf die eingangs gestellte Frage, warum sich Menschen disziplinieren, ja geradezu süchtig werden nach Disziplin, stoßen wir auf ein breites Motivbündel. Motive wie Selbsterfahrung, Gemeinschaftserfahrung, Abenteuerlust, Ehrgeiz, Streben nach Erfolg, Statuserhöhung oder Gelderwerb – bis hin zur Geldgier – mögen ausschlaggebend sein.

Der Prozess von der Disziplin zur zwanghaften Disziplin lässt sich recht gut in fünf Phasen beschreiben: (1) Ersterfahrung, (2) Wiederholung, (3) Gewöhnung und Übung, (4) Steigerungszwang und (5) Suchtverhalten.

1. Bei einer spezifischen Aktivität werden erste positive Erfahrungen gesammelt.
2. Also entschließt man sich zur Wiederholung dieser Aktivität.
3. Regelmäßiges Üben führt zu einem Gewöhnungseffekt. Teilerfolge stellen sich ein und bewirken Motivationsschübe und stärken die Willensbildung.
4. Vergleiche führen zu einem Steigerungszwang. Man möchte zumindest mithalten können oder besser sein als die anderen.
5. Und schließlich kommt es zu einem Suchtverhalten. Man kann gar nicht mehr anders als üben.

Die einzelnen Stufen lassen sich am Laufsport erklären und konkretisieren. Ein Mensch entschließt sich zum Joggen. Der Erstversuch verläuft positiv, und es stellt sich ein Wohlgefühl ein. Also beginnt er, regelmäßig zu laufen. In einer Laufgruppe sammelt er weitere positive Erfahrungen. Dort kommt es zu einem Leistungsvergleich zwischen den Angehörigen der Laufsportgruppe. Nun werden Leistungsdefizite erkennbar. Dieser Vergleich zieht einen Steigerungszwang nach sich. Jetzt wird ein Trainingsplan ausgearbeitet und regelmäßig hart trainiert, auch wenn es manchmal keinen Spaß macht. Nach einiger Zeit wird das Lauftraining zur Laufsucht. Der Läufer wird zum Sklaven seines Trainingsplans, den er pedantisch einhält.

Er hat ein schlechtes Gewissen, wenn er eine Trainingseinheit auslässt. Und er fühlt sich unwohl, wenn er auf das tägliche Training verzichten muss.

Wie sich am Erlernen eines Musikinstruments zeigen lässt, kann ein solcher Prozess durchaus positiv verlaufen. Ein Kind sammelt erste Erfahrungen auf einem Klavier. Zunächst klimpert es nur herum, reiht aber bald wenige Töne aneinander. Die Eltern halten ihr Kind für musikalisch begabt und schicken es zum Klavierunterricht. Nun übt es täglich, gewöhnt sich an die Übungen, die einfach neben den Schulaufgaben dazugehören. In der Schule gibt es einige Mitschüler, die ebenfalls Klavierunterricht nehmen. So kommt es zu einem Leistungsvergleich. Weil einige Mitschüler schon viel besser spielen können, kommt es zu einem Steigerungszwang. Manchmal halten die ehrgeizigen Eltern das Kind zum Üben an. Aber das macht ihm nicht viel aus. Zwar avanciert es nicht zum Konzertpianisten, hat aber lebenslang Freude am Klavierspiel. In depressiven Phasen ist das Spiel Balsam für seine Seele.

Aus der Prozessanalyse lassen sich mehrere Einsichten ableiten: Um es auf einem Gebiet zu einer gewissen Perfektion und zu einer Spitzenleistung zu bringen, muss die Phase des Suchtverhaltens erreicht werden. Stellen sich dann für den Betroffenen wichtige Erfolge ein, kann aus der Notwendigkeit zur Disziplin ganz einfach Spaß, Freude an der Sache und am Erfolg werden. Außenstehende bewundern und verehren oft jene Personen, die über ihr Suchtverhalten bemerkenswerte Erfolge erzielt haben, so z. B. herausragende Künstler, Wissenschaftler oder Spitzensportler, die sich Olympiasieger oder Weltmeister nennen dürfen.

Didaktisch steht außer Zweifel, dass zum Erwerb bestimmter Kompetenzen zumindest die dritte Phase erreicht werden muss. Zu beobachten und gegebenenfalls zu betreuen sind jene Schüler, die einem Steigerungszwang unterliegen oder sich selbst unter Druck setzen. Gegen eine gesunde Konkurrenz ist nichts einzuwenden, weil sie natürlich ist. Und das Bestreben, auf einem bestimmten Gebiet immer weiterzukommen und besser zu werden, ist es wohl auch. Aber die letzte Phase, das Suchtverhalten, ist gefährlich, weil hier viele Gefahren lauern wie z. B. Einseitigkeit, Ausschließlichkeit, abträgliches Konkurrenzverhalten oder Egoismus.

Kurt Hahn (1896–1974), der Gründer der Schloss-Schule Salem, vertrat die Auffassung, man möge den Schülern ermöglichen, »giftlosen Leidenschaften« nachzugehen. Er dachte in diesem Zusammenhang in erster Linie an soziales Engagement.

Theodor Litt (1880–1962) traf in seiner Abschiedsvorlesung die Feststellung: »Nichts auf dieser Welt geschieht ohne Leidenschaft!« Einschränkend sei die Anmerkung erlaubt, dass wohl nichts Bedeutendes ohne Leidenschaft geschieht. Wer sich also leidenschaftlich um eine Sache bemüht, sich für ein Lerngebiet in besonderer Weise interessiert oder wer sich mit Leidenschaft um eine auf Hilfe angewiesene Person kümmert, unterliegt einer erstrebenswerten Disziplinierung – sofern sie nicht in die Ausschließlichkeit führt.

Empirisch ungeklärt ist die verbreitete Annahme, dass eine giftlose Leidenschaft – ein soziales Engagement oder die Ausübung einer Sportart, die ein regelmäßiges Training, ein hohes Maß an Selbstbeherrschung, Selbstüberwindung, Durchhaltevermögen und Verzicht erfordert – bessere schulische Leistungen mit sich bringt. Wenn man Selbstdisziplin als eine zu erwerbende Tugend betrachtet, liegt die Vermutung nahe, dass diejenigen Schüler, die gelernt haben, sich vor einem Wettkampf zu disziplinieren, auch eher in der Lage sind, vor Klassenarbeiten und Examina andere Bedürfnisse einzuschränken, aufzuschieben oder Verzicht zu üben. Vermuten lässt sich auch, dass solche Schüler im späteren Leben existenzielle Krisensituationen besser meistern können.

Disziplinierung macht aber nicht nur krisenfest. So gibt es wohl eine hohe Korrelation zwischen Disziplin und Glück, weil sich nur mit Disziplin Erfolgserlebnisse erzielen lassen, die dann beglückend wirken.

Ein versetzungsgefährdeter Schüler ist überglücklich, wenn er die Versetzung doch noch geschafft hat. Ein Student ist glücklich, wenn er das Staatsexamen mit Auszeichnung besteht. Ein Arbeitgeber ist glücklich, wenn er mit Beharrlichkeit einen Auftrag erhält, der den Betrieb für die nächsten zwei Jahre absichert und die Beschäftigung seiner Mitarbeiter garantiert. Die Jakobspilger sind überglücklich, wenn sie schließlich Santiago de Compostela erreicht haben.

Der Virtuose strahlt vor Glück, wenn der Beifall aufbrandet. Bei einem Marathonläufer, der das Ziel in persönlicher Bestzeit erreicht, stellt sich neben der totalen Erschöpfung ein Glücksgefühl ein. Spitzensportler, die bei einer Meisterschaft oder Olympiade erfolgreich sind, sagen in dem sich anschließenden Interview fast immer, sie seien überglücklich. Bergsteiger genießen das Glücksgefühl am Gipfelkreuz. Und Wissenschaftler sind glücklich, wenn es ihnen nach jahrelanger Forschungsarbeit gelingt, eine Hypothese zu falsifizieren und eine neue Erkenntnis zu gewinnen.

Erziehung zur Disziplin in der Familie

Seit Jahren klagen viele Lehrer über Eltern, die ihren Erziehungspflichten nicht nachkommen. Umgekehrt klagen Eltern über Lehrer, die sich alles gefallen lassen und die Schüler nicht in ihre Schranken weisen. Sicher zu Unrecht werden häufig die 68er dafür verantwortlich gemacht. Werden Erziehungsdefizite offenkundig, schiebt man den Schwarzen Peter hin und her. Bei Lehrern und Eltern ist oft eine allgemeine Verunsicherung zu verzeichnen.

Deshalb werden in diesem Kapitel Leitlinien für die Erziehungsarbeit in der Familie ausgewiesen. An Elternabenden können beide Parteien über diese Leitlinien diskutieren, sie verändern und ergänzen. Lehrer sollten den Eltern konkret sagen, was sie von ihnen erwarten. Umgekehrt sollten aber auch die Lehrer den Eltern die jeweilige Schul- und Klassenordnung mit ihren disziplinarischen Anforderungen transparent machen. Nur so kann eine konstruktive Erziehungspartnerschaft entstehen.

Natürlich ist der Mensch ein auf Erziehung angewiesenes Wesen. Für diese grundlegende Einsicht muss man nicht Immanuel Kant bemühen. Ohne erzieherische Einflussnahmen der Erwachsenen auf die nachwachsende Generation ist eine normale Entwicklung nicht möglich.

Die Art der Einflussnahme muss sich allerdings je nach Alter der Kinder und Jugendlichen unterscheiden. Kindern im Vorschulalter muss man bestimmte Dinge ganz einfach verbieten, schon um sie zu schützen. Auch Schulanfängern ist manchmal zu sagen: »Das machen wir so, nicht anders!«

Mit zunehmender Einsichtsfähigkeit werden die zur Erziehung berechtigten und verpflichteten Eltern und Lehrer erklären, warum sie ein bestimmtes Verhalten einfordern müssen. Dann wird man mit den Jugendlichen über bestimmte Verhaltensweisen diskutieren und Regeln vereinbaren. Später kann nur noch an die Vernunft und an die Eigenverantwortung appelliert werden. Doch in Ausnahmefällen besteht selbst bei erwachsenen Kindern – manche Kinder werden ja nie erwachsen – eine Erziehungsnotwendigkeit in Form einer direkten Einflussnahme, wenn z. B. kriminelle Handlungen wie Drogenmissbrauch im Spiel sind.

Ein Perspektivenwechsel macht deutlich, dass Kinder und Jugendliche auch erzogen werden möchten, weil sie ihre Erziehungsbedürftigkeit spüren. Nachstehendes Beispiel soll dies belegen:

> Ein Gast hat sich angekündigt. Die Hausfrau kocht ein leckeres Mahl. Gast, Mutter und die achtjährige Tochter sitzen am Esstisch. Die Mutter bedient zunächst die Tochter, weil diese noch nicht an die Schüsseln heranreichen kann. Dann bedient sie den Gast und zuletzt sich selbst. Sobald das kleine Mädchen etwas auf dem Teller hat, beginnt es zu essen. Daraufhin sagt die Mutter: »Wir warten, bis alle etwas haben.« Daraufhin beginnt das Mädchen zu weinen und fragt vorwurfsvoll: »Warum hast du mir das nicht gesagt?!«

Alle gesunden Kinder möchten möglichst schnell groß werden und jene Regeln kennenlernen, an die sich die Erwachsenen zumeist halten. Sie möchten die für sie relevanten sozialen Systeme der Familie und der Schule durchschauen und sich in diesen Systemen baldmöglichst sicher bewegen können. Sie sind also dankbar für konkrete Hinweise und üben sich z. B. spielerisch in der Beachtung von Tischsitten, wenn zwei kleine Mädchen beim Mittagessen »feine Dame« spielen. Bewusst oder unbewusst übernehmen sie Verhaltensweisen der Erwachsenen. Hierzu bedarf es allerdings positiver Modelle, also erzogener Eltern und Lehrer.

Aufgrund der negativen Erfahrungen, die in der Zeit des Nationalsozialismus gesammelt worden sind, ist es seit den 60er Jahren üblich geworden, den Begriff der »Erziehung« weitgehend zu vermeiden und ihn gegen den der »Sozialisation« auszutauschen. Kinder sollten nun nicht mehr erzogen, sondern stattdessen nur noch sozialisiert werden. Sie sollten sich aktiv in den Sozialisationsprozess einbringen und ihren sozialen Kontext mitgestalten.

Dies klingt zwar recht kinderfreundlich und demokratisch, überfordert aber viele Kinder und Jugendliche aufgrund ihrer noch begrenzten Einsichtsfähigkeit. Auch fehlt ihnen der Überblick, um Zielvorstellungen entwickeln zu können. Deshalb erscheint eine realistischere Sichtweise angebracht, die in den ersten Jahren die Erziehungsnotwendigkeit und Erziehungsbedürftigkeit betont und mit zunehmendem Alter den Übergang zur aktiven Teilnahme am Sozialisationsprozess vorsieht.

Das Vorbild der Erwachsenen spielt im Erziehungs- und Sozialisationsprozess eine große Rolle. Wenn Kinder täglich erleben, wie sich die Eltern disziplinieren, morgens früh aufstehen, den Weg zur Arbeit antreten, einer geregelten Arbeit nachgehen, abends müde nach Hause kommen und dann nicht nur Bier trinkend vor dem Fernseher sitzen, übernehmen Kinder solche Eigenschaften und Verhaltensweisen auch ohne eine direkte erzieherische Einflussnahme.

Fehlen in einer Familie oder Wohngemeinschaft solche positiven Modelle – wenn z. B. beide Eltern arbeitslos sind und deshalb nicht so recht wissen, was sie mit der vielen freien Zeit anfangen sollen –, haben es diese Kinder schwer. Zwar suchen sie sich dann oft außerhalb der Familie eine Bezugsperson, die ihnen ein positives Modell bietet, wie z. B. einen Trainer, Lehrer oder Sozialarbeiter. Aber dieses Vorbild kann ja nur indirekt als Modell zur Bewältigung der vielen Anforderungen innerhalb der Familie herangezogen werden.

Ohne Regeln für das Zusammenleben ist ein verständnisvoller Umgang in einer Familie oder Wohngemeinschaft kaum möglich. Ein regelgerechtes Verhalten kann also vorgelebt und von den Kindern übernommen werden; einige Regeln müssen vorgegeben und eingefordert werden; einige sind zu erklären, zu diskutieren und zu vereinbaren; und schließlich sind Jugendliche und Heranwachsende an wichtige Regeln zu erinnern.

Diese Sequenz – vorgeben, erklären, diskutieren, vereinbaren, erinnern – folgt entwicklungspsychologischen, lernpsychologischen und emanzipatorischen Einsichten. Sie entspricht weitgehend den »Stufen der moralischen Entwicklung« (Kohlberg 1974) und dem Konzept einer »emanzipatorischen Mitbestimmung« (Giesecke 1977).

Regeln sind altersgemäß so verständlich wie möglich zu formulieren. Es sollten nur wenige relevante Regeln aufgestellt werden. Und schließlich ist von allen Beteiligten deren konsequente Einhaltung zu fordern. Zu Recht umschreibt Buchner dieses Anliegen, das sowohl für die Familie als auch für den Unterricht gilt, mit den Begriffen Transparenz, Relevanz und Konsequenz (Buchner 2006). Unter Konsequenz versteht man die Umsetzung einer geäußerten Handlungsabsicht. Da man nicht immer konsequent verfahren und Konsequenz in letzter Konsequenz auch inhuman sein kann, sollte man Kindern gegenüber ein inkonsequentes Verhalten eingestehen, etwa mit den Worten »Da machen wir mal eine Ausnahme« oder »Das war nicht so gut«.

In einer offenen und demokratischen Gesellschaft bleibt die Frage weitgehend unbeantwortet, wer berechtigt ist, Verhaltensnormen vorzugeben. Zwar gibt es im politischen Raum die Legislative, die den Staatsbürgern Gesetze vorgibt, die Exekutive, die auf deren Einhaltung dringt, und schließlich die Gerichtsbarkeit, die Abweichungen sanktioniert. Auch sind die Religionsgemeinschaften eifrig bemüht, auf ihre Mitglieder Norm setzend und moralisierend einzuwirken.

Und nicht zuletzt nehmen Eltern und Großeltern, Lehrer und Erzieher, für sich in Anspruch, Normen vorzugeben. Im familialen Bereich wird deutlich, dass die Mitglieder einer Familie oder Wohngemeinschaft für alle Aufgaben zuständig sind. Sie müssen Normen mit den nachgeordneten Regeln setzen, auf deren Einhaltung dringen und Regelverstöße ahnden.

Auf allen Ebenen, sei es im politischen Raum oder in der Familie, stellt sich das Legitimationsproblem, die Notwendigkeit, eine Norm oder Regel möglichst überzeugend zu begründen. Ohne eine stichhaltige Begründung verliert eine Regel ihre Bedeutung. Und in den meisten Fällen kann man auf Regeln verzichten, die sich nicht überzeugend begründen lassen.

Innerhalb einer Familie müssen also Verhaltensregeln vorgelebt, vereinbart und eingeübt werden, und zwar so lange, bis sie verinnerlicht sind. Diese Einübung hat wenig mit »Drill« oder »Abrichtung« zu tun. Bei vielen Regeln handelt es sich einfach um förderliche Konventionen, die die soziale Ordnung und einen verständnisvollen zwischenmenschlichen Umgang gewährleisten. So gibt es selbstverständliche Verhaltensweisen, die leider in der heutigen Zeit in vielen Familien und Wohngemeinschaften nicht mehr eingeübt werden und die sich dann auch in der Schule als Erziehungsdefizite offenbaren.

Eigentlich ist es ja selbstverständlich, dass man sich begrüßt und verabschiedet, Tischsitten einhält, sich die zu leistenden Aufgaben teilt, aufeinander Rücksicht nimmt und sich auch um die emotionale Befindlichkeit seiner Mitmenschen kümmert. Die Erziehungsdefizite oder der Konventionsverlust sind in unserer Zeit nicht an eine bestimmte Sozialschicht gebunden.

Wohlhabende Eltern verzichten häufig auf eine direkte erzieherische Einflussnahme, indem sie die erzieherische Arbeit und Verantwortung ganz der Schule übertragen. Sie handeln fahrlässig nach dem Motto: Unser Kind ist begabt, wir haben es lieb, es bekommt fast alles, was es haben will, und es wird eines Tages seinen Weg schon finden. Diese Einstellung mündet oft in Wohlstandsverwahrlosung und Disziplinlosigkeit. In Internaten, die von Schülern reicher Eltern besucht werden, haben die Lehrer mit erheblichen Disziplinschwierigkeiten zu kämpfen (Friedrichs 2008).

Die nun folgenden Leitlinien für die Erziehungsarbeit in der Familie sind eigentlich trivial. Zwar ist es einfach, diese Leitlinien zu formulieren, ihre Übertragung in den Alltag ist allerdings mit zahlreichen Schwierigkeiten verbunden.

Diese Leitlinien werden in der Weise kommentiert, dass vor allem die sich bei der Umsetzung ergebenden Schwierigkeiten deutlich werden.

Wie schon erwähnt, benötigen Kinder und Jugendliche zumindest eine Bezugsperson, der sie vertrauen können. In diesem Zusammenhang wird häufig von »Liebe« gesprochen, ein hypothetisches Konstrukt, das sich einer rationalen Erklärung und Operationalisierung entzieht. Wenn ein Erwachsener ein Kind lieb hat, gibt er dem Kind zu verstehen, dass er es mag. Außerdem wird dem Kind vermittelt, dass es sich auf diesen Menschen verlassen kann.

Wer ein Kind lieb hat, wird außerdem versuchen, die emotionalen und sozialen Bedürfnisse zu befriedigen, so z. B. die Bedürfnisse nach Körpernähe und Körperkontakt, gemeinsamen Aktivitäten, besonderen Erlebnissen, aufregenden Geschichten oder nach einem Lied vor dem Schlafengehen. Wer ein Kind liebt, wird sich bemühen, ihm als Ansprechpartner zur Verfügung zu stehen.

Ein geregelter Tagesablauf ist mit eine Voraussetzung für gute Schulleistungen. Auf jeden Fall ist täglich neu festzulegen, was zu

Leitlinien für die Erziehungsarbeit in der Familie

- Das Kind oder den Jugendlichen lieb haben
- Emotionale und soziale Bedürfnisse befriedigen
- Für einen geregelten Tagesablauf sorgen
- Das Kind rechtzeitig wecken
- Auf Körperhygiene achten
- Funktionale Kleidung wählen
- Ein gesundes Frühstück einnehmen
- Das Schulfrühstück nicht vergessen
- Für einen sicheren Schulweg sorgen
- Nach der Schule als Ansprechpartner zur Verfügung stehen
- Die Hausaufgaben erledigen lassen
- Die Freizeit offen halten und gestalten
- Den Medienkonsum einschränken
- Konsumverzicht üben lassen
- Ausgabendisziplin einfordern
- Ordnungsvorstellungen entwickeln lassen
- Dienste übernehmen lassen
- Eine gemeinsame Mahlzeit anstreben
- Auf die üblichen Tischsitten achten
- Für ausreichenden Schlaf sorgen
- Für erwünschtes Verhalten loben
- Unerwünschtes Verhalten sanktionieren

geschehen hat. Es sind vor allem Grundschüler, denen eine Struktur vorgegeben werden muss, wie z. B. Schule, Hausaufgaben, Fußballtraining, spätestens um halb sieben Uhr zu Hause sein. Doch wenn es keine Bezugsperson gibt, die auf die Einhaltung der vorgegebenen Struktur achtet, wird sich ein Kind vermutlich bald anderen Aktivitäten zuwenden, die attraktiver erscheinen. Dieses hohe Maß an Selbstdisziplin kann von siebenjährigen Kindern noch nicht erwartet werden. Ältere Schüler werden natürlich bald selbst entscheiden, wie sie die zur Verfügung stehende Zeit nutzen. Allerdings sollte nicht der ganze Tag verplant werden, damit sich das Kind frei entscheiden und individuellen Bedürfnissen nachkommen kann.

Natürlich sind Kinder rechtzeitig zu wecken, damit genügend Zeit für die Körperpflege, das Zähneputzen, Anziehen und Frühstücken bleibt und damit noch wenige Absprachen für den Tagesablauf möglich sind. Müssen mehrere Familienmitglieder gleichzeitig aus dem Haus und steht nur ein Badezimmer zur Verfügung, besteht trotz getroffener Absprachen häufig eine »Staugefahr«. Stress lässt sich dann nicht vermeiden. Und meist fehlt dann die Zeit für ein ausgiebiges Frühstück.

Was die Kleidung anbelangt, so sollte sie der Jahreszeit, dem Einzugsgebiet, der Tradition und den zu erwartenden Aktivitäten entsprechen. Eltern werden jüngeren Kindern bei der Auswahl helfen, kurz mit ihnen beraten, manchmal aber auch direkt entscheiden, was angezogen werden soll und was nicht. Bei älteren Kindern und Jugendlichen ist Überzeugungsarbeit zu leisten und der weitgehende Verzicht auf »Markenklamotten« zu predigen. Verständlicherweise möchte man mit den Klassenkameraden konkurrieren können, einerseits durch Kleidung nicht auffallen, andererseits sich in der Pubertät positiv von den Mitschülern abheben. Niemand will zu den Ausstattungsversagern gehören.

Ein gesundes Frühstück, das in Ruhe eingenommen werden kann, ist zwar wünschenswert, fällt aber häufig dem Zeitdruck zum Opfer. In vielen Grundschulklassen wird deshalb bei Schulbeginn zunächst einmal gesund gefrühstückt. Zu Recht assoziiert der Leser an dieser Stelle: Müsli, Vollkorn- und Knäckebrot, Obst und Gemüseschnitze. Wichtig sind in diesem Zusammenhang die Getränke. Aus ernährungswissenschaftlicher Sicht sind die im Handel erhältlichen gesüßten Getränke ausnahmslos Gift! Empfohlen werden Wasser oder ungesüßter Tee.

Leider gibt es viele Schüler, die ungefrühstückt den Schulweg antreten und die auch kein Schulfrühstück mitbekommen. Wer keine Nahrung zu sich nimmt, kann auch keine besonderen Schulleistungen erbringen. Ältere Schüler ernähren sich meist vom mobilen Einsatzkommando des ortsansässigen Bäckers und werden so allmählich zu Selbstversorgern. Das Schulfrühstück wird häufig vergessen, weil es bequemer und zeitsparender ist, morgens dem Kind ein paar Euro in die Hand zu drücken und zu sagen: »Kauf dir was beim Bäcker«, als ein Brot zu streichen sowie einen Apfel und eine Möhre mundgerecht zu schneiden.

Jüngere Schüler tauschen dann gern mit ihren Freunden die mitgebrachten Esswaren. Jugendliche verzichten auf ein elterliches

Schulfrühstück und weisen es als Bevormundung zurück. Sie möchten im Kreis der Klassenkameraden nicht als Muttersöhnchen verspottet werden.

Mit Schulanfängern ist der Schulweg so lange gemeinsam zu begehen, bis sie ihn eigenständig und sicher zurücklegen können. Anfangs werden Eltern und Schülerlotsen die Kinder begleiten. Später empfiehlt sich der gemeinsame Weg mit Klassenkameraden.

Wer einen Schulbus steuert, benötigt starke Nerven, wenn an bestimmten Haltestellen die Schüler den Bus erstürmen. Warum haben wir keine britischen Verhältnisse? Warum können wir unsere Schüler nicht zur Rücksichtnahme erziehen, sodass sie nacheinander diszipliniert in den Bus einsteigen?

Kinder und Jugendliche, die eine Halbtagsschule herkömmlichen Typs besuchen, kommen nach sechs Kurzstunden mittags völlig erschöpft nach Hause. Sie sind aber noch angespannt, möchten sich entlasten und vom Druck befreien. Gefragt ist nun ein Ansprechpartner, mit dem sie über die Widerwärtigkeiten des Schulalltags, über die erlittenen Ungerechtigkeiten und erlebten Ungeheuerlichkeiten, reden können. Bevor sie in das Nachmittagsprogramm einsteigen, brauchen sie zunächst einmal eine Entspannungspause und eine leichte Mahlzeit.

Wer eine der heute immer noch üblichen Halbtagsschulen besucht, muss sich nachmittags den Hausaufgaben widmen. Halbtagsschulen können auf Hausaufgaben keinesfalls verzichten, weil an ihnen ein geteiltes Lehren und Lernen stattfindet. Vormittags lehren die Lehrer, und nachmittags haben die Schüler zu lernen.

Weil Schüler ihre Freizeitaktivitäten einschränken oder aufschieben müssen, verlangt die Erledigung der Hausaufgaben ein hohes Maß an Selbstdisziplin. Die Hausaufgabenproblematik hat einen so hohen Stellenwert, dass über sie in einem eigenen Kapitel berichtet wird.

Den Eltern bleibt oft gar nichts anderes übrig, als auf die Erledigung der Hausaufgaben zu dringen und den Kindern so lange bei den Hausaufgaben zu helfen, bis sie selbst den Stoff nicht mehr beherrschen und zur Finanzierung von Nachhilfestunden übergehen müssen. Ältere Schüler, die sich in der Pubertät befinden, lehnen häufig die elterliche Hilfe als eine Art Bevormundung ab.

Die von Schule und Hausaufgaben freie Zeit sollte auch wirklich Freizeit sein, indem sich die Kinder frei entscheiden können, welcher Aktivität sie sich zuwenden wollen. Allerdings wird diese Entscheidungsfreiheit durch die finanziellen Möglichkeiten der Familien stark eingeschränkt. So gibt es Eltern – meist sind es ja die Mütter –, die ihren Kindern zunächst bei den Hausaufgaben helfen, sie dann zur Klavierstunde und anschließend zum Ballett fahren und somit die gesamte freie Zeit verplanen.

Kinder, deren Eltern ganztägig berufstätig sind oder in Armut leben, können weder Golf noch Tennis spielen. Diese Kinder sind mit den Hausaufgaben oft überfordert, resignieren, setzen sich vor den Fernseher oder besuchen Freunde, die ebenfalls wenig Geld haben und herumhängen.

Jugendliche entscheiden natürlich selbst, welchen Aktivitäten sie nachgehen wollen. Verantwortungsbewusste Eltern werden allerdings sagen: »Ich möchte wissen, wo du bist und wann du nach Hause kommst.« Von den Jugendlichen wird diese Regel zumeist auch akzeptiert, wird ihnen doch indirekt vermittelt, dass es Menschen gibt, denen sie nicht gleichgültig sind und die sich um sie sorgen.

Die freie Zeit wird heute von vielen Kindern und Jugendlichen mit den modernen Medien zugebracht, so vor dem Fernseher, am Computer, im Internet, an der Playstation oder mit dem Handy. Für die Eltern entsteht oft ein Kaufdruck, manchmal sogar ein Kaufzwang, weil die Kinder auch das haben wollen, was die Freunde haben.

Der oft extensive und willkürliche Medienkonsum führt bekanntlich zu Bewegungsarmut, zu Übergewicht und zu Gesundheitsschäden. Er ist selten bildsam, und für andere Aktivitäten, für ein direktes Treffen mit Freunden, für Spiel und Sport, aber auch für die Hausaufgaben bleibt dann wenig Zeit.

Verantwortungsbewusste Eltern sprechen von einem ständigen Kampf gegen den ausufernden Medienkonsum. Sie vereinbaren mit jüngeren Kindern, dass täglich nur eine Fernsehsendung gesehen werden darf. Sie weisen ihre Kinder immer wieder auf das Fernsehprogramm hin und fordern sie auf, sich eine Sendung auszuwählen. Doch meist wird es nicht bei einer Sendung bleiben, weil es schwerfällt, den Bitten zu widerstehen und konsequent zu bleiben.

Machen Eltern den Vorschlag, den Freund um die Ecke direkt zu besuchen und nicht nur im Internet zu kontaktieren, wird ein solcher Vorschlag oft überhört. Und wenn nachmittags niemand in der Wohnung ist, der den Konsum kontrollieren kann, ist der Versuch einer Medienerziehung ohnehin zum Scheitern verurteilt. Da selbst lernbereite Eltern keinen Einblick mehr haben, was der Nachwuchs konsumiert, und sie deshalb auch nicht die möglichen negativen Folgen einschätzen können, werden sie aufgrund dieser mangelnden Transparenz nervös.

Erziehung zum Konsumverzicht beinhaltet einen mühsamen Lernprozess, der schon bei Kleinkindern beginnt, wenn diese im Supermarkt im Einkaufswagen sitzen und sich mit vielen verlockenden Angeboten konfrontiert sehen. Hier ist es Aufgabe der Erwachsenen, die Kinder vor dem Konsumterror zu schützen, indem man ihnen z. B. sagt »Eine Sache darfst du dir aussuchen« oder »Wir haben noch Schokolade zu Hause«.

Was die Anschaffung der Bekleidung betrifft, werden Eltern mit jüngeren Kindern gemeinsam eine Auswahl treffen. Wenn es sich um »Markenklamotten« handelt, ist mit älteren Kindern und Jugendlichen über den Preis zu diskutieren und die Frage zu klären, welcher Anteil vom Taschengeld finanziert werden kann.

Wenn Geld kaum eine Rolle spielt, was ja in einigen Familien durchaus der Fall ist, sind diese reichen Kinder stark gefährdet. Oft fallen sie der schon erwähnten Wohlstandsverwahrlosung anheim. Diese Kinder durchlaufen nie den Prozess, der mit dem Sparen im Hinblick auf ein ersehntes Objekt verbunden ist. Sie können auch nicht das Glück genießen, das die Bedürfnisbefriedigung mit sich bringt.

In unserer Konsumgesellschaft ist eine Erziehung zur Ausgabendisziplin unerlässlich. Schließlich müssen die Kinder und Jugendlichen im späteren Leben immer wieder Ausgabendisziplin üben, sei es in der Familie oder im Beruf. Das Erziehungsziel kann als das Streben nach einem ausgeglichenen Haushalt umschrieben werden. Also müssen die Kinder lernen, nur so viel Geld auszugeben, wie sie einnehmen.

Ist die Höhe des Taschengeldes festgelegt, ist zu klären, welche Ausgaben von dem Taschengeld zu bestreiten sind, wo aus der Familienkasse ein Zuschuss gewährt wird und in welchen Fällen eine Kostenübernahme erfolgt. Wird das Taschengeld-Budget überzogen, muss in der nächsten Woche oder im nächsten Monat gespart werden, um wieder den angestrebten ausgeglichenen Haushalt zu erreichen.

Leider ist die Durchsetzung dieser Regel in unserer Zeit nicht selbstverständlich, was die große Zahl jener jungen Leute belegt, die ihre Telefonkosten nicht bestreiten können. Wenn die Eltern nicht bereit oder in der Lage sind, auf einen ausgeglichenen Haushalt zu achten, kann man dies von den Kindern und Jugendlichen auch nicht erwarten.

»Intelligenz« lässt sich auch definieren »als die Fähigkeit, Ordnungsvorstellungen zu entwickeln«. Natürlich kann diese Definition nicht befriedigen, bedarf es doch außerdem der Fähigkeit, einen Ordnungsrahmen kreativ zu durchbrechen. Aber wenn alle erdenklichen Spielsachen und Gegenstände wahllos im Kinderzimmer herumliegen, mangelt es den Kindern häufig auch an der Fähigkeit, ihr Leben, den Tag, die Schul- und die Freizeit sinnvoll zu gestalten. Auch wissen die Kleinen nicht, welchem Gegenstand sie sich zuerst zuwenden sollen. Auf diese Weise kommt es zu kognitiven und emotionalen Dissonanzen.

Also stehen die Erwachsenen vor der Aufgabe, die für das Leben und Lernen erforderliche Ordnung im Kinderzimmer herzustellen bzw. herstellen zu lassen. Anfangs werden die Erwachsenen den Ordnungsdienst noch weitgehend übernehmen. Aber schon im Vorschulalter wird man das Zimmer gemeinsam mit den Kindern aufräumen und ihnen erklären, wie vorteilhaft es ist, wenn man alle Sachen ohne großen Zeitverlust wiederfindet.

Im Grundschulalter geht es auch darum, einen angemessenen Arbeitsplatz zur Erledigung der Hausaufgaben einzurichten und diesen in Ordnung zu halten. Dann kommt aber bald die Phase, wo Kinder und Jugendliche die elterliche Ordnung spießbürgerlich finden. Und wenn man sie auffordert, das Zimmer aufzuräumen, wird von »kreativer Unordnung« gesprochen und davon, dass man schließlich noch immer alle Sachen gefunden habe.

In dieser Chaosphase sollten Eltern ihre Nerven schonen und das Zimmer möglichst selten betreten, um sich nicht immer wieder zu ärgern. Denn üblicherweise setzt bald ein Prozess der Selbstregulierung ein, wenn z. B. die 14-jährige Tochter ihren Freund einlädt und sich vor diesem nicht blamieren möchte. In dieser Ablösungsphase bleibt den Erwachsenen nur der Hinweis auf die hygienischen Notwendigkeiten. Wie in allen Bereichen spielt auch hier die Vorbildfunktion eine große Rolle. Entwickeln die Eltern in verschiedenen Bereichen Ordnungsvorstellungen, lernen die Kinder und Jugendlichen am Modell.

In jeder Gruppe fallen Dienste an, die möglichst gerecht verteilt werden müssen. Also haben Kinder in der Familie zu lernen, bestimmte Dienste zu übernehmen. Als Methode kann eine Familienkonferenz einberufen werden. Das Familienoberhaupt, meist wird es die Mutter sein, listet alle erdenklichen Aktivitäten auf, z. B. Abfall wegbringen, einkaufen, für Getränke sorgen, kochen, Geschirrspülmaschine ein- und ausräumen, Hund ausführen und Baby spazieren fahren.

Dann wird gefragt, wer welche Aufgaben übernehmen möchte, weil eine freiwillige Aufgabenübernahme stets besser ist als eine Aufgabenzuweisung. Schließlich muss noch über die offenen Punkte beraten und entschieden werden, wer was übernimmt. Natürlich sind die Aufgaben altersgemäß zu verteilen. Wer bestimmte Aufgaben übernommen hat, muss sich disziplinieren, also andere Aktivitäten einschränken, zurückstellen oder ganz auf sie verzichten. Jedoch bleibt das positive Gefühl, einen Beitrag für die Lebensgemeinschaft geleistet zu haben.

Eine gemeinsame Mahlzeit sollte möglichst einmal am Tag eingenommen werden. Mahlzeiten dienen ja nicht nur der Nahrungsaufnahme, sondern sie werden häufig zu einem kommunikativen Ereignis. Wer an der Mahlzeit teilnimmt, hat Gelegenheit, über die Tagesereignisse zu sprechen. Die Kinder können berichten, was sie erlitten und erlebt haben. Und auch die Erwachsenen können sich austauschen und ihrem Mitteilungsbedürfnis nachkommen.

Auf diese Weise findet ein Generationen übergreifender Informationsaustausch statt. Die Erwachsenen können sich so in die Erlebniswelt der Kinder eindenken und einfühlen, während umgekehrt auch die Kinder etwas über die Lebensweisen, die Arbeit und die Sorgen der Erwachsenen erfahren.

Die in unserem Kulturkreis üblichen Tischsitten sind selbstverständlich einzuhalten: Man zügelt den Appetit, bis alle etwas auf dem Teller haben, wünscht sich »Guten Appetit« oder beginnt mit einem Tischgebet. Man bittet um Speisen, bedankt sich, wenn man etwas gereicht bekommt, und nimmt die Ellenbogen vom Tisch. Man isst seinen Mitmenschen nicht alles weg und fragt, ob man eine Schüssel leeren darf. Man achtet auf die annähernd gerechte Verteilung der »Leckerbissen«, isst den Teller leer, wenn man sich die Speisen selbst vorgelegt hat, und spielt nicht mit Speisen. Man redet nacheinander und hört einander zu. Man bedankt sich beim Koch oder der Köchin und beendet die Mahlzeit gemeinsam. Kinder müssen fragen, ob sie den Tisch vorzeitig verlassen dürfen.

Der Aneignungsprozess von Tischsitten erfolgt natürlich altersgemäß in Stufen, so von der Flasche zum Lätzchen, vom Löffel zu Messer und Gabel. Und bei Jugendlichen, die in provozierender Weise bedeutsame Regeln missachten, kann der Hinweis wirksam sein: »Wenn du dich so bei fremden Leuten verhältst, denken die: ›Der passt nicht zu uns.‹«

Ausreichender Schlaf ist eine Voraussetzung der Leistungsfähigkeit. Wer morgens an den Haltestellen in die übermüdeten Gesichter der Fahrschüler blickt, stellt sich die Frage, wie diese Kinder und Jugendlichen wohl den Tag überstehen werden. Kinder im Vorschul- und Grundschulalter sind deshalb mit einem Ritual, mit einer Geschichte oder einem Lied, rechtzeitig ins Bett zu schicken, das Licht ist zu löschen, und es ist auf den nächsten Tag zu verweisen.

Geschieht dies regelmäßig, tritt ein Gewöhnungseffekt ein. Die Kinder disziplinieren sich bald selbst, gehen allein schlafen, und die Erwachsenen haben ihre Ruhe. Ältere Kinder sind zu ermahnen, das Lesen unter der Bettdecke mit einer Taschenlampe zeitlich zu begrenzen. Und Jugendliche können nur noch darauf hingewiesen werden, im eigenen Interesse und eigenverantwortlich für ausreichenden Schlaf zu sorgen. Dass Jugendliche in der Pubertät bewusst diese Regeln missachten, um ihre Grenzen zu testen, ist bekannt. Dies entbindet die Erwachsenen jedoch nicht von der Pflicht, auf die Nachteile hinzuweisen.

Alle Menschen sind für Lob empfänglich. Die »reinforcement variable« ist in fast allen empirischen Untersuchungen zur Lehr-

Lerneffektivität besonders hoch. Und in vergleichbarer Weise ist Lob auch beim Erlernen disziplinierter Verhaltensweisen in der Familie wirksam. Kinder und Jugendliche möchten gelobt werden. Es ist aber wenig sinnvoll, sie nur zu loben. Stattdessen ist es wahrhaftiger, ihnen zu sagen was sie richtig und falsch gemacht haben, was gut und schlecht war, damit sie ganz konkrete Hinweise für ihr Verhalten in künftigen ähnlichen Situationen bekommen und sich danach richten können. So sollte man sie z. B. loben:

- »Heute morgen habe ich mich gefreut, dass du gleich nach dem Wecken aufgestanden bist.«
- »Toll, wie gründlich du dir die Zähne putzt.«
- »Du kannst dich ja bald ganz alleine anziehen!«
- »Du hast ja heute die Hausaufgaben ganz allein gemacht!«
- »Ich habe mich gefreut, dass du den Fernseher allein ausgemacht hast.«
- »Du kannst ja schon dein Taschengeld richtig einteilen.«
- »Als ich in dein Zimmer schaute, habe ich gestaunt und mich gefreut.«
- »Es macht mir Spaß, dir beim Essen zuzusehen.«
- »Ich freue mich, dass du dich schon alleine zum Schlafen fertig machst.«

In vergleichbarer Weise ist unerwünschtes Verhalten zu sanktionieren, sind Kinder zu tadeln, wenn sie nicht aufstehen, sich nicht die Zähne putzen, sich nicht richtig waschen, sie sich keine Zeit zum Frühstücken nehmen, ihr Schulfrühstück vergessen, endlos lange über den Hausaufgaben sitzen, weil sie anderen Aktivitäten nachgehen. Sie sind zu tadeln, wenn der Medienkonsum ausufert, übliche Tischsitten grob missachtet werden oder wenn sie nicht rechtzeitig schlafen gehen.

In diesem Zusammenhang stellt sich auch die Frage nach der Art möglicher Sanktionen bei undiszipliniertem Verhalten. Da gibt es in der Familienerziehung drei große Bereiche, die individuell auf das Kind, das Fehlverhalten und die jeweilige Situation zu beziehen sind. Einmal ist es der Entzug attraktiver Aktivitäten, wenn z. B. ein Fernsehverbot, ein Trainings- oder Spielverbot ausgesprochen wird.

Dann gibt es die Möglichkeit, dem Kind im Sinne einer »Ich-Botschaft« die emotionale Betroffenheit zu signalisieren, ihm zu sagen, welche negativen Konsequenzen aus dem Fehlverhalten erwüchsen und wie enttäuscht und traurig man sei.

Und schließlich lässt sich bei gravierendem Fehlverhalten ein kurzzeitiger Kommunikationsabbruch praktizieren, etwa in der Weise: »Heute möchte ich nicht mehr mit dir reden.« Dem Kind oder Jugendlichen ist allerdings stets zu vermitteln, dass es sich um eine vorübergehende Maßnahme handelt, um eine zeitlich begrenzte Strafe aufgrund der starken Betroffenheit.

Keinesfalls darf das »Urvertrauen« zu der geliebten Bezugsperson erschüttert werden. Und es muss deutlich werden: Trotz allem, was geschehen ist, habe ich dich lieb und bin immer für dich da. Und danach ist alles wieder gut!

Abschließend sollen wenige Überlegungen hervorgehoben werden, die zwar weitgehend bekannt sind, die aber nicht oft genug betont werden können. Kinder müssen und wollen erzogen werden. Es gibt eine Erziehungsnotwendigkeit und eine Erziehungsbedürftigkeit. Es reicht nicht aus, ihnen Zuwendung zu geben, auf einen »inneren Bauplan« zu vertrauen – wie dies Maria Montessori empfahl – und zu hoffen, sie würden sich schon eines Tages selbst erziehen und disziplinieren.

Erziehung kann nur gelingen, wenn die Erwachsenen ihren Erziehungspflichten nachkommen. Zumindest sollte eine Bezugsperson zur Verfügung stehen, die die Erziehungsverantwortung übernimmt und sich um ein beispielhaftes Verhalten bemüht. Kinder brauchen Orientierungen und Verhaltensmaßstäbe.

Der Erziehungsprozess ist hochkomplex und deshalb nicht einfach zu steuern. Die zahlreichen Leitlinien erscheinen zwar trivial, aber ihre Umsetzung stellt für Erwachsene und Kinder eine große Herausforderung dar. Schließlich sind die einzelnen Maßnahmen aufeinander abzustimmen und in begründeten Fällen in der Erziehungssituation zu modifizieren. Außerdem sollten die individuellen Begabungen, die Interessen, die unterschiedlichen Lernbedürfnisse sowie die Einmaligkeit eines jeden Kindes berücksichtigt werden.

Dieser hohe Anspruch lässt sich natürlich nicht immer verwirklichen. Wer Kinder erziehen will, benötigt viel Geduld, Zeit und eine hohe Frustrationstoleranz. Kinder fallen manchmal in Stadien zurück, von denen man glaubte, dass sie längst durchlaufen und überwunden seien. Solche regressiven Tendenzen können die Erwachsenen manchmal zur Verzweiflung bringen.

Jeder Erziehungsprozess findet in einem unterschiedlichen sozialen Kontext statt, der günstig oder ungünstig sein kann. Als günstig kann der soziale Hintergrund bezeichnet werden, wenn Vater und Mutter Erziehungsverantwortung übernehmen, ein Elternteil als Bezugsperson zur Verfügung steht, mehrere Kinder gemeinsam aufwachsen, die Familie finanziell gut ausgestattet ist, die Schule einen hohen Stellenwert hat und vielleicht sogar in der Familie eine gewisse Bildungstradition besteht.

Als ungünstig ist der sozialen Kontext zu bezeichnen, wenn beide Eltern berufstätig sind, weil beide arbeiten wollen oder arbeiten müssen, oder wenn beide arbeitslos sind, eine Bezugsperson fehlt, Einzelkinder nachmittags sich selbst überlassen bleiben, wie dies bei Schlüsselkindern der Fall ist, die Familie in Armut lebt, schulisches Lernen einen geringen Stellenwert hat und keine Bildungstradition besteht.

Nun lässt sich einwenden, diese Leitlinien würden einem bürgerlichen Erziehungsideal entsprechen, das es heute so nicht mehr gibt. Wer diese Auffassung vertritt, möge die Leitlinien in ihre Gegenteil verkehren oder Alternativen aufzeigen. Alle Lehrerinnen und Lehrer freuen sich, wenn man ihnen erzogene Kinder in die Schule schickt.

Schulen sind auch Disziplinierungsanstalten

Vielen Erwachsenen ist diese Tatsache gar nicht so bewusst. Schließlich sind sie alle einmal zur Schule gegangen, haben zwar unter der Schule gestöhnt und sich auf die Ferien gefreut. Letztlich waren sie aber doch stolz darauf, dass sie die Schulzeit mit dem angestrebten Schulabschluss erfolgreich hinter sich bringen konnten.

Natürlich sind Schulen nicht nur Disziplinierungsanstalten, sondern auch Institutionen, die besucht werden müssen. Die Betonung liegt hier auf dem Wörtchen »auch«. Denn aus einem Kind, das man nicht zur Schule schickt, kann nicht viel werden. Eine Kultur- und Industrienation wie Deutschland, die insbesondere auf das kognitive und kreative Potenzial der nachwachsenden Generationen angewiesen ist, kann es sich schon gar nicht leisten, Kinder und Jugendliche nicht zur Schule zu schicken. Doch sollte man die Augen vor dem Zwangscharakter der »Institution Schule« nicht verschließen.

Zunächst gibt es innerhalb einer Schule strukturelle Gewalt (Galtung 1975): Die hierarchische Struktur – Ministerium, Oberschulämter, Schulämter, Schulen – wird in den Erlassen, Verordnungen und Verfügungen sichtbar. Minister, Präsidenten der Oberschulämter sowie die Schulaufsichtsbeamten erwarten von den Schulleitern, Lehrern und Schülern, dass diese ihren Weisungen folgen.

Einerseits ist eine Struktur erforderlich, um die Mittelvergabe zu steuern und den Unterricht zu gewährleisten. Andererseits verführt eine Hierarchie zum Machtmissbrauch und verleiht den Schulen den Charakter von Disziplinierungsanstalten. Dies gilt auch für die Direktoren und Schulleiter, die den Weisungen der übergeordneten Schulaufsichtsbehörden zu folgen und den Dienstweg einzuhalten haben.

Wenden wir uns den Kindern und Jugendlichen zu. Sie sind alle gesetzlich zum Schulbesuch verpflichtet. Wer dieser allgemeinen Schulpflicht nicht nachkommt, wird zunächst vom Klassenlehrer freundlich ermahnt. Dann wird der Besuch direkt eingefordert, indem man sich mit den Eltern in Verbindung setzt und diese auffordert, ihr Kind regelmäßig zur Schule zu schicken. Haben telefonische und schriftliche Aufforderungen keinen Erfolg, wird Schulzwang ausgeübt. Dann steht eines Tages die Polizei vor der Tür, um den Schulverweigerer zur Schule zu fahren.

Kinder müssen also die Disziplinierungsanstalt besuchen, in einem bestimmten Alter ihren Schulrucksack packen und in die Schule gehen. Von Schulanfängern wird häufig berichtet, dass sie den ersten Schultag mit der Schultüte und dem kleinen Begrüßungsfest noch ganz nett finden, dann aber erklären, es sei nun genug und angenehmer, zu Hause zu bleiben, um die kostbare Lebenszeit anderweitig zu nutzen. In gleicher Weise empfinden Jugendliche, wenn sie sich in der Pubertät nicht nur der elterlichen Gewalt, sondern auch noch der Schulpflicht entledigen wollen und die Schule schwänzen.

Bei allen Schülern wird zunächst einmal das Schlafbedürfnis stark eingeschränkt. Sobald der Wecker klingelt, werden sie zum Aufstehen genötigt. Nach einer hastigen Morgentoilette bleibt meist keine Zeit, um in Ruhe zu frühstücken, obgleich sie dies gerne tun würden. Dann werden noch schnell einige Sachen zusammengerafft, die in der Schule unentbehrlich sind. Die Schüler werden durch die Lehrer indirekt gezwungen, das Lernmaterial zur Schule zu tragen. Grundschüler benutzen manchmal sogar schon einen Rollkoffer.

Morgens ist der Schulweg in der vorgeschriebenen Weise schnellstmöglich zurückzulegen. Pünktlichkeit ist Pflicht. Wer zu spät kommt, muss mit einem Klassenbucheintrag rechnen.

Nun tauchen die Schüler in eine Lerngruppe ein, über deren Zusammensetzung sie nicht mit entscheiden konnten. Diese willkürlich zusammengewürfelten künstlichen Lerngruppen kann man etwas überspitzt als »Zwangsaggregate« bezeichnen (Ulich 1971). Der jeweilige Schulleiter entscheidet darüber, wer in welche Klasse kommt. Kriterien wie das Zufallsprinzip, die Klassengröße, das Anmeldedatum, das Einzugsgebiet, die Familienkonstellation, die Sozialverhältnissen oder der Ausländeranteil mögen dabei eine Rolle spielen. Schüler, und mit ihnen die Eltern, haben diese Zuordnung zu akzeptieren. Allenfalls räumt man ihnen ein geringes Mitspracherecht ein.

Bei der Übergangsauslese tritt der Zwangscharakter der Institution Schule besonders scharf hervor. In keiner vergleichbaren Kultur- und Industrienation selektiert man schon zehnjährige Schüler und ordnet sie der Haupt-, der Realschule, der Sonderschule oder dem Gymnasium zu, wie dies in einigen Bundesländern immer noch geschieht.

Die Schüler und Eltern haben sich der Entscheidung zu fügen, obgleich man weiß, dass die prognostische Validität der Grundschulgutachten sehr gering ist. So werden z. B. an der Integrierten Gesamtschule Hasenleiser in Heidelberg im fünften und sechsten Schuljahr etwa 40 Prozent aller Schullaufbahnempfehlungen korrigiert.

Aufgrund der zeitgeschichtlichen Erfahrungen, die man mit Selektionen gesammelt hat, sollte man eigentlich davon ausgehen, dass man auf eine leichtfertige Selektion zehnjähriger Kinder verzichtet. Doch das Gegenteil ist vielerorts noch der Fall. Ausgehend von der Reichsschulkonferenz im Jahr 1920 wurden die Selektionsmechanismen über das Dritte Reich hinweg tradiert. Und diese Selektionsmanie setzt sich fort, indem man jene Schüler, die die erwarteten Leistungen partiell nicht erbringen, eine Klasse wiederholen lässt oder sie gleich in eine geringwertigere Schulart abstuft.

Schüler haben Lehrer zu ertragen, die sie sich nicht aussuchen konnten und denen sie ausgeliefert sind. Auch unsympathische Lehrer sind zu erdulden, die ihre Schüler durch zynische Bemerkungen erniedrigen oder einen üblen Geruch verbreiten. Und die Schüler tun gut daran, sich nicht frei zu äußern. Obgleich sie das Bedürfnis haben, den Lehrer zu kritisieren, halten sie sich fast immer zurück, weil sie sonst Sanktionen zu befürchten haben. Die Eltern, die ja früher einmal das System kennengelernt haben, halten sich ebenfalls mit Kritik zurück und raten ihren Kindern, den wenig geliebten Lehrer zu ertragen. Die freie Lehrerwahl ist allenfalls bei der Wahl einer Arbeitsgemeinschaft oder im Rahmen einer Projektwoche möglich.

Des Weiteren wird den Schülern ein Stundenplan vorgelegt, auf deren Gestaltung sie ebenfalls kaum Einfluss nehmen können. An vielen weiterführenden Schulen, so z. B. an einem traditionell geführten Gymnasium, müssen Sextaner innerhalb einer Schulwoche neun Lehrer in zwölf verschiedenen Fächern ertragen. Die Schüler werden genötigt, sich alle gleichzeitig mit einem bestimmten Lerninhalt zu befassen, weil der betreffende Lehrer sein Fach studiert hat. Ob der Lerninhalt den Lernbedürfnissen der Schüler entspricht, spielt eine untergeordnete Rolle.

An gut geführten Grundschulen, an denen didaktisch geschulte Lehrerinnen unterrichten, sieht es besser aus. Klassenlehrerinnen sind in der Lage, die Lernbedürfnisse und Lernmöglichkeiten ihrer Schüler einzuschätzen. Sie lehren gesamtunterrichtlich oder fächerübergreifend und ergreifen zeitweise Differenzierungsmaßnahmen, um die individuellen Lernvoraussetzungen besser zu berücksichtigen.

Wird an weiterführenden Schulen der Unterricht immer noch in Kurzstunden organisiert, tritt der Charakter einer Disziplinierungsanstalt deutlich hervor. Dann müssen Schüler an einem Schulvormittag sechs Lehrer in sechs verschiedenen Fächern ertragen. Auch gutwilligen und leistungsstarken Schülern fällt es schwer, sich in der fünften oder sechsten Stunde zu disziplinieren.

Kurzstunden umfassen ohnehin meist nur etwa 30 Minuten effektiver Unterrichtszeit. Etwa 15 Minuten werden für die Rüst- und Verkehrszeiten, für Gespräche auf dem Flur, für ausgedehnte Pausenzeiten, für Vermeidungszeiten sowie für den Versuch benötigt, die für das Lehren und Lernen in Gruppen erforderliche soziale Ordnung herzustellen.

In einer halben Stunde ist es aber kaum möglich, 30 Schüler auf eine kognitiv anspruchsvolle Ebene zu heben. Und wenn sie sich ausnahmsweise in einer aktiv-produktiven Lernphase befinden, ertönt das Pausenzeichen. Die Schüler müssen die Lernprozesse unterbrechen, weil der Stundenplan ihr Schülerdasein diktiert.

In der großen Pause werden die Schüler auch im Winter zum Frieren auf den Schulhof geschickt. Die Schüler müssen sich widrigen Witterungsbedingungen aussetzen, weil dies ja der Abhärtung dienen und gesund sein soll. Jüngere und schwächere Schüler haben oft Angst vor älteren und gewaltbereiten Schülern, aber darauf kann keine Rücksicht genommen werden. Ihr Bedürfnis nach Geborgenheit wird ignoriert. Auch muss der oft hohe Lärmpegel ertragen werden. Dem Bedürfnis nach Stille, Ruhe und Besinnung wird selten entsprochen.

Wie schon mehrfach betont, werden die psychomotorischen Bedürfnisse der Schüler stark eingeschränkt. Fröhliche und bewegungshungrige Schulanfänger werden »schulfähig gemacht«, d. h. sie müssen lernen, auf den ihnen zugewiesenen Plätzen sitzen zu bleiben. Wer aufspringt und im Klassenzimmer herumläuft, wird diszipliniert. Und so verlieren schon viele Erstklässler an Spontaneität und Kreativität, indem sie frühzeitig den Ernst des Schülerdaseins kennenlernen.

Stark eingeschränkt werden auch die natürlichen kommunikativen Bedürfnisse der Schüler. Meist wird ihnen versagt, mit dem Tischnachbarn zu sprechen. Sie werden aufgefordert, dem Lehrer zuzuhören, der häufig Einwegkommunikation betreibt. Informelle Kommunikation ist selten erlaubt, und wer sich nicht daran hält, wird durch den Einsatz verschiedener Disziplinierungstechniken – Strafarbeiten, Klassenbucheinträge, Nachsitzen – ruhig gestellt.

Wird überwiegend Frontalunterricht praktiziert, was ja an vielen weiterführenden Schulen auch heute üblich ist, sind alle Interaktionen auf den Lehrer zentriert, und die Schüler müssen an einem vorgegebenen Frage-Antwort-Spiel teilnehmen. Der Lehrer stellt eine Frage und verlangt von etwa 30 Schülern, dass sie alle gleichzeitig eine vergleichbare Denkleistung erbringen und auch noch eine fast gleiche Antwort finden. Passt dem Lehrer die Antwort nicht ganz, formuliert er diese um, und dann beginnt das Frage-Antwort-Spiel aufs Neue. Selbst hoch motivierte und leistungsstarke Schüler können bald nicht mehr mitspielen, sie treten aus dem Feld, träumen vor sich hin oder verhalten sich undiszipliniert.

Der Charakter von Disziplinierungsanstalten wird an Halbtagsschulen besonders deutlich, an denen vormittags die Lehrer ihre Fächer unterrichten, während die Schüler nachmittags zu Hause lernen sollen. Die Schüler werden genötigt, die ihnen aufgetragenen Hausaufgaben zu erledigen, ob sie diese nun für sinnvoll erachten oder nicht. Zunächst müssen sie entscheiden, welche Aufgaben wann zu erledigen sind und welche sich aufschieben oder vermeiden lassen. Sie müssen attraktivere Freizeitaktivitäten aufschieben oder ganz auf sie verzichten, sich einen Arbeitsplatz suchen, sich konzentrieren und so lange arbeiten, bis sie die Aufgaben erledigt haben.

Weiterhin werden Schüler genötigt, sich in ihrer Freizeit auf Tests und Klassenarbeiten vorzubereiten. Sie werden gezwungen, an diesen Leistungskontrollen teilzunehmen. Die Ergebnisse in Form von Noten, Zensuren und Zeugnissen haben sie zu akzeptieren. Reklamationen sind selten erfolgreich. Proteste verlaufen meist im Sande, weil der Lehrer befugt ist, die Schüler zu beurteilen und auf diese Weise Macht auszuüben. Verhält sich eine Lerngruppe aus der Sicht eines Lehrers undiszipliniert, bestraft er sie manchmal mit einer Klassenarbeit, die einen besonders hohen Schwierigkeitsgrad aufweist. Die Schüler müssen sich meist mit den schlechten Noten abfinden.

Jede Schule entwickelt ihre eigene Anstaltsordnung zur Disziplinierung der Lehrer und Schüler. Diese Schulordnung wird durch nachgeordnete Stufen- und Klassenordnungen ergänzt. Lehrer und Schüler haben sich an die Ordnungen und die getroffenen Vereinbarungen zu halten. Darüber hinaus gibt es selbstverständliche Konventionen, die zu beachten sind. Ordnungen mit bestimmten Regeln sind zweifelsohne wichtig und notwendig. Werden sie jedoch zu differenziert ausgewiesen, sehen sich die Schüler von den Regeln eingekreist und durch zu viele Regeln unter Druck gesetzt. Dann durchbrechen Schüler die soziale Ordnung und verhalten sich aus der Sicht der Verantwortlichen undiszipliniert.

Schüler entwickeln im Laufe ihres Schülerdaseins eine individuelle Überlebensstrategie, wie sie dem Disziplinierungscharakter der Anstalt teilweise entrinnen und als Schüler lebenswert überleben können. Um sich bestimmter Zwänge zu entledigen, üben sie sich im Erfinden von Ausreden, in der Vorspiegelung falscher Tatsachen und im Vortäuschen von Krankheiten. Bei Tests und Klassenarbeiten bedienen sie sich unerlaubter Hilfsmittel und lernen so lügen und betrügen.

Gemeinsam mit ihren Klassenkameraden und Leidensgenossen inszenieren sie bei jenen Lehrern, die sich nicht durchsetzen können oder wollen, ein allgemeines Chaos. Und sie freuen sich darüber, wenn die eigentlich kostbare und teure Unterrichtszeit folgenlos verstreicht. Wenige gut meinende Schüler, denen die Lehrer leidtun, halten sich etwas zurück, tun so, als würden sie dem Unterricht folgen, geben sich aber in Wirklichkeit Tagträumen hin.

Viele Eltern, die den Disziplinierungscharakter öffentlicher Schulen durchschauen und diesen ja früher einmal selbst kennengelernt haben, sehen sich für ihre Kinder nach einer Privatschule um oder gründen selbst eine Schule. Schulen in freier Trägerschaft, wie z. B. die Montessori-Schulen oder die Waldorfschulen, werden als Ersatzschulen geführt und nach einer Bewährungszeit auch staatlicherseits finanziell gefördert.

Oft folgen diese Schulen einer Ideologie, der zufolge das Lehren und Lernen weitgehend ohne Disziplin möglich sei, also ohne die Einschränkung, Zurückstellung oder Versagung individueller Bedürfnisse, was natürlich ein Trugschluss ist. So berichten z. B. bis heute Waldorfschüler immer wieder, dass sie sich in den letzten Schuljahren in besonderer Weise disziplinieren mussten, um das Abitur zu bestehen.

Zwar lässt sich der Zwangscharakter durch zahlreiche didaktische und methodische Maßnahmen abschwächen, aber ohne die Einhaltung einer sozialen Ordnung und ohne Selbstdisziplin der Schüler lassen sich auch an Privatschulen keine zufriedenstellenden Lernergebnisse erzielen.

Eine andere Möglichkeit, den Disziplinierungsanstalten zu entfliehen, bietet das in den USA und in Australien weitverbreitete »Homeschooling«. Eltern können sich entscheiden, ob sie ihre Kinder in eine öffentliche Schule schicken oder ob sie diese zu Hause unterrichten wollen. Gegenüber der Schulbehörde genügen eine Verpflichtungserklärung, die Kinder regelmäßig unterrichten zu wollen, und die Bereitschaft, externe Leistungskontrollen zu akzeptieren. Der Nachweis über eine angemessene Lehrqualifikation muss nicht erbracht werden.

Für Kinder im Grundschulalter, die weite Schulwege zurücklegen müssten, um eine Schule zu erreichen, mag »Homeschooling« eine sinnvolle Alternative sein. Wenn eine Mutter mit ihren Kindern auf einer Farm im australischen Busch lebt, bleibt ihr wohl nichts anderes übrig, als die Kinder aufzufordern, individuelle Bedürfnisse einzuschränken oder zurückzustellen. Sie wird dann sagen: »Jetzt wird nicht mit den Lämmern gespielt, jetzt müssen wir erst den Dreisatz üben!«

Homeschooling hat den großen Vorteil, dass die Hauslehrerin die Kinder tatsächlich dort abholen kann, wo sie stehen, und dass die Kontinuität des Lehrens und Lernens gewahrt bleibt. Für ältere Kinder und für Jugendliche kann Homeschooling allerdings nicht über mehrere Jahre hinweg tragen. Sie benötigen im fortgeschrittenen Alter Fachlehrer, die ihnen als Experten dienen. Man kann sich schlecht vorstellen, dass Eltern in der Lage sind, ihre Kinder zur Hochschulreife zu führen. Auch brauchen junge Leute in der Pubertät Sozialkontakte zu etwa gleichaltrigen Mitschülern.

Wenn Eltern in der Bundesrepublik ihre Kinder nicht in eine öffentliche Schule schicken wollen, haben sie meist mehrere Gründe. Einmal möchten sie ihre Kinder nicht dem Zwangscharakter dieser Schulen aussetzen, den sie ja selbst kennengelernt haben. Dann befürchten sie häufig einen negativen Einfluss, der nicht der eigenen Religion oder Weltanschauung entspricht. Bleiben sie standhaft und schicken sie ihre Kinder nicht zur Schule, müssen sie erhebliche rechtliche Schwierigkeiten in Kauf nehmen und Strafe zahlen. Schließlich gibt es eine allgemeine Schulpflicht und einen Schulzwang, dem sich kein Kind entziehen darf.

Eine weitere Möglichkeit, den öffentlichen Disziplinierungsanstalten zu entrinnen, bieten die Internate. Wer sein Kind in ein Internat schickt, hat für diese Entscheidung meist mehrere gute Gründe:

- Der Sohn oder die Tochter können in einer öffentlichen Schule nicht die von ihnen erwarteten Leistungen erbringen. Es droht ein zweites Mal das Sitzenbleiben, deshalb empfiehlt sich der Wechsel auf eine Privatschule.
- Die Eltern haben mit ihren Kindern erhebliche Erziehungsschwierigkeiten. Ihre Einflussmöglichkeiten scheinen erschöpft. Die Kinder ignorieren alle Anordnungen und Anweisungen. Sie entgleiten den Eltern, tun und lassen, was sie wollen, und denken gar nicht daran, sich zu disziplinieren. Diese Eltern erwarten vom Internat eine umfassende Erziehungshilfe.
- Wenn Eltern beide berufstätig und viel unterwegs sind, wie dies z. B. bei Künstlern der Fall ist, können sie nicht als Bezugsperson zur Verfügung stehen und die Erziehungsverantwortung übernehmen. In einer solchen Situation ist ein Kind oft besser in einem Internat aufgehoben.
- Eltern kennen die Angebote des betreffenden Internats, die weit über den Unterricht hinausgehen. Sie möchten ihrem Kind die Chance bieten, diese Angebote wahrzunehmen.

- Einige Eltern möchten ihr Kind nicht als Einzelkind aufwachsen lassen. Sie erhoffen sich durch den Kontakt mit anderen Kindern den Erwerb kommunikativer und sozialer Fähigkeiten.
- Eltern haben vor Jahren selbst ein Internat besucht und sind vom Wert dieser Erziehung und Bildung überzeugt.
- Einige Eltern schicken ihre Kinder bewusst in ein Internat, um sicherzustellen, dass sie eine »Prinzenerziehung« erfahren und gar nicht erst mit Kindern unterer Sozialschichten in Berührung kommen.
- Und schließlich möchten Eltern auch ihren Kindern jene Vorteile sichern, die Absolventen bestimmter Einrichtungen genießen, wenn sie sich um eine berufliche Position bemühen. Internate knüpfen und pflegen ein enges Netzwerk aus ehemaligen Schülern, die sich fördern und unterstützen und die als Sponsoren tätig werden, wenn sie einen gewissen Wohlstand erlangt haben (Friedrichs 2008).

Die kulturellen Angebote gut geführter Internate sind fast immer reichhaltiger als die der öffentlichen Schulen. Über den Tag verteilt gibt es Unterricht in kleinen Gruppen, der meist von qualifizierten Lehrern erteilt wird. Es gibt eine Arbeitsstunde, in der die Schüler individuell betreut werden und die Aufgaben erledigen können. Häufig wird handwerklicher Unterricht in Werkstätten zur Förderung der praktischen Intelligenz angeboten. Es werden attraktive Exkursionen durchgeführt. Es gibt verschiedene Freizeitangebote sowie zahlreiche kulturelle Veranstaltungen, Vorträge und Konzerte.

Die Unterbringung der Schüler erfolgt unterschiedlich. In einigen Internaten wird versucht, in den Wohngruppen eine familiäre Atmosphäre herzustellen, indem Kinder unterschiedlichen Alters und Geschlechts zusammenleben und von einem Lehrerehepaar betreut werden. In anderen Internaten werden bewusst die Jungen und Mädchen getrennt und gleichaltrige Kinder zusammengelegt, was organisatorische Vorteile mit sich bringt.

Die Lehrer müssen häufig eine doppelte Funktion wahrnehmen: zum einen ihren Lehrauftrag erfüllen, zum anderen bestimmte Schüler erzieherisch betreuen. Beiden Aufgaben gerecht zu werden erfordert viel Zeit und Kraft und führt zu einem Überforderungssyndrom, wenn das pädagogische Engagement nachlässt. Natürlich erziehen sich die Schüler auch gegenseitig, so z. B. innerhalb einer Wohngruppe ältere Mädchen die jüngeren Knaben. Aber die Erziehungsverantwortung bleibt natürlich bei den Erwachsenen, bei den Lehrern, den sozialpädagogischen Mitarbeitern und dem weiteren Personal.

In fast allen Internaten gibt es ein ausgeprägtes tutoriales System. Ältere Schüler sind gehalten, Neuankömmlinge in das Internatsleben einzuweisen. Einige leistungsstarke und durchsetzungsfähige Schüler übernehmen die Betreuung und Aufsicht während der Arbeitsstunden. Dieses tutoriale System hat Vor- und Nachteile. Zunächst spart die Institution Mittel, die sonst für sozialpädagogische Mitarbeiter oder Lehrer ausgegeben werden müssten. Dann haben ältere Schüler aufgrund ihrer Internatserfahrungen oft einen besonders guten Draht zu den jüngeren Schülern, weil sie sich in deren Lage versetzen können. Auch können die Lernhilfen eines Tutors besonders effektiv sein, falls er es versteht, seine Hilfen auf die individuellen Lernvoraussetzungen des Schülers abzustimmen.

Doch hat ein tutoriales System auch viele Nachteile. Tutoren können oft nicht von der konkreten Situation abstrahieren, den Überblick wahren und sich in Geduld üben. Einige Tutoren erliegen immer wieder der Versuchung, in ungerechtfertigter Weise Macht auszuüben. So halten sie sich einen »Sklaven«, der für sie niedere Dienste verrichten muss. Oder sie schikanieren jüngere Schüler, wenn es um die Verwirklichung bestimmter Ordnungsvorstellungen geht.

Einige Tutoren pflegen auch ihre sadistischen Neigungen, quälen oder schlagen auch mal die ihnen ausgelieferten jüngeren Schüler. Die Erwachsenen haben meist keinen Einblick und ahnen nicht, was ältere Schüler ihren jüngeren Mitschülern antun. Letztere schweigen, weil sie vor ihrem Tutor Angst haben. Das Fatale an diesem System besteht darin, dass die selbst erlebten Unterdrückungsmechanismen mit ihren Disziplinierungstechniken von Schülergeneration zu Schülergeneration tradiert werden. Wer ihnen früher einmal ausgeliefert war und diese schlimme Zeit überstanden hat, neigt dazu, erlittene Demütigungen weiterzugeben.

Wer sein Kind in ein Internat schickt, muss begütert sein. Die Kosten für einen Internatsplatz betragen monatlich zwei- bis dreitausend Euro. Angehörige der Mittel- oder Unterschicht können dieses Geld nicht aufbringen. Manchmal bilden Verwandte eine Finanzierungsgesellschaft, indem sich Oma und Opa, Tante und Onkel an den Kosten beteiligen. Hin und wieder findet sich auch ein Sponsor oder eine Stiftung. Und in Ausnahmefällen werden Kosten teilweise von den Sozialämtern übernommen.

An dieser Stelle wird einmal mehr deutlich, dass Bildung käuflich ist und es nie Bildungsgerechtigkeit geben kann. Das war aber schon immer so und wird auch so bleiben. Diese Feststellung entbindet aber nicht die verantwortlichen Politiker und Entscheidungsträger, sich um mehr Bildungsgerechtigkeit zu bemühen.

Wer nun glaubt, die Kinder und Jugendlichen würden in einem Internat nicht diszipliniert und zur Selbstdisziplin angehalten, hat sich getäuscht. Das Gegenteil ist der Fall. Wie der Schilderung einer ehemaligen Schülerin eines Landerziehungsheimes zu entnehmen ist, sind die Mechanismen der Disziplinierung subtil und allgegenwärtig:

> *»Zu einem bestimmten Termin gab es Berichte, Kursberichte für die Leistungen in bestimmten Kursen, Werkstattberichte für das Arbeitsverhalten, Familienberichte für das Sozialverhalten in der Wohngruppe und Entwicklungsberichte, für Förderer oder für eine Institution. – Ständig fühlte man sich beobachtet und stellte sich die Frage, ob das eine oder andere Verhalten in einem der zu erwartenden Berichte auftauchen würde. – Den Berichtstag gestalteten wir allerdings in der Wohngruppe recht lustig. Wir kauften viel Bacardi-Rum und viel Cola, schlossen uns in unser Zimmer ein, prosteten uns zu und lasen uns gegenseitig die Berichte vor. Das gab dann jedes Mal ein großes Gelächter.«*

In den Berichten ging es immer auch um das Sozialverhalten, um die erforderliche soziale Ordnung, um die Einschränkung individueller Bedürfnisse im Unterricht, in der Werkstatt und in der Wohngemeinschaft, um die Bereitschaft und Fähigkeit, Selbstdisziplin zu üben.

Was die Disziplin im Unterricht in einem Internat anbelangt, so liegt die Vermutung nahe, dass die Lehrer in ähnlicher Weise mit

Disziplinproblemen zu kämpfen haben wie an vielen öffentlichen Schulen. Dazu Julia Friedrichs in ihrem Buch »Gestatten: Elite«: »Es ist einer der ersten warmen Tage des Jahres. Die Lehrer unterrichten bei geöffneten Fenstern. Im Erdgeschoss hat die Disziplinoffensive des Internats noch wenig Wirkung gezeigt. ›In Mathematik ist das erste Gebot: Es wird gerechnet!‹, schreit eine Lehrerin. ›Das zweite Gebot ist: Es herrscht Ruhe. Strengt euch an! Schaut zur Tafel!‹«

Und an anderer Stelle ist zu lesen: »Ich bin verwirrt. Erste Zweifel melden sich. Die Lehrer erzählen von antriebslosen Kindern, vom Kampf um Disziplin. Von Schulkarrieren, die es zu retten gilt. Das klingt nach Hauptschuldiskussion. Bin ich tatsächlich an einem Internat, das von sich behauptet, Eliten auszubilden?« (Friedrichs 2008, S. 144).

Den Internatsschülern wird immer wieder gesagt, dass sie auserwählt seien und zur Elite gehören würden. Die meisten Schüler glauben das dann auch, wenn man es ihnen nur oft genug gesagt hat. Auf die Frage, worauf sich das Elitebewusstsein gründe, bleiben sie allerdings die Antwort schuldig, es sei denn, sie erwähnen ehrlicherweise den Reichtum ihrer Väter (Friedrichs 2008).

Berühmt und besonders kostspielig sind die Internate in Großbritannien, die meist in einem Schloss angesiedelt sind und in denen die Schüler eine intensive Beschulung und Betreuung erfahren. Das vorerwähnte tutoriale System ist in diesen Schulen besonders ausgeprägt. Auch spielt der Sport eine bedeutende Rolle. Das Ziel ist eine Erziehung zum »Fair Play«, und man erhofft sich Transfereffekte in den privaten und beruflichen Bereich.

Britische Internate fordern von den Schülern ein besonders hohes Maß an Disziplin. Der nachstehende Bericht mag dies belegen:

> *»Um sieben Uhr wird geweckt, um Viertel vor acht werden die Zimmer inspiziert, eine Viertelstunde später wird durchgezählt, dann geht es zum Frühstück. Das ist nicht der Tagesbeginn in einer Bundeswehrkaserne, sondern an einem College. Viele deutsche Schüler würden den Zeitplan und die zahlreichen Regeln als eine Art Freiheitsberaubung bezeichnen. Denn im streng organisierten Tagesablauf des Internats bleibt wenig Zeit für Freizeit – genau eine Stunde zwischen 21 und 22 Uhr, und auch da werden noch Arbeits-*

gemeinschaften oder Sport angeboten. Ansonsten ist alles zeitlich geregelt: Unterricht, Clubaktivitäten, Hausaufgaben (von 18.50 bis 20.50 Uhr). Und um halb elf heißt es ›Licht aus‹. Schuluniformen sind Pflicht. Wer aus der Reihe tanzt, muss mit Strafen rechnen ... Die Zweierzimmer sind spartanisch eingerichtet: Bett, Schreibtisch, Stuhl, ein Regal für jeden und ein gemeinsam genutzter Kleiderschrank« (Rhein-Neckar-Zeitung, S. 5, 8.1.2009).

In dem Bericht wird positiv vermerkt, dass der Unterricht in überschaubaren Lerngruppen stattfindet, die Lehrer motiviert sind, sie auf die individuellen Lernvoraussetzungen Rücksicht nehmen, hohe Anforderungen stellen und die Schüler häufig loben.

Es ist erstaunlich, wie die Einschränkung individueller Bedürfnisse von den Schülern als selbstverständlich hingenommen wird. Aber sie werden in mehrfacher Hinsicht belohnt. Einmal können sie fast täglich einen Lernfortschritt für sich verzeichnen. Dann winkt in relativ kurzer Zeit das »International Baccalaureate« (IB), eine weltweite Studienberechtigung. Und schließlich werden sie durch das Gefühl beflügelt, einer Leistungselite anzugehören.

Wer mehrere Jahre in einem Internat verbringt, unterliegt oft einem Realitätsverlust. Internatsschüler leben mit ihren Lehrern und Betreuern in einem Schonraum, in einer Art »pädagogischer Provinz«. Sie kommen kaum mit Menschen anderer Sozialschichten in Berührung und haben selten Gelegenheit, die Aktivitäten des täglichen Lebens kennenzulernen. Nach ihrer Internatszeit haben viele Absolventen Schwierigkeiten, sich in der realen Welt zurechtzufinden. Wenn allerdings behauptet wird, jeder Absolvent benötige anschließend eine therapeutische Betreuung, scheint dies doch stark übertrieben zu sein.

Generell lässt sich die Feststellung treffen, dass sich Schüler in der Disziplinierungsanstalt Schule nur in einem geringen Maß selbst verwirklichen können. Deshalb gehen ja die meisten Schüler nicht gern zur Schule. Eine allgemeine Schulmüdigkeit ist weit verbreitet. Aber das wusste ja schon Shakespeare, als er in »As You Like It« schrieb: »creeping like snail unwillingly to school«.

Zu viele Bedürfnisse müssen eingeschränkt oder aufgeschoben werden, wie die Bedürfnisse nach freier geistiger Tätigkeit und kreativer Verwirklichung. So ist es nicht erstaunlich, wenn hochbegabte Schüler der Schule den Rücken kehren, sobald sie ihre Schulpflicht erfüllt haben, oder die Schulzeit eigenmächtig beenden.

Aus der Kulturgeschichte sind uns weitere Beispiele bekannt, dass Schüler den Zwangscharakter der Schule nicht mehr ertragen konnten. So war z. B. Hermann Hesse nicht mehr bereit, sich im evangelischen Internat im Kloster Maulbronn weiterhin disziplinieren zu lassen. Er brach seine Schullaufbahn ab und schrieb später den erschütternden Roman »Unterm Rad«. Der Literaturkritiker und Publizist Arthur Eloesser wertet diesen Roman als »eine ungefähre Anleitung für Eltern, Vormünder und Lehrer, wie man einen gesunden, begabten und jungen Menschen am zweckmäßigsten zugrunde richtet«.

Aber begabte junge Menschen, die das Leben in einer Disziplinierungsanstalt nicht mehr ertragen können und ihr den Rücken kehren, gibt es natürlich auch heute. Sicher wäre es interessant, ihre Schullaufbahnen und Lebenswege zu dokumentieren und zu analysieren, um mehr über die Ursachen ihres Scheiterns in Erfahrung zu bringen. Und natürlich müsste im Rahmen dieser biografischen Forschungsarbeiten auch dokumentiert werden, was dennoch aus ihnen geworden ist.

Schüler müssen sich disziplinieren

Unterrichtsdisziplin ist die für das Lehren und Lernen in Gruppen erforderliche soziale Ordnung, die durch zahlreiche Verhaltensregeln näher bestimmt wird. Zur Einhaltung dieser Ordnung müssen die Schüler bestimmte Bedürfnisse einschränken, aufschieben oder auf die Befriedigung verzichten.

Welches sind nun die Bedürfnisse der Schüler, die sie einschränken oder aufschieben müssen?

Zunächst gibt es ein Bedürfnis nach geistiger Entwicklung, das viele Lehrer gerne an erster Stelle sehen möchten. Leider scheint dieses Bedürfnis bei vielen Schülern nur schwach ausgeprägt zu sein. Selbstverständlich ist es Aufgabe der Lehrer, die Freude an geistiger Arbeit zu wecken und anspruchsvolle kognitive Einsichten und Strukturen zu vermitteln. Aber der Autor hat als teilnehmender Beobachter in über 2000 Hospitationsstunden den Eindruck gewonnen, dass viele Lehrer dem Bedürfnis der Schüler nach geistiger Entwicklung nur unzureichend nachkommen.

Das Gerede über die »Kopflastigkeit« oder »Kognitionslastigkeit« des Unterrichts muss zunächst einmal zurückgewiesen werden. Fragt man einen Schüler um die Mittagszeit auf dem Heimweg, ob er etwas dazugelernt habe, bekommt man fast immer zur Antwort: »Nichts.« Wenn Lehrer nur Fakten referieren oder Kenntnisse abfragen, schlafen die Schüler ein, führen Nebengespräche, und manchmal kommt es zu chaotischen Verhältnissen.

Wird dann aber vom Lehrer eine anspruchsvolle Frage gestellt, tritt plötzlich Ruhe ein, und die Schüler sind voll dabei. Nun haben sie auf einmal das Gefühl, vom sonst so öden Unterricht profitieren zu können. Durch Maßnahmen der inneren Differenzierung könnte man den unterschiedlichen kognitiven Bedürfnissen der Schüler besser gerecht werden. Aber leider wird an weiterführenden Schulen von dieser Möglichkeit zu selten Gebrauch gemacht.

Aus der Sicht der Lehrer muss das Bedürfnis nach kultureller Teilhabe bei vielen Schülern erst geweckt werden. Entstammen die Schüler einem bildungsnahen Elternhaus und ist die Familie wirtschaftlich gut gestellt, fallen die Bemühungen der Lehrer auf fruchtbaren Boden. Diese Familien haben kulturelle Interessen, Zeit und Geld für Konzert- und Theaterbesuche sowie für Bildungsreisen.

Meist herrschen jedoch ganz andere Verhältnisse vor. Die zahlreichen Fernsehsendungen, die Möglichkeiten der Computertechnologie sowie verschiedene Events konkurrieren mit Bach, Beethoven und Brahms. Und so bleiben Letztere zum Kummer vieler Lehrer oft auf der Strecke. Ob es angebracht ist, Schüler zur Teilnahme an kulturellen Veranstaltungen zu nötigen, mag der Lehrer von Fall zu Fall entscheiden.

Erfahrungsgemäß stellt sich in jenen Lerngruppen, die zur Teilnahme genötigt werden, häufig Unruhe ein. Und die begleitenden Lehrer sind froh, wenn die betreffende Veranstaltung vorüber ist und sie sich mit ihren Schülern nicht blamiert haben. Ausgeprägte Bedürfnisse einzelner Schüler nach kultureller Teilnahme können im Unterricht, der in Gruppen stattfindet, nicht befriedigt werden.

Schüler haben ein natürliches Kommunikationsbedürfnis. Methodenkompetente Lehrer sind zwar bestrebt, Einwegkommunikation zu vermeiden, lassen die Sozialformen wechseln und initiieren Phasen der Partner- oder Kleingruppenarbeit, damit sich die Schüler austauschen können. Doch viele Lehrer kommen dem Kommunikationsbedürfnis ihrer Schüler nicht nach. Sie betreiben Einwegkommunikation und beziehen alle Interaktionen auf die eigene Person. Dann werden die Schüler von sich aus aktiv, flüstern zunächst miteinander, dann unterhalten sie sich, werden immer lauter, und schließlich verursachen sie ein Chaos, indem sie ihr Kommunikationsbedürfnis eigenmächtig befriedigen.

Schüler haben ein natürliches Bewegungsbedürfnis. Schulanfänger müssen lernen, auf ihren Plätzen zu bleiben, was ihnen zunächst nur für kurze Zeit gelingt. Um die psychomotorischen Bedürfnisse der Schüler annähernd zu befriedigen, können Bewegungsspiele oder Bewegungsübungen hilfreich sein. In den Hofpausen und den wenigen Sportstunden lässt sich der generelle Bewegungsmangel nicht ausgleichen. Die überwiegend sitzende Tätigkeit in der Schule, der Medienkonsum am Nachmittag vor dem Computer sowie eine falsche Ernährung verursachen übergewichtige Kinder und Jugendliche, die nicht einmal längere Zeit auf einem Bein stehen können. Der Bewegungsmangel wird allgemein beklagt. Und dem Bewegungsbedürfnis der Schüler wird nur unzureichend entsprochen.

Schüler haben ein natürliches Bedürfnis nach sozialer Ordnung, nach Überschaubarkeit und Verlässlichkeit. Insbesondere Grundschüler möchten sich in der Schule zurechtfinden und sich auf die Lehrerin verlassen können. Aber auch Jugendliche in der Pubertät möchten in einer überschaubaren Gruppe lernen, von den Mitschülern akzeptiert werden und sich auf den Lehrer verlassen können.

Grundschullehrerinnen können das Bedürfnis ihrer Schüler nach Verlässlichkeit weitgehend befriedigen. Fachlehrer, die an größeren Schulen unterrichten, sind nicht in der Lage, diesem Bedürfnis zu entsprechen. Wenn an einem Unterrichtstag sechs verschiedene Lehrer in sechs Kurzstunden unterrichten, führt der ständige Lehrerwechsel zu sozialer Unsicherheit. Einerseits sorgen diese sechs Lehrer für Abwechslung. Andererseits praktizieren sie unterschiedliche Lehrstile. Und einige Lehrer verhalten sich willkürlich und sind unberechenbar. Vor diesen Lehrern haben die Schüler Angst, weil sie nie wissen, was auf sie zukommt.

Schüler haben ein natürliches Bedürfnis nach körperlicher Unversehrtheit. Bei Grundschülern muss der Schulweg mit Schülerlotsen abgesichert werden. Ältere Schüler werden den Schulweg bald alleine zurücklegen. Und bei Jugendlichen ist dieser Punkt kein Thema mehr. In den Pausen müssen die Kleinen noch beaufsichtigt werden. Den älteren Schülern ist Einhalt zu gebieten, wenn sie ihrem Aggressionstrieb freien Lauf lassen und jüngere Schüler drangsalieren. Viele Schüler haben Angst vor dem Schulweg und vor bestimmten Schülern, die ihnen auflauern und sie im Extremfall auch »abziehen«. Dem Bedürfnis der Schüler nach körperlicher Unversehrtheit kann also nicht voll entsprochen werden.

Schüler haben ein natürliches Bedürfnis nach Nahrungsaufnahme. Diesem Bedürfnis sollte morgens in der Familie mit einem gesunden Frühstück und in den Pausen mit einer ebenso gesunden Vesper entsprochen werden. Grundschüler werden die mitgebrachte Frühstücksbox meist akzeptieren. Ältere Schüler beginnen einen regen Tauschhandel. In der Pubertät werden die Schüler zunehmend zu Selbstversorgern, indem sie sich beim nächsten Bäcker oder am Kiosk bedienen.

Im Unterricht ist das Grundbedürfnis nach Nahrungsaufnahme auf die Pausen zu verschieben. Im Hochsommer heißt dann die Regel: trinken ja, essen nein. Nicht zu vergessen sind jene Kinder, die ohne Frühstück aus dem Haus gehen, kein Schulfrühstück mitbekommen und die auch kein Geld haben, um sich Essen zu kaufen. Dem Bedürfnis nach Nahrungsaufnahme wird somit nur teilweise entsprochen.

Über das Bekleidungsbedürfnis wird auch in der Öffentlichkeit kontrovers diskutiert. Man ist sich nicht einig, ob es sich hier um ein individuelles Bedürfnis handelt, die Kleidung als Ausdruck der Persönlichkeit zu betrachten ist oder ob man es Schülern zumuten kann, eine Schuluniform zu tragen. Interessant ist in diesem Zusammenhang der Einfluss der Werbung auf die Kinder und auf die Kaufentscheidungen. Werden bestimmte »Markenklamotten« bevorzugt, erhoffen sich die Träger dieser Kleidungsstücke einen Statusgewinn.

Eine einheitliche Schuluniform, wie sie in angelsächsischen Ländern üblich ist, stärkt das Gemeinschaftsgefühl und eliminiert die Statusunterschiede. Zeitgeschichtliche Bedenken sollten zurücktreten. Wer eine vorgeschriebene Schuluniform nicht trägt, verhält sich undiszipliniert. Wie man nun dem Bekleidungsbedürfnis nachkommt, sollten die Schüler, Eltern und Lehrer gemeinsam regeln. Die Schüler müssen die Kleidung tragen, die Eltern müssen sie zumeist finanzieren, und die Lehrer sollten darauf achten, dass bestimmte Schüler nicht zu Ausstattungsverlierern werden. Dem Bekleidungsbedürfnis wird also nur teilweise entsprochen.

Dann gibt es ein Bedürfnis nach Gemeinsamkeit und Solidarität. Befindet sich die Lerngruppe im wünschenswerten Stadium der konstruktiven Kooperation, indem der Lehrer den Schülern immer wieder versichert, dass er an guten Leistungen möglichst aller Schüler interessiert sei und sich die Schüler untereinander beim Lernen helfen, werden Bedürfnisse dieser Art weitgehend befriedigt. In gut geführten Grundschulklassen ist dies auch häufig der Fall.

An weiterführenden Schulen ist ein solches Lernklima leider selten anzutreffen. Dazu ein zwölfjähriger Gymnasiast: »Früher (in der Grundschule) waren wir alle zusammen. Heute kämpft jeder um gute Noten.« Also kann man die Schlussfolgerung ziehen, dass in Grundschulen dem Bedürfnis der Schüler nach Gemeinsamkeit weitgehend entsprochen wird, was übrigens auch für andere Schulen gilt, an denen Klassenlehrer die gruppendynamischen Prozesse positiv beeinflussen können. An weiterführenden Schulen beeinträchtigen das Fachlehrersystem, die Unterrichtsorganisation sowie ein oft abträglicher Wettbewerb zwischen den Schülern das erwünschte Gemeinschaftsgefühl und die Solidarität.

Ausgeprägt ist ein Bedürfnis nach Spaß und Humor. Da dieses Bedürfnis bei allen gesunden Schülern vorhanden ist, wird ihm in diesem Buch ein eigenes Kapitel gewidmet. Den Schülern macht es Spaß, humorlose Lehrer zu provozieren. Einem schlagfertigen, witzigen und humorvollen Lehrer hören die Schüler gerne zu. Es ist zu vermuten, dass bei vielen Lehrern zu selten gelacht wird.

Weitergehend ist das Bedürfnis nach Freundschaft. Natürlich möchte jeder Schüler einen oder mehrere gute Freunde haben, die zu ihm halten, mit denen er Spaß haben und von denen er die Hausaufgaben abschreiben kann. Leider haben nicht alle Schüler Freunde. Und es gibt bekanntermaßen Außenseiter, die von ihren Mitschülern gemieden werden und die abseits stehen.

Die weitergehenden Bedürfnisse nach Liebe, Wärme und Geborgenheit können ebenfalls nicht befriedigt werden. Zwar sieht man in der großen Pause manchmal Jugendliche eng umschlungen in der Ecke eines Schulhofes stehen. Und sofern sie nicht eifersüchtig sind, pflegen die Mitschüler dieses Verhalten auch zu tolerieren, während die Lehrer der Auffassung sind, ein solches Verhalten gehöre in die Privat- und Intimsphäre.

Ausnahmen bilden jene Lehrerinnen, die gerade eine Unterrichtseinheit zum Thema »Erziehung zur Zärtlichkeit« realisieren. Vorschläge, den Schülern in der Schule Gelegenheiten zur freien Liebe zu bieten, gehören längst der Vergangenheit an. Insgesamt betrachtet können die Wünsche der Schüler nach Freundschaft, Zärtlichkeit, Liebe und Sexualität in der Schule nur selten erfüllt werden.

Alle Schüler haben ein natürliches Bedürfnis nach Lob und Anerkennung. Sie möchten von den Lehrern und Eltern für ihre Lernbemühungen gelobt und dass die von ihnen erzielten Lernergebnisse anerkannt werden. Nun ist ein Lob aber nur dann gerechtfertigt, wenn man es mit den individuellen Lernmöglichkeiten der Schüler in Beziehung setzt. Sinnvoll loben können nur jene Lehrer, die zeitintensiv mit ihren Schülern zusammenarbeiten, also Grundschullehrerinnen, Klassenlehrer, die täglich in der eigenen Klasse unterrichten, oder Fachlehrer, die Epochenunterricht oder Kursunterricht erteilen. Wenn die Lerngruppen nicht zu groß sind, können sie den Schülern ein differenziertes Feedback geben.

Ein allgemeines Lob, das an die ganze Klasse gerichtet wird, hebt zwar die Stimmung und verbessert die Lernatmosphäre, kommt aber dem Bedürfnis nach Lob und Anerkennung einzelner Schüler nicht nach. Dann gibt es leistungsschwache Schüler, die selten gelobt werden oder die sich sogar in einem »Teufelskreis« bewegen: Dem Leistungsversagen in einer Klassenarbeit folgt die Frustration, dem wiederholten Versagen die Depression, dem erneuten Versagen die Resignation, dem andauernden Versagen ein negatives Selbstwertgefühl. Echte Problemschüler, die schulbekannt sind und ständig den Unterricht stören, erhalten höchst selten ein Lob, sondern sie sorgen für Aufregung und ziehen die Aufmerksamkeit auf sich. Dem Bedürfnis nach Lob und Anerkennung wird also nicht immer entsprochen. Auch hier liegt die Vermutung nahe, dass es viele Lehrer gibt, die zu selten loben.

Einige Schüler haben ein ausgeprägtes Geltungsbedürfnis und Machtstreben. Sie möchten immer im Mittelpunkt stehen, verhalten sich dominant, kommandieren ihre Mitschüler herum oder drangsalieren sie. Wahrscheinlich sind doch nicht alle Menschen von Natur aus gut, wie es uns Jean-Jacques Rousseau vermitteln wollte. Und selbst wenn die Umwelt einen Problemschüler erst zum Schläger gemacht hat, muss der Lehrer mit ihm zurechtkommen. Außerdem sind aufgrund der Ungeheuerlichkeiten, die Menschen anderen Menschen angetan haben und immer wieder antun, Zweifel angebracht, ob dieses optimistische Menschenbild trägt.

Nun sollten Lehrer allen Schülern zunächst einmal unvoreingenommen begegnen. Auch sollten sie sich ihren pädagogischen Optimismus so lange bewahren, bis sich die ersten Enttäuschungen einstellen, die dann zu einer realistischeren Sichtweise führen. Schließlich gibt es Schüler, die sich nicht beherrschen können, die ihrem Aggressionstrieb freien Lauf lassen, die ihre Freude daran haben, Mitschüler zu beleidigen, zu erniedrigen, zu mobben oder zu quälen.

Entwicklungspsychologisch betrachtet gehen Grundschüler in den ersten Schuljahren noch recht friedlich miteinander um. Im dritten und vierten Schuljahr finden dann in der großen Pause die bekannten »Hahnenkämpfe« statt. Später beginnt ein ernsthaftes Kräftemessen, das in einem Klassenzimmer, das einem Wartesaal gleicht, oft in eine fröhliche Schlägerei ausartet.

In der Pubertät testen Jugendliche gerne die Grenzen, möchten erleben, wie sich ein Opfer verhält und was es aushält. Leichtere Fälle kann man den Streitschlichtern übergeben. Bei ernsteren Fällen sind natürlich die Lehrer gefordert. Und in extremen Fällen ist das Team gefragt, die unmittelbar beteiligten Personen und der Schulpsychologe, die gemeinsam beraten und entscheiden, was man mit dem Schüler für den Schüler tun kann.

Keinesfalls kann man Schülern gestatten, ihren Aggressionstrieb auszuleben. Zur kulturellen Überformung gibt es wohl keine Alternative. Lehrern bleibt gar nichts anderes übrig, als bestimmte Schüler zu disziplinieren und von ihnen Selbstbeherrschung und Selbstdisziplin zu fordern.

Bei älteren Schülern und Jugendlichen gibt es ein Bedürfnis nach Suchterfahrung. Sie möchten gerne wissen, wie Zigaretten schmecken, wie ein Joint wirkt und wie stark die Kopfschmerzen sind, wenn man zu viel Alkohol konsumiert. Extensive Erfahrungen werden in außerschulischen Bereichen gesammelt, auf Partys oder beim »Kampfsaufen«. Aber natürlich ist es reizvoll, sich in der Schule zu beweisen, gemeinsam Verbote zu missachten, auf der Schülertoilette zu kiffen oder während der Klassenfahrt einen Flachmann aus der Tasche zu ziehen. Bedürfnisse dieser Art werden von den Schülern oft heimlich befriedigt. Die Lehrer bleiben ausgeschlossen, und ihre moralisierenden Vorträge zur Suchtprophylaxe bleiben meist wirkungslos.

Verständlich ist das Bedürfnis nach Freizeit, nach Zeit zur Erholung, zur Entspannung, zur individuellen Gestaltung, zur informellen Kommunikation oder zum Träumen. Es ist schlecht vorstellbar, dass sich Schüler in sechs aufeinanderfolgenden Kurzstunden voll auf sechs verschiedene Lerninhalte konzentrieren. Lernen kann sich nur in einem Wechsel von Anspannung und Entspannung vollziehen. Der Versuch, dem Bedürfnis nach Entspannung durch Pausen zu entsprechen, ist unzureichend.

Grundschullehrerinnen, die in ihren Lerngruppen die Kontinuität des Lehrens und Lernens wahren können, arbeiten so lange mit ihren Schülern, bis bestimmte Ziele erreicht sind oder die Schüler Ermüdungserscheinungen zeigen. Dann wird eine Bewegungsübung oder eine Stilleübung eingelegt, bei der die Schüler eine Fantasiereise antreten können, oder man macht eine Pause, die frei gestaltet werden kann. Dem Bedürfnis nach Freizeit im engeren Sinne kann aber nur außerhalb der Schulzeit oder in den Ferien entsprochen werden.

Dann gibt es ein Bedürfnis nach Selbstverwirklichung auch beim schulischen Lernen. Auf der Grundlage der individuellen Begabungen, Fähigkeiten und Interessen möchten Schüler oft das lernen, was sie wollen, und nicht das, was sie sollen. Durch offenere Unterrichtskonzeptionen, wie Freiarbeit, Wochenplanarbeit oder Stationenarbeit, versuchen Grundschullehrerinnen, den individuellen Lernbedürfnissen entgegenzukommen.

An weiterführenden Schulen, an denen der Unterricht immer noch ausschließlich als Fachunterricht im 45-Minuten-Takt erteilt wird, gibt es kaum Möglichkeiten, individuellen Lernbedürfnissen Rechnung zu tragen. Unterrichtskonzeptionen wie Portfolio oder Projektunterricht werden nur selten realisiert.

Unserer Definition von Unterrichtsdisziplin folgend, müssen die Schüler zahlreiche Bedürfnisse einschränken, aufschieben oder ganz auf deren Befriedigung verzichten. Nur so lässt sich die für das Lehren und Lernen in Gruppen erforderliche soziale Ordnung wahren. Nun sollten zwar die Bedürfnisse nach geistiger Entwicklung im Vordergrund stehen. Bei näherer Betrachtung stellt sich aber heraus, dass den individuellen kognitiven Bedürfnissen hochbegabter oder leistungsschwacher Schüler selten entsprochen werden kann. Gleiches gilt für die kulturellen Bedürfnisse der Schüler, die sich nach Herkunft und familialem Hintergrund deutlich unterscheiden. Die psychomotorischen Bedürfnisse werden in zwei Sportstunden pro

Woche und in einer große Pause am Vormittag auch nicht befriedigt.

Den sozialen Bedürfnissen nach Überschaubarkeit, Verlässlichkeit, Gemeinsamkeit, Freundschaft und Kommunikation wird auch nur ansatzweise entsprochen. Bedürfnisse nach Liebe und Sexualität sind zu verdrängen. Bedürfnisse nach Suchterfahrung und Suchtbefriedigung unterliegen einem Verbot. Essen im Unterricht ist nicht gestattet. Das Trinken wird nur im Sommer erlaubt. Einige Schüler haben uniformiert zu erscheinen. Im Sportunterricht ist eine entsprechende Kleidung zu tragen. Der Aggressionstrieb ist zu unterdrücken. Schüler habe sich zu beherrschen. Emotionen sind zu kontrollieren. Gewalttätige Handlungen werden sanktioniert. Dem Bedürfnis nach Entspannung wird selten entsprochen, noch seltener sind Lob und Anerkennung.

Lehren und Lernen mit Disziplin

Unterricht ist eine gesetzlich vorgeschriebene Veranstaltung, die in öffentlich finanzierten Institutionen, den Schulen, stattfindet. Da Einzelunterricht zu teuer ist, werden meist Lerngruppen unterrichtet. Um die Unterrichtsziele zu gewährleisten, müssen Lehrer und Schüler kooperieren, interagieren und kommunizieren. In Schulen findet der Unterricht in einem sozialen Kontext statt. Mit entscheidend für den Unterrichtserfolg ist die Unterrichtsdisziplin, die für das Lehren und Lernen in Gruppen erforderliche soziale Ordnung.

Die soziale Ordnung wird durch Regeln des Sozialverhaltens näher bestimmt. Disziplinierte Lehrer und Schüler bemühen sich um die Einhaltung der sozialen Ordnung und um ein konstruktives Lern- und Gruppenklima. Undisziplinierte vernachlässigen diese Ordnung oder missachten sie bewusst.

Wird die soziale Ordnung gewahrt, entsprechen die Lehr-Lernergebnisse meist den Erwartungen. Geht es in einer Lerngruppe drunter und drüber, sind Lehren und Lernen nur noch unter hohem Zeitverlust oder gar nicht mehr möglich, und die Ergebnisse bleiben weit hinter den Erwartungen zurück.

Um die Unterrichtsdisziplin aufrechtzuerhalten, müssen Lehrer und Schüler individuelle Bedürfnisse einschränken, aufschieben oder ganz auf deren Befriedigung verzichten. Allen Beteiligten wird ein ernsthaftes Bemühen abverlangt, das mit den Begriffen der Motivation, Konzentration, Volition und Evaluation umschrieben werden kann.

Man erwartet also vom Lehrer und von den Schülern, dass sie sich für den jeweiligen Lerninhalt interessieren, sich auf ihn einlassen, auch einen schwierigen Lehr-Lernprozess durchstehen, bis er zum Erfolg führt. Und man erhofft sich von den Schülern, dass sie mit zunehmendem Alter in der Lage sind, Lernprozesse eigenständig zu planen, durchzuführen und zu beurteilen.

Wer über Unterrichtsdisziplin nachdenkt, wird positiv und negativ assoziieren. Die positiven Assoziationen lassen sich wie folgt zusammenfassen: Der Unterricht verläuft geordnet, es ist eine Gliederung erkennbar. Lehrer und Schüler beherrschen ihre Emotionen, konzentrieren sich auf die Lerninhalte. Die Schüler zeigen eine hohe Lernbereitschaft und wenden sich sofort den Lernaufgaben zu. Sie arbeiten aktiv mit, verfügen über ein hohes Durchhaltevermögen und freuen sich über ansprechende Lernergebnisse. Der Lehrer lobt die Lern- und Anstrengungsbereitschaft der Schüler und freut sich mit ihnen über die guten Ergebnisse.

Das Klassenklima ist konstruktiv, d. h. Lehrer und Schüler respektieren, akzeptieren und tolerieren sich und hören einander zu, lassen auch leistungsschwache Schüler zu Wort kommen, gehen auf Beiträge ein und führen sie weiter. In Arbeitsphasen, bei Einzel-, Partner- oder Kleingruppenarbeit, ist der Lärmpegel gering. Die Schüler flüstern miteinander und helfen sich beim Lernen. Auf Anforderung steht der Lehrer beratend zur Verfügung, doch hält er sich bewusst zurück, um die Schüler nicht beim Lernen zu stören. Die Schüler sind in der Lage, in kurzer Zeit die Sitzordnung zu verändern und sich weitgehend selbstständig zum Lernen zu organisieren.

Lehrer und Schüler achten gemeinsam auf die in der Lerngruppe vereinbarten Regeln. Der Umgang miteinander ist transparent. Die Schüler wissen, was sie erwartet, wenn sie bestimmte Regeln nicht einhalten. Lehrer und Schüler üben Selbstdisziplin, sind fast immer pünktlich, bereiten sich vor und erledigen die Hausaufgaben. Fast die gesamte Unterrichtszeit wird zum Lehren und Lernen genutzt.

Das Gegenbild zu der oben beschriebenen Situation lässt erkennen, wie wichtig die Einhaltung der für das Lehren und Lernen in Gruppen erforderlichen sozialen Ordnung ist: Der Unterrichtsablauf verschwimmt, und es ist keine Struktur erkennbar. Der Lehrer bemüht sich vergeblich, die Aufmerksamkeit der Schüler zu gewinnen. Letztere beschäftigen sich überwiegend mit extracurricularen Aktivitäten, führen Privatgespräche oder spielen »Schiffe versenken«.

Bei den Schülern ist eine »Null-Bock-Haltung« zu beobachten. Sie zeigen sich oft unbeherrscht, desinteressiert, sind leicht ablenkbar und zu keiner aktiven Mitarbeit bereit. Lernergebnisse sind nicht erkennbar. Am Ende einer Unterrichtsstunde bleibt bei allen Beteiligten das lähmende Gefühl zurück, kostbare Lebenszeit sinnlos vertan zu haben.

Das Klassenklima ist destruktiv, die Atmosphäre angespannt. Lehrer und Schüler werten sich gegenseitig ab. Es herrscht eine aggressive Grundstimmung vor. Man hört sich nicht zu, lässt den anderen nicht ausreden, unterbricht sich häufig und lässt leistungsschwache Schüler kaum zu Wort kommen. Leisten sie dennoch einen Beitrag, werden sie oft ausgelacht. In Arbeitsphasen steigt der Lärmpegel beträchtlich an. Häufig kommt es zu chaotischen Verhältnissen. Die Schüler stören sich gegenseitig beim Lernen, einige ärgern ihre Mitschüler, andere schlagen sogar auf sie ein. Die Lerngruppe ist weder bereit noch in der Lage, sich in kurzer Zeit zum Lernen zu organisieren.

Der Lehrer macht eine hilflose Figur, kann sich nicht durchsetzen, bemüht sich vergeblich um die Wiederherstellung der sozialen Ordnung, mahnt lautstark, droht und schreit, verteilt Strafarbeiten oder nimmt Einträge in das Klassenbuch vor.

Da es keine vereinbarten Regeln für das Sozialverhalten gibt, herrscht eine allgemeine Verunsicherung vor, die sich bis zur Angst im Umgang miteinander steigern kann. Der Lehrer hat Angst vor seinen Schülern und geht nicht gerne in die Klasse hinein. Und die Schüler haben Angst vor dem Lehrer, weil er sich oft willkürlich verhält. Der Lehrer bestraft beliebig und unverhältnismäßig, verhängt auch Kollektivstrafen oder lässt überfallartig einen Test schreiben. Die Schüler wissen nie, woran sie bei einem solchen Lehrer sind.

Im interkulturellen Vergleich variiert die für das Lehren und Lernen in Gruppen erforderliche soziale Ordnung beträchtlich. Sie ist u. a. abhängig von der vorherrschenden Tradition, von der gesellschaftlichen Ideologie und der gesellschaftlichen Dynamik. In Vietnam, China oder Japan wird von den Schülern ein hohes Maß an Gehorsam und Selbstdisziplin gefordert. Gleiches ist in den Staaten Osteuropas und den Ländern der Russischen Föderation zu beobachten. So kommentierte z. B. eine Erziehungswissenschaftlerin aus der Republik Tatarstan die Disziplinproblematik: »Wir kennen fast keine Disziplinprobleme. Wir sagen unseren Schülern einmal deutlich, woran sie sich zu halten haben, und dann richten sie sich auch danach.« So einfach ist das also in der Republik Tatarstan.

Studenten der Pädagogischen Hochschule Heidelberg, die ihr hochschulfernes Praktikum an einer Sprachschule in Kiew absolvierten, beschrieben das Sozialverhalten wie folgt: »Disziplinschwierigkeiten gab es nicht. Die Schüler saßen brav auf ihren Stühlen und folgten konzentriert unseren Ausführungen. Am Ende einer jeden Stunde sollten wir sie benoten. Wir gaben dann allen eine ›Eins‹. Und alle waren zufrieden.«

Ähnliche Erfahrungen sammelte eine Praktikantin in Schwarzafrika, die 120 Schülern gleichzeitig Englischunterricht erteilte: »Die Schüler saßen dicht gedrängt auf einem Lehmboden. Ich hatte nur eine Tafel und Kreide, mehr nicht. Es war mucksmäuschenstill. Von Disziplinschwierigkeiten konnte keine Rede sein.«

In Mittel- und Westeuropa zeigen sich erhebliche Unterschiede. Wer in Finnland hospitiert, staunt immer wieder über das hohe Maß an Disziplin, das die Lehrer selbstverständlich einfordern, und über das Maß an Selbstdisziplin, das sich die Schüler abverlangen. Überhaupt herrscht dort ein anderer Umgang zwischen Lehrern und Schülern vor. In der finnischen Gesellschaft stehen Lehrer auf der Prestigeskala ganz oben. Man bekommt zu hören: »Die Lehrer sind unsere Elite!« Und die Schüler respektieren ihre Lehrer, weil sie das positive Gefühl haben, von deren Kenntnis- und Erfahrungsvorsprung profitieren zu können.

Wer in Frankreich hospitiert, staunt ebenfalls über die zumeist wohlerzogenen und disziplinierten Schüler und über die Selbstverständlichkeit, mit der die Lehrer diszipliniertes Verhalten einfordern.

Die im Unterricht zu beobachtende Disziplin wird auch durch ideologische Orientierungen mitbestimmt. In diktatorisch bestimmten Gesellschaftssystemen wird von Lehrern und Schülern ein hohes Maß an Disziplin verlangt. In demokratisch orientierten Gesellschaftssystemen gewährt man Lehrern und Schülern größere Freiräume und fordert sie dazu auf, über die soziale Ordnung mitzubestimmen und diese auszugestalten. Und so zeigen sich auch heute noch Unterschiede zwischen den alten und den neuen Bundesländern.

Hinsichtlich der sozialen Ordnung ergeben sich große Unterschiede in den einzelnen Schulen, dem Einzugsgebiet, den Schularten, Schulstufen, Fächern oder Lerngebieten. Und dann gibt es Differenzen, die durch die Unterrichtszeit, die Unterrichtsorganisation, durch die Lerninhalte, die Unterrichtskonzeption sowie durch die unterschiedlichen Lehr-Lernsituationen hervorgerufen werden. Nicht zuletzt ist auch der Grad der Disziplin von den Einstellungen und Haltungen der Schulaufsichtsbeamten, der Schulleiter und Lehrer abhängig.

Generell ist davon auszugehen, dass an gut geführten Ganztagsschulen weniger Disziplinprobleme auftreten als an Halbtagsschulen. An Ganztagsschulen wird die Schule für die Schüler zum Lernort. Es entfällt die an Halbtagsschulen häufig zu beobachtende Hektik. Lehrer und Schüler haben mehr Zeit füreinander, der Schulstress ist geringer. Und so sind die Schüler auch eher bereit, sich diszipliniert zu verhalten.

Große Differenzen ergeben sich aufgrund verschiedener Einzugsgebiete. In ländlichen Gebieten sind die Sozialverhältnisse häufig noch in Ordnung. Die Familien sind mehrheitlich intakt, und die Eltern kommen ihren Erziehungspflichten oft noch nach. Zumindest gibt es Personen, die sich nach der Schule um die Kinder kümmern. Oft erzieht auch die Nachbarschaft mit. Und aus dieser heilen Welt werden erzogene Kinder in die Schule geschickt.

Ganz anders sieht es in den Brennpunktschulen der Großstädte aus. Die Arbeitslosigkeit ist hoch. Familien sind in Wohnblöcken zusammengepfercht. Nachbarschaftshilfe ist selten, und es herrscht Anonymität vor. Den Kindern fehlen geeignete Spielplätze und Freizeiteinrichtungen. Das Einzugsgebiet der Berliner Rütli-Schule ist aufgrund des Medienspektakels allen Fernsehzuschauern bekannt. Andere Schulen, wie etwa die Jungbuschschule in Mannheim, bei der 90 Prozent der Schüler aus Migrantenfamilien kommen, leisten trotz widriger Umstände hervorragende Arbeit.

Natürlich gibt es auch Unterschiede zwischen den einzelnen Schularten, so z. B. zwischen Gymnasien, Realschulen, Hauptschulen oder Sonderschulen, in denen verhaltensoriginelle Schüler betreut werden. Hat ein Lehrer Glück, dann arbeitet er in einem bürgerlichen Einzugsgebiet, in dem die Eltern ihren Erziehungspflichten nachkommen und ihre Kinder erzogen zur Schule schicken.

Allerdings mehren sich selbst in solchen Einzugsgebieten Klagen über unerzogene Gymnasiasten, die Merkmale der Wohlstandsverwahrlosung zeigen. Die Zeiten, in denen ein Studienrat sagen konnte »Ich lehre Latein, die Kinder sollen erzogen zu mir kommen«, sind vorbei. Auch von Gymnasiallehrern werden heute Sozialkompetenz und Konfliktfähigkeit gefordert. An Brennpunktschulen müssen Lehrer oft ihre Schüler erziehen, bevor sie den Unterricht aufnehmen können.

Wenn Schüler häufig zu spät kommen, sich im Unterricht ungeniert unterhalten oder zu frühstücken beginnen, ist der Lehrer als Erzieher und Sozialpädagoge gefordert. Die Lernergebnisse bleiben weit hinter den Erwartungen zurück, weil die Unterrichtszeit nicht zum Lehren und Lernen genutzt werden kann. Wird Hauptschülern bewusst, wie schlecht ihre Zukunftschancen auf dem Ausbildungs- und Arbeitsmarkt sein werden, sinkt die Anstrengungsbereitschaft dramatisch ab, sie nehmen eine passive Lernhaltung ein, resignieren, und die Disziplinkonflikte häufen sich.

Unterschiede zeichnen sich auch auf den einzelnen Schulstufen ab. Sozialkompetente Grundschullehrerinnen haben kaum Disziplinschwierigkeiten. Sie unterrichten täglich mehrere Stunden in der eigenen Klasse, kennen die unterschiedlichen Lernmöglichkeiten ihrer Schüler und können diese durch Differenzierungsmaßnahmen ausgleichen. Die wechselseitigen Erwartungen sind weitgehend geklärt. Und diese Lehrerinnen wissen, wie sie die einzelnen Schüler anzusprechen haben. Allerdings kann auch in einer Grundschulklasse ein Problemschüler, bei dem ein Aufmerksamkeitsdefizit-/Hyperaktivitätssyndrom diagnostiziert wurde, die soziale Ordnung erheblich stören.

Die für das Lehren und Lernen erforderliche soziale Ordnung variiert auch von Fach zu Fach bzw. von Lerngebiet zu Lerngebiet. Traditionell fordert das Fach Mathematik ein hohes Maß an Disziplin. In anderen Fächern wie Religion, Musik, Sport, Werken, Technik oder Kunsterziehung geht es eher etwas lockerer zu. Allgemein wird zwischen harten und weichen Fächern unterschieden, die sich weitgehend über das Maß der zu fordernden Disziplin definieren lassen.

Natürlich ist auch die Lerngruppengröße von Bedeutung. In großen Gruppen kann sich der einzelne Schüler besser verstecken, individuelle Bedürfnisse befriedigen oder den Lehr-Lernprozess sabotieren. In kleinen Gruppen ist das kaum möglich. Der Lehrer sieht und hört fast alles und kann sofort angemessen intervenieren.

Neben der Lerngruppengröße bestimmen die gruppendynamischen Stadien weitgehend die soziale Ordnung:

1. erstes Kennenlernen
2. vertiefendes Kennenlernen
3. Aufbau einer Hierarchie
4. Rollendifferenzierung und Rollenfindung
5. Konfliktstadium
6. Regelstadium und schließlich das
7. Stadium der konstruktiven Kooperation

Befindet sich eine Gruppe im Konfliktstadium, streiten sich die Schüler auch über Regeln des Zusammenseins, ist ein konzentriertes Arbeiten nicht möglich.

Das Stadium der konstruktiven Kooperation zeichnet sich durch folgende Merkmale aus: Verhaltensregeln sind vereinbart, Lehren und Lernen erfolgen in gemeinsamer Verantwortung, der Lehrer hilft den Schülern beim Lernen, und die Schüler helfen dem Lehrer beim Lehren. Die Disziplin variiert je nach Unterrichtskonzeption und Lehr-Lernsituationen. Die Forderungen des Lehrers an die Schüler, sich zu disziplinieren, sind fast immer gerechtfertigt. Und deshalb sind auch die Schüler bereit, sich zu disziplinieren. Zwar wird in der Lerngruppe auch gewetteifert, aber ein abträgliches Konkurrenzverhalten fehlt.

Die soziale Ordnung ist auch von der Unterrichtskonzeption abhängig. Unterricht kann ja ganz unterschiedlich gestaltet werden, so z. B. als Frontalunterricht, als Fachunterricht, als Fächerübergreifender Unterricht, Epochenunterricht, Blockunterricht, Freiarbeit, Wochenplanarbeit, Stationenarbeit, als Projektunterricht oder Portfolio. Im frontalen Fachunterricht, der auch noch in Kurzstunden erteilt wird, gibt es häufig Disziplinschwierigkeiten, weil viele Schüler in der fünften Kurzstunde nicht mehr folgen können und in der sechsten Stunde abschalten oder sich in allgemeiner Disziplinlosigkeit ergehen.

Wird hingegen Epochenunterricht erteilt, sind Disziplinkonflikte selten. Das Thema wird am nächsten Tag wieder aufgegriffen, interferierende Lernprozesse entfallen weitgehend, Vorkenntnisse brauchen nicht mühsam aktualisiert zu werden. Man arbeitet dort weiter, wo man am Vortag aufgehört hat. Wiederholungen finden nach 24 Stunden statt, die Behaltwerte sind hoch. Lehrer und Schüler registrieren täglich Lehr-Lernerfolge und sind deshalb motiviert, den Lehr-Lernprozess wieder aufzunehmen.

Auch im Blockunterricht sind weniger Disziplinkonflikte zu erwarten. Wenn Lehrer im Blockunterricht die Informations- und Präsentationsphasen zeitlich begrenzen, Arbeitsaufträge mit einem hohen Aufgabenanreiz stellen, die Schüler unauffällig betreuen und die Ergebnisse möglichst noch in der Doppelstunde kontrolliert werden, bleibt die erforderliche soziale Ordnung fast immer gewahrt. In 80 oder 90 Unterrichtsminuten haben die Schüler Gelegenheit, sich für längere Zeit auf eine Aufgabe zu konzentrieren. Und dann entsteht auch meist eine konstruktive Lern- und Arbeitsatmosphäre.

Für die verschiedenen Formen des offenen Unterrichts, wie Freiarbeit, Wochenplan- oder Stationenarbeit, sind jeweils unterschiedliche Regeln für das Sozialverhalten zu vereinbaren. Kennen und akzeptieren die Schüler diese Regeln, entsteht meist eine konstruktive Lernatmosphäre. Man achtet gemeinsam auf die Einhaltung dieser Regeln, und Disziplinschwierigkeiten sind selten.

Große Unterschiede ergeben sich zwischen den einzelnen Phasen einer Unterrichtsstunde. Kommt ein Lehrer ins Klassenzimmer, kann er erwarten, dass die Schüler ihre Plätze aufsuchen, die Privatgespräche einstellen und sich ihm zuwenden, damit er sie begrüßen kann. Am Ende eines Schultages sollten sich die Schüler ebenfalls disziplinieren, ihre Sachen zügig einpacken, den Platz säubern und die Stühle hochstellen, damit man sich verabschieden kann.

Erklärt oder demonstriert der Lehrer einen zentralen Sachverhalt, darf er von allen Schülern volle Aufmerksamkeit verlangen. Die sich anschließende Aussprache kann dann durchaus lebhaft sein. Stellt der Lehrer einen wichtigen Arbeitsauftrag, ist diszipliniertes Verhalten angesagt. Fassen die Schüler den Auftrag nicht richtig auf, sind die nächsten beiden Subsituationen, die Arbeits- und die Auswertungssituation, stark gefährdet. Viele Schüler wissen dann nicht, was sie machen sollen. Und vergleichbare Ergebnisse sind auch nicht zu erwarten.

Gleiches gilt übrigens auch für jene Situation, in der Hausaufgaben erteilt werden. Passen einige Schüler nicht auf, sind sie zu Hause ratlos. Die Aufgaben können nicht erledigt werden, und zahlreiche Hausaufgabenkonflikte sind vorhersehbar.

Die soziale Ordnung variiert auch von Gesprächssituation zu Gesprächssituation (Becker 2008, S. 242 ff.). Steuert ein Lehrer ein Gespräch überwiegend nonverbal, weil er Vorkenntnisse aktualisieren oder Vorerfahrungen abrufen möchte, sind die Schüler im Zuhören gefordert, damit Beiträge nicht wiederholt werden. Wird ein divergierendes Gespräch geführt, das einem Brainstorming nahekommt, in dessen Verlauf spontane und originelle Einfälle gefragt sind, ist die Gesprächsatmosphäre aufgelockert. Es wird viel gelacht, und die besten Einfälle werden bestaunt.

Ganz anders verläuft ein konvergierendes Gespräch, bei dem ein bestimmtes Ergebnis gefragt ist. Hier werden die Schüler Schritt für Schritt an das erwünschte Ergebnis herangeführt. Die Schüler müssen diszipliniert dem Gesprächsverlauf folgen und sich die Teilergebnissen merken. Bei solchen Gesprächen, die oft auch als »fragend-entwickelnder Unterricht« bezeichnet werden, ist die Gesprächsatmosphäre meist angespannt, schon allein deshalb, weil einige Schüler dem Frage-Antwort-Spiel nicht folgen können. Bei Pro-Contra-Diskussionen darf es wiederum hoch hergehen, weil Diskussionen auch von Emotionen getragen werden.

Die soziale Ordnung variiert auch stark von Lehrer zu Lehrer. Es gibt strenge Lehrer, bei denen keine Nebengespräche erlaubt sind. Sie nehmen für sich in Anspruch, in Ruhe unterrichten zu dürfen. Zur Aufrechterhaltung der strikten Ordnung werden oft auch die bekannten Disziplinierungstechniken eingesetzt. Auf diese Weise werden sensible Schüler eingeschüchtert und unter Druck gesetzt. Insbesondere die leistungsschwachen Schüler wagen sich nicht hervor, ducken sich weg und hoffen, nicht drangenommen zu werden.

Interessant ist in diesem Zusammenhang, dass viele Schüler gerne an ihre strengen Lehrer zurückdenken, mit Hochachtung von ihnen sprechen und vorgeben, gerade bei diesen Lehrern viel gelernt zu haben. Offensichtlich kommen hier noch andere Variablen ins Spiel, wie z. B. die Fach- und Methodenkompetenz sowie die Lehrerpersönlichkeit. Einige Lehrer, die von ihren Schülern ein diszipliniertes Verhalten fordern, geben auch ganz offen zu, ihre Nerven schonen zu wollen, was ja auch verständlich ist.

Bei weniger strengen Lehrern geht es lockerer zu. Nebengespräche sind erlaubt, spontane Äußerungen werden zugelassen, über originelle Einfälle wird gelacht und zwischendurch wird auch mal ein Witz erzählt. Ruhe und Disziplin werden nur an entscheidenden Stellen gefordert, wenn z. B. eine wichtige Frage gestellt wird, die im Mittelpunkt der Stunde stehen soll. Diese Lehrer möchten disziplinierte und kreative Schüler haben, die einerseits in der Lage sind, sich zu disziplinieren, wenn es erforderlich ist, die aber auch den Mut haben, die soziale Ordnung zu durchbrechen, wenn es um spontane Einfälle oder originelle Beiträge geht.

Bei einer dritten Lehrergruppe ist Chaos der Normalzustand. Die Schüler schränken ihre Bedürfnisse kaum ein, laufen im Klassenzimmer umher, unterhalten sich ungeniert oder nehmen ein zweites Frühstück ein. Die Lehrer versuchen vergeblich, sich Gehör zu verschaffen. Sie ermahnen lautstark. Die Schüler werden noch lauter. Nun schreit der Lehrer über den Lärmpegel hinweg. Die Schüler schreien ebenfalls, um sich noch verstehen zu können. Auf diese Weise kommt es zu einem Welleneffekt (Kounin 1976).

Schulleiter fordern Lehrer und Schüler gleichermaßen auf, sich diszipliniert zu verhalten. Mit wechselndem Erfolg bitten sie das Kollegium, die große Pause nicht eigenmächtig zu verlängern, nicht beim Kaffee sitzen zu bleiben, während die Schüler in den Klassenzimmern toben. Sie fürchten um den guten Ruf ihrer Schule, weisen in Konferenzen auf die Schulordnung hin. Sie wissen, welche Kollegen von den Schülern respektiert werden und bei welchen chaotische Zustände vorherrschen. Zwar schließen Lehrer meist die Türen hinter sich, bevor sie mit dem Unterricht beginnen. Aber der Lärm dringt nach draußen. Und die Kinder berichten ihren Eltern, wie es bei den einzelnen Lehrern so zugeht.

Anspruchsvolles Lernen bedarf der Disziplin

In diesem Kapitel wird zwischen anspruchslosem und anspruchsvollem Lernen unterschieden. Anspruchsloses Lernen vollzieht sich meist auf der Kenntnisebene. Der Lehrer steht im Zentrum des Unterrichts. Er fährt im Stoff fort und referiert Fakten. Die Schüler sind zum Zuhören verurteilt. Einige Schüler bemühen sich, den Ausführungen des Lehrers zu folgen. Andere ergehen sich in Tagträumen oder dämmern weg. Die aktiveren Schüler beschäftigen sich anderweitig oder stören, verhalten sich also aus der Sicht des Lehrers disziplinlos.

Die Lernhaltung ist überwiegend passiv-rezeptiv. Die Schüler werden mit Faktenwissen überhäuft, lernen aber nicht eigenständig und selten Neues hinzu. Die Behaltwerte sind gering, d. h. viele Fakten werden schnell wieder vergessen. Der Unterricht hinterlässt kaum Spuren. Wenn sich so eine Kurzstunde an die andere reiht, werden die Schüler frustriert, und es verbreitet sich Schulunlust. An vielen weiterführenden Schulen ist anspruchsloses Lernen leider die Regel.

Zum anspruchsvollen Lernen gehört eine aktiv-produktive Lernhaltung. Außerdem benötigen die Schüler Selbstdisziplin, die Bereitschaft, andere Bedürfnisse einzuschränken, zurückzustellen oder zu verdrängen. Die Schüler müssen sich an schon erworbene Kenntnisse und Einsichten erinnern, sich auf neuartige Lernerfahrungen einlassen, eine Lernstrategie entwickeln und verfolgen, neue Lernwege beschreiten, Lernschritte vollziehen, Teilergebnisse überdenken und einschätzen und schließlich das Endergebnis bewerten. Zum anspruchsvollen Lernen gehört neben der Motivation auch der Wille, so lange zu lernen, bis ein Lernergebnis vorliegt.

Anspruchsvolles Lernen benötigt Zeit, die den Schülern nicht gewährt wird, wenn eine Kurzstunde auf die andere folgt. Manchmal führen erst Umwege zum Ziel. Umwege sind keinesfalls nur negativ zu bewerten. Sie sind geradezu erwünscht, weil sie ein entdeckendes Lernen fördern. Wenn dann die Schüler endlich – nachdem sie mehrmals in eine falsche Richtung gegangen ist – das erwünschte Ergebnis vorweisen können, ist die Freude über den Lernerfolg besonders groß. Weil sie die Lernwiderstände eigenständig überwunden haben, sind sie auf das Ergebnis stolz und werden in ihrem Selbstwertgefühl gestärkt. An gut geführten Grundschulen wird oft auch anspruchsvoll gelernt. Der Unterricht hinterlässt bei den Schülern Spuren. Viele Grundschüler gehen noch gern zur Schule.

Herrscht bei den Schülern ein starkes Interesse am Lerninhalt vor, dominiert das Lernbedürfnis, und andere Bedürfnisse treten ganz zurück. Dann sind die Schüler ganz dabei, von der Aufgabenstellung fasziniert und absorbiert. Oder es lässt sich die von Maria Montessori beschriebene »Polarisation der Aufmerksamkeit« beobachten. In gut geführten Grundschulklassen kommt es manchmal vor, dass die Schüler beim Pausenzeichen die Lehrerin bitten, weiterarbeiten zu dürfen. An weiterführenden Schulen, die den Unterricht immer noch in Kurzstunden organisieren, kommt diese Situation selten vor. Hier fehlt die Zeit für ein aktiv-produktives Lernen. Die Schüler müssen die Lernprozesse abrupt beenden, weil schon der nächste Lehrer vor der Tür steht.

Leider kann schulisches Lernen nicht ausschließlich auf die Lernbedürfnisse der Schüler Rücksicht nehmen. Die aus der humanistischen Psychologie stammende These, der zufolge Schüler ohnehin nur das lernen, was sie wollen, und nicht das, was sie sollen, muss zurückgewiesen werden. Zwar stimmt es, dass sich Lernen nur im Schüler selbst vollziehen kann. Aber es ist unmöglich, gleichzeitig auf die individuellen Lernbedürfnisse von 30 Schülern einzugehen. Da Einzelunterricht zu teuer ist, haben es Lehrer nicht nur mit einem Schüler, sondern meist mit einer ganzen Lerngruppe zu tun. Und so kann man nicht davon ausgehen, dass sich alle Schüler immer in gleicher Weise für einen Lerninhalt interessieren. Aufgrund der schwankenden Interessenlage lassen sich Über- oder Unterforderungen nicht ganz vermeiden.

Zudem gibt es Lerninhalte, die der Struktur einer Disziplin folgen und systematisch aufeinander aufbauen. Um Grundkenntnisse und Kompetenzen zu erwerben, bedarf es auch der Übung. Und gerade das Üben ist oft mühsam, anstrengend, erfordert Selbstüberwindung, also Disziplin. Schließlich ist es auch Aufgabe der Lehrer, den Schülern neue Lernhorizonte und Lerndimensionen zu öffnen, ihnen zu zeigen, was sie alles lernen und wie sie sich bestimmte Inhalte aneignen können.

Betrachten wir die Struktur der Lerninhalte in verschiedenen Lernbereichen, so erscheint es logisch, die Entdeckungen des Euklid, Thales und Pythagoras aufeinander zu beziehen. Wenn Englischunterricht in Verbindung mit einem Lehrbuchwerk erteilt wird, bauen Wortschatz und Grammatik aufeinander auf. Der Wortschatz wird von Lektion zu Lektion erweitert. Und Gleiches gilt für die Grammatik, von der »Inversion«, der Umschreibung mit »to do« hin zum AcI, accusativus cum infinitivo. In bunter Folge werden Themen erarbeitet wie z. B. »My family«, »At breakfast«, »On holiday«, »In the garden«, »In the Underground« oder »The royal family«. In solchen Lehr- Lernprozessen kann man nicht davon ausgehen, dass sich alle Schüler gleichzeitig für die königliche Familie interessieren. So bleibt dem armen Englischlehrer nichts anderes übrig, als Disziplin einzufordern. Und die Schüler müssen sich für die königliche Familie interessieren, ob sie wollen oder nicht.

Von Außenstehenden, von Psychologen, die selbst nie unterrichtet haben, aber auch von Eltern, die alle nur das Beste für ihre Kinder wollen, wird oft die Forderung erhoben, schulisches Lernen müsse Spaß machen. Diese Forderung findet in unserer »Spaßgesellschaft« viel Anklang, doch geht sie an der Realität vorbei. Wer als Schüler Grundkenntnisse kumulieren und anspruchsvolle Lernprozesse durchlaufen will, muss Anstrengungsbereitschaft und Durchhaltevermögen zeigen, sich also disziplinieren.

Damit soll nicht das Gegenteil betont werden, demzufolge schulisches Lernen keinen Spaß machen soll. Wenn es in einer Lerngruppe immer nur tierisch ernst zugeht, kann das kreative Potenzial, das gerade auch zum anspruchsvollen Lernen benötigt wird, nicht angeregt und ausgeschöpft werden. Wenn Schüler ihren Spaß haben und hin und wieder herzlich lachen, bringt dies meist auch den Lernprozess voran.

Wer anspruchsvoll und effektiv lernen möchte, benötigt Lerntechniken und Lernstrategien. Der Erwerb bestimmter Lerntechniken ist eher trivial, so die Technik des Nachschlagens oder die Technik des Auswendiglernens. Diese Techniken sollten schon mit Grundschülern eingeübt werden, damit sie später zur Verfügung stehen. Die Techniken, mit dem Computer zu arbeiten und sich im Internet zurechtzufinden, sind da schon anspruchsvoller. Meist trägt man dieser Tatsache Rechnung, indem man den Schülern so früh wie möglich eine informationstechnische Grundbildung vermittelt.

Bei den Lernstrategien ist zwischen den Primär- und den Sekundärstrategien zu unterscheiden. Strategien geben eine Richtung an, in der gedacht, gelernt und gearbeitet werden könnte. Wer eine Strategie verfolgt, bewegt sich in eine bestimmte Richtung, beschreitet aber nur zufällig den kürzesten und effektivsten Lernweg. Abweichungen vom direkten Weg sind natürlich und müssen einkalkuliert werden.

Primärstrategien beziehen sich auf ein Vorgehen im Hinblick auf bestimmte Lernziele. Wenn ein Schüler weiß, was zu beachten ist, wenn er einen Satz analysieren, einen spezifischen Text verfassen, einen Kurzvortrag halten oder eine Textaufgabe lösen soll, und er die Primärstrategie für diese Aufgabe verinnerlicht hat, kann er künftig ähnliche Lernanforderungen besser erfüllen. Er ist auch jenen Mitschülern gegenüber im Vorteil, die über diese Primärstrategien nicht verfügen.

Wenn sich Schüler allerdings allein auf zuvor erworbene Strategien beziehen, sind sie noch nicht in der Lage, einen besonders originellen Text zu verfassen, einen Kurzvortrag so zu gestalten, dass er die Zuhörer fesselt, oder eine Aufgabe so zu lösen, dass sie der Mathematiklehrer bewundert. Neben der gerechtfertigten Forderung, einer Primärstrategie zu folgen, bedarf es auch der Bereitschaft, Ordnungsvorstellungen zu durchbrechen und schon beschrittene Lernwege zu verlassen. Originelle Lösungen lassen sich nur erzielen, indem man die Schüler einerseits diszipliniert und sie andererseits auffordert, kreativ zu werden.

Anspruchsvolles Lernen vollzieht sich auf der Grundlage erworbener Kenntnisse und Einsichten in einem Wechsel von konvergenter und divergenter Produktion. Hinzu kommt die Fähigkeit, Lernprozesse und Lernergebnisse einzuschätzen, zu bewerten und zu beurteilen. Wer über diese Fähigkeiten verfügt, ist in der Lage, auch schwierige Probleme zu lösen. Die Kenntnisse und Einsichten müssen den Tatsachen entsprechen, also müssen sich Schüler beim Erwerb disziplinieren.

Konvergentes Denken läuft auf bestimmte Ziele zu, also ist auch hier Disziplin gefordert. Divergierendes Denken, das in verschiedene Richtungen läuft, setzt Einfallsreichtum voraus und ist durch Kreativität, Originalität, Spontaneität und Flexibilität gekennzeichnet. Ein solches Denken erfordert genau das Gegenteil, also die Bereitschaft und den Mut, sich von erworbenen Strukturen zu lösen und neue Wege zu beschreiten.

In ähnlicher Weise sind anspruchsvolle Beurteilungsprozesse zu sehen, wenn neuartige Ereignisse zu bewerten sind, für die es noch keine Beurteilungskriterien gibt. Dann muss Neuland betreten werden und ein aktives Suchen nach Beurteilungskriterien einsetzen, die sich hinreichend begründen lassen. Schulisches Lehren und Lernen ist überwiegend auf den Erwerb von Kenntnissen ausgerichtet. Sie bilden ja die Grundlage für anspruchsvolles Lernen. Auch muss häufig konvergent gelehrt und gelernt werden, wenn es darum geht, eine bestimmte Einsicht zu vermitteln, eine Transferleistung zu erbringen, eine Struktur zu analysieren oder verschiedene Strukturen zu vergleichen. Dann muss der Lehrer von seinen Schülern ein diszipliniertes Lernverhalten fordern. Aber ebenso wichtig ist es, die divergenten Frage- und Problemstellungen zu erkennen, divergierende Prozesse anzuregen und zu steuern, um das kreative Potenzial ausschöpfen zu können.

Die Sekundärstrategien beziehen sich auf die Gesamtheit der Rahmenbedingungen, die dem Lernen förderlich sind. Zu ihnen gehören der Lernort mit den optischen, akustischen und klimatischen Verhältnissen, der Arbeitsplatz und die Lernumgebung, die Lernmittel und das Lernmaterial, Medienträger und Medien sowie die Lernzeit. Grundschullehrerinnen sprechen natürlich mit ihren Schülern über diese Selbstverständlichkeiten, die leider zu oft nicht selbstverständlich sind. Sie erklären den Schülern, wie vorteilhaft es ist, sich einen Arbeitsplatz einzurichten, an dem alle Dinge bereitliegen und man ungestört die Hausaufgaben erledigen kann. Die Rahmenbedingungen können in der Grundschule Thema eines Elternabends sein (Kohler 2002).

Altersgemäße und durchdachte Lernumgebungen wirken sich positiv auf die Unterrichtsdisziplin aus (Wahl 2005). Wenn Schüler morgens in eine Lernumgebung eintauchen, die sie selbst mitgestaltet haben und in der es etwas Sinnvolles zu tun gibt, haben sie weniger Anlass, zu schreien und sich zu prügeln. Haben alle Schüler ein eigenes Ablagefach, gibt es eine Leseecke mit einer Klassenbibliothek, ein Regal mit Materialien für Freiarbeit und für Lernspiele, eine Bastelecke, vielleicht noch einen Hamsterkäfig oder ein Aquarium, finden sich an einer Korktafel gelungene Schülerarbeiten und an einer zweiten die gemeinsam erstellte Klassenordnung mit den wichtigsten Regeln sowie eine Übersicht, wer wann welche Dienste zu versehen hat (Tafeldienst, Hamster füttern, Fische füttern, Ordnungsdienst), dann strahlt diese äußere Ordnung auf das Lern- und Arbeitsverhalten der Schüler aus. Anspruchsvolles Lernen ist in einer schülergemäßen Lernumgebung eher möglich.

Weil anspruchsvolles Lernen der Kontinuität bedarf, sind die Lernzeiten von großer Bedeutung. Wenn sich Schüler über längere Zeit täglich mit einem anspruchsvollen Thema auseinandersetzen können, entfallen zeitraubende Wiederholungen, werden die Vorkenntnisse und Einsichten nach 24 Stunden aktualisiert. Sie werden besser im Langzeitgedächtnis gespeichert, die Behaltwerte sind höher. Auf diese Weise erfahren die Schüler ganz konkret, wie sie von Tag zu Tag Lernfortschritte erzielen. Dieses positive Gefühl motiviert auch zur Weiterarbeit und steigert die Selbstdisziplin.

Zum anspruchsvollen Lernen gehören allerdings auch Wiederholen und Üben, bis Basiskenntnisse verfügbar, Lerntechniken und Lernstrategien erworben und verinnerlicht sind. Leistungsstarke Schüler empfinden Übungen oft als langweilig, weil sie sich unterfordert fühlen. Leistungsschwache Schüler fühlen sich hingegen häufig überfordert. Aus unterschiedlichen Gründen verhalten sich beide Gruppen undiszipliniert. Hier sind die Lehrer in ihrer methodischen Kreativität gefordert, Maßnahmen der inneren Differenzierung zu ergreifen oder die Übungsaufgaben so zu formulieren, dass sie möglichst allen Schülern Übungsanreize bieten.

Weitgehend illusorisch ist die Forderung nach einer angstfreien Lernatmosphäre und einem angstfreien Lernen, wie sie oft von Psychologen erhoben wird, die selbst nie unterrichtet haben (Bergmann

2007). Wenn Lehrer unter idealen Rahmenbedingungen wohlerzogene Schüler unterrichten, mag dies ja möglich sein. Wenn sie es aber mit vielen unerzogenen oder wohlstandsverwahrlosten Schülern zu tun haben, ist der Wunsch nach einer angstfreien Lernatmosphäre zunächst einmal utopisch.

In solchen Gruppen müssen die Lehrer auf bestimmte Schüler direkt erzieherisch einwirken. Sozialkompetente Lehrer werden bedeutsame Regeln vereinbaren, diese festhalten und konsequent auf die Einhaltung dieser Regeln dringen. Sie werden den Schülern Dienste übertragen und darauf achten, dass diese auch wahrgenommen werden. Geschulte Lehrer werden gruppendynamische Übungen durchführen und gemeinsame Aktivitäten starten (Krowatschek et al. 2008). Sie werden häufig metakommunikativ verfahren, also mit den Schülern über die Art des Umgangs sprechen. Und sie werden Metaunterricht betreiben, mit den Schülern über den zurückliegenden Unterricht reden oder den Unterricht unterbrechen, um zu beraten, wie es weitergehen soll.

Bis eine akzeptable Arbeitshaltung etabliert ist, werden sie überschaubare Aufgaben stellen und die Arbeitsergebnisse laufend kontrollieren, bis den Schülern bewusst wird, dass sie sich bestimmten Lernanforderungen zu stellen haben und man von ihnen Lernleistungen verlangt. Oft dauert es Monate, bis die für das Lehren und Lernen erforderliche soziale Ordnung etabliert ist. Und in vielen Lerngruppen bleibt ein anspruchsvolles Lernen in einer angstfreien Lernatmosphäre eine Utopie.

Unsinnig ist auch die Forderung nach einem angstfreien Lernen. Wird in einer Lerngruppe anspruchsvoll unterrichtet, werden auch Aufgaben mit einem hohen Schwierigkeitsgrad gestellt. Einige Schüler sind dann nicht in der Lage, in der begrenzt zur Verfügung stehenden Lernzeit die Lernwiderstände zu überwinden. Und so baut sich bei ihnen ein Spannungszustand auf, der mit Heinz Heckhausen als »Hoffnung auf Erfolg und Furcht vor Misserfolg« beschrieben werden kann, Hoffnung, die Aufgaben lösen zu können, und Furcht, an den Lernwiderständen zu scheitern.

Entscheidend ist in diesem Zusammenhang das Angstniveau. Bei einem zu geringen Niveau beginnen die Schüler gar nicht erst mit dem Lernen. Bei einem mittleren Niveau nehmen sie sich Zeit zum

Lernen, vergegenwärtigen sich den zurückliegenden Unterricht, aktualisieren Kenntnisse und Einsichten oder lösen noch ein paar Übungsaufgaben.

Je intensiver die Vorbereitung, desto stärker sinkt das Angstniveau ab. Im Idealfall verfliegt die Angst, und die Schüler freuen sich auf die anstehende Prüfung. Zwar werden sie auch in der konkreten Prüfungssituationen meist nicht völlig angstfrei sein, weil ja stets ein gewisser Unsicherheitsfaktor mitschwingt. Aber sie haben Hoffnung auf Erfolg und arbeiten mit dem positiven Gefühl, die Prüfung zu bestehen.

Ganz anders ergeht es jenen Schülern, denen es nicht gelingt, die Lernängste zu beherrschen. Ein zu hohes Angstniveau führt zu Blockaden. Die Versagensängste und die Furcht vor Misserfolg sind dann so groß, dass wenig und ineffektiv gelernt oder ganz auf ein Lernen verzichtet wird.

Lehrer können vor Klassenarbeiten und Prüfungen Angst reduzierende Maßnahmen ergreifen, indem sie den Schülern konkrete Vorbereitungshilfen geben, indem sie das Thema eingrenzen, die Anforderungen transparent machen und mehrere Übungsaufgaben stellen – und so das wünschenswerte mittlere Angstniveau erreichen (Becker 2007b).

Die Halbwertszeit der Kenntnisse und Einsichten, die heute zur Berufsausübung benötigt werden, soll ja etwa fünf Jahre betragen. Natürlich schwankt diese Zeit von Berufsfeld zu Berufsfeld beträchtlich. So kann man sich nicht vorstellen, dass die Kenntnisse eines Altphilologen nach fünf Jahren veraltet sind. Im Zeitalter der Globalisierung erscheint jedoch in einer wissensbasierten Gesellschaft lebenslanges Lernen unerlässlich. Anspruchsvolle Menschen üben Selbstdisziplin und lernen lebenslang. So äußerte sich Ex-Bundeskanzler Helmut Schmidt im Jahr 2008, er habe eigentlich seit Kriegsende immer gelernt.

Wenn sich Menschen fort- oder weiterbilden, ist Lerndisziplin eine unverzichtbare Voraussetzung. Wer einen Volkshochschulkurs besucht, an einem Abendgymnasium einen Schulabschluss nachholt, wer einen Fernstudiengang belegt oder sich beruflich weiterbildet, muss andere Bedürfnisse einschränken oder aufschieben. Auch hat der Lernende Zeit und Geld zu investieren, das für die Befriedigung anderer Bedürfnisse nicht mehr zur Verfügung steht.

Fassen wir zusammen: Anspruchsvolles Lernen bedarf einer aktiv-produktiven Lernhaltung, der Motivation, der Volition und der Fähigkeit zur Evaluation, zur realistischen Selbsteinschätzung und zur Selbstkritik. Viele Lerninhalte bauen aufeinander auf, folgen einer Struktur und einem zunehmendem Schwierigkeitsgrad. Die individuellen Lernbedürfnisse der Schüler können so nur teilweise berücksichtigt werden.

Zum effektiven Lernen gehören Lerntechniken und Lernstrategien sowie individuelle Methoden der Aneignung. Anspruchsvolles Lernen benötigt Zeit, damit sich die Schüler auf eine Fragestellung einlassen oder ein Problem geistig durchdringen können.

Wird anspruchsvoll gelernt, gehört Lernangst dazu. Sie darf sich aber nicht zu Versagensangst aufbauen, die dem Lernen abträglich ist. Lehrer können vorbeugen, Angst reduzierende Maßnahmen ergreifen und so das wünschenswerte mittlere Angstniveau erreichen. Schülergemäße Lernumgebungen sowie eine Lernatmosphäre, in der Lehrer und Schüler konstruktiv zusammenarbeiten, erhöhen die Lehr-Lerneffektivität.

Auch wenn schulisches Lehren und Lernen überwiegend konvergent und durch Ernsthaftigkeit geprägt ist, darf nicht auf die divergente Produktion verzichtet werden, weil sie das kreative Potenzial freisetzt. Die divergente Produktion ist schließlich eine Voraussetzung für originelle Lernergebnisse, für Freude am Lernen, für Spaß und Humor. Leistungsschwache Schüler können nur allmählich an anspruchsvolle Aufgaben herangeführt werden. Leistungsstarke Schüler verlangen anspruchsvolles Lernen. In jedem Fall bedarf es einer sozialen Ordnung, einer dem Lehren und Lernen förderlichen Disziplin.

Diszipliniertes Verhalten muss geübt werden

Unterrichtsdisziplin ist die für das Lehren und Lernen in Gruppen erforderliche soziale Ordnung, die durch Verhaltensregeln näher bestimmt wird. Viele dieser Regeln sind eigentlich selbstverständlich. Und wenn ein Lehrer Glück hat, übernimmt er eine Lerngruppe, die sich fast ausschließlich aus wohlerzogenen Schülern zusammensetzt. Hat er Pech, trifft er auf unerzogene Schüler, und dann muss er erzieherisch tätig werden. Dieser Prozess erfordert Kraft, Zeit und Geduld, und zieht sich meist über Wochen und Monate hin. Oft wird der Lehrer als Erzieher regressive Tendenzen beobachten. Enttäuschungen bleiben ihm nicht erspart. Und er wird seinen Schülern auch sagen, wann er mit seiner Geduld am Ende ist. Bestimmte Verhaltensweisen sind so lange zu üben, bis sie beherrscht werden und schließlich verinnerlicht sind. Dies hat nichts mit Drill oder Abrichtung zu tun hat. Denn meist handelt es sich ja um Konventionen, die das Zusammenleben erleichtern.

Werden Regeln für das Sozialverhalten ausgewiesen, schafft dies zunächst einmal Verhaltenssicherheit. Der Lehrer sagt den Schülern, was er von ihnen erwartet, und die Schüler wissen, woran sie sind. Schüler wünschen sich eine soziale Ordnung. Auch in der Schule und im Unterricht schätzen sie Transparenz und Geborgenheit. Wird allerdings das Regelnetz zu engmaschig geknüpft, fühlen sie sich eingeengt. Und dann kommt es zu Regelüberschreitungen und zu Disziplinschwierigkeiten. Deshalb sollten nur wenige, dafür bedeutsame Regeln vereinbart werden, die sich überzeugend begründen lassen.

Wenn die Schüler gemeinsam mit dem Lehrer über Regeln nachdenken, diese diskutieren und auf ihrer Sprachebene formulieren, kann davon ausgegangen werden, dass sie eher auf die Einhaltung der Regeln achten. Nach eingehender Beratung sind die Regeln auf einem Verhaltensposter festzuhalten.

Um den Stellenwert der getroffenen Vereinbarungen zu erhöhen, sollten die Schüler die Regeln abschreiben, sie den Eltern erklären und mit ihnen über die Regeln diskutieren. Werden zu Beginn eines Schuljahres in allen Klassen Verhaltensposter erstellt, besteht die Möglichkeit, die Poster zu vergleichen. Dies dürfte für Lehrer und Schüler gleichermaßen spannend sein. Um die für das Lehren und Lernen in Gruppen erforderliche soziale Ordnung zu wahren, erscheinen in unserem Kulturkreis folgende Regeln unverzichtbar:

Regeln zur Wahrung der Disziplin

- Wir kommen regelmäßig und pünktlich zum Unterricht.
- Wer sich verspätet, sucht leise den Platz auf und entschuldigt sich später.
- Wir begrüßen und verabschieden uns.
- Wer seine Hausaufgaben nicht gemacht hat, sagt dies gleich.
- Wir stellen zügig andere Sitzordnungen her.
- Wir drängeln uns nicht vor.
- Wir achten die Gesprächsregeln.
- Wir stören uns nicht bei der Arbeit.
- Wir beteiligen uns an den Bewegungsübungen.
- Wir beteiligen uns an den Stilleübungen.
- Wir suchen einzeln die Toilette auf.
- Wir übernehmen verschiedene Dienste.
- Wir üben keine Gewalt aus.
- Wir lachen uns nicht aus.
- Wir gehen höflich miteinander um.
- Wir achten auf das Eigentum.
- Wir sortieren und beseitigen den Abfall.
- Wir halten uns an die Schul- und Pausenordnung.

Natürlich haben die Schüler den Unterricht regelmäßig zu besuchen. Schließlich unterliegen sie der allgemeinen Schulpflicht. Wer längere Zeit fehlt, hat gravierende Nachteile in Kauf zu nehmen. Fehlt ein Schüler unentschuldigt, ist es Aufgabe des Klassenlehrers, sich schon am nächsten oder übernächsten Tag nach ihm zu erkundigen. Am besten schickt er einen Mitschüler vorbei, der in der Nähe des Schülers wohnt, und lässt ihm ausrichten, dass er in der Schule gebraucht werde und dass man ihn vermisse.

Pünktlichkeit soll ja die Tugend der Könige sein. Wenn in der ersten Stunde mehrere Schüler nach und nach das Klassenzimmer betreten und ihren Auftritt auch noch genießen, wird in den ersten Minuten kaum etwas gelernt. Der Lehrer ärgert sich, weil kostbare Unterrichtszeit folgenlos verstreicht. Und viele Schüler freuen sich über die leicht chaotischen Verhältnisse. Deshalb sind Schüler zur Pünktlichkeit zu ermahnen. Wer ausnahmsweise zu spät kommt, sucht möglichst schnell und leise seinen Platz auf und entschuldigt sich nach der Stunde.

Um auf die Bedeutung der Pünktlichkeit hinzuweisen, hat sich der Autor bei den Schülern einer zehnten Klasse für sein Zuspätkommen entschuldigt. Die Schüler zeigten viel Verständnis und erwiderten vergnügt: »Sie hätten ruhig noch etwas länger wegbleiben können.«

Einige Grundschullehrerinnen praktizieren einen offenen Schulanfang, indem sie die Schüler auffordern, in einem bestimmten Zeitrahmen zur Schule zu kommen. Die Schüler werden dann einzeln begrüßt und können sich, ihren Lerninteressen folgend, der Wochenplanarbeit widmen oder sich attraktiven Lernmaterialien zuwenden.

Selbstverständlich werden sich Lehrer und Schüler begrüßen. Wenn ein Lehrer ins Klassenzimmer kommt, darf er erwarten, dass die Schüler ihre Privatgespräche einstellen, die Plätze aufsuchen und sich ihm zuwenden, damit er sie begrüßen kann. Ob man sich stehend begrüßt, wie das ja eigentlich üblich ist, wenn ein Gast zu Besuch kommt, oder ob die Schüler den Lehrer sitzend empfangen, erscheint eher nebensächlich. Auf fragwürdige Rituale sollte man verzichten. So ist mancherorts noch ein Begrüßungsritual üblich, das mit den Schülern eingeübt worden ist, indem diese aufspringen und im Chor sprechen: »Guten Morgen, lieber Herr Lehrer Böckelmann!«

Üblicherweise verabschiedet man sich am Ende eines Schultages. Lehrer und Schüler sammeln sich. Die Schüler haben vielleicht noch eine Frage zu den Hausaufgaben. Und dann sagt man sich »Auf Wiedersehen!«. Selbstverständlich stellen die Schüler noch die Stühle hoch, beseitigen den Abfall, damit die Raumpflegerinnen nicht so viel zu tun haben, und verlassen dann geordnet das Klassenzimmer.

Leider geht es auch ganz anders: Um 13 Uhr ertönt der Gong. Die Schüler einer zweiten Grundschulklasse raffen ihre Sachen zusammen, springen auf, stürmen aus dem Klassenzimmer und singen: »Die Schule ist aus, wir werfen den Lehrer zum Fenster raus!« In solchen Fällen wird ein Übungsrückstand sichtbar.

Wer mit seinen Hausaufgaben nicht zurechtkam, sollte dies gleich zu Beginn des Unterrichts sagen. Dass sich die Schüler dabei im Erfinden von Ausreden üben, lässt sich nicht vermeiden. Handelt es sich um eine gerechtfertigte Anforderung, muss der Lehrer darauf bestehen, dass die Aufgaben am nächsten Tag vorgezeigt werden. Auch ist es denkbar, den betreffenden Schüler in eine andere Lerngruppe mitzunehmen und ihm zu sagen: »Wenn du die Aufgaben gelöst hast, kannst du nach Hause gehen.« In solchen Fällen ist ein konsequentes Verhalten angebracht, weil nur so die erwünschte und erforderliche Arbeitshaltung aufgebaut werden kann.

Verschiedene Lehr-Lernaktivitäten erfordern unterschiedliche Sitzordnungen oder ein spezifisches Arrangement. Idealerweise sitzen die Schüler an Vierertischen, weil so die Sozialform jederzeit gewechselt werden kann. Ohne Stühle zu rücken, ist Einzel-, Partner- oder Kleingruppenarbeit möglich. Für einen Morgenkreis oder ein Kreisgespräch wird, wie der Name schon sagt, ein Stuhlkreis gebildet. Eine freie Fläche wird für Rollenspiele, Bewegungsspiele und für bestimmte gruppendynamische Übungen gebraucht.

Gleiches gilt für Stilleübungen, damit die Schüler ihre Filzplatten auslegen, sich hinknien, hinsetzen, hinlegen und sich entspannen können. Gut ausgebildete Grundschullehrerinnen verfügen über ein ganzes Set meditativer Techniken. Erfahrungsgemäß machen die Schüler gerne mit, genießen die Stille oder gehen mit ihrer Lehrerin auf eine Fantasiereise.

Für eine Pro-kontra-Diskussion sind zwei gegenüberliegende Sitzgruppen erforderlich, damit sich die beiden Schülergruppen, die die gegensätzlichen Positionen vertreten, ansehen und verbal auseinandersetzen können. Wird ein längerer Film gezeigt, ist die frontale Sitzordnung angebracht. Die Herstellung einer neuen Sitzordnung muss geübt werden. Und wenn dies rasch, leise und rücksichtsvoll geschieht, sind die Schüler zu loben. Dann klappt es beim nächsten Mal wieder so gut oder noch besser.

In Großbritannien staunen deutsche Besucher über die Fahrgäste, die an den Bushaltestellen Schlange stehen. Dieses Verhalten, als »queuing« bekannt und bewundert, ist mit den Schülern einzuüben, damit sich nicht alle gleichzeitig durch die Tür drängeln, um das Klassenzimmer zu verlassen, sich schubsen, wenn sie am Waschbecken Wasser fassen oder wenn Lernmaterial ausgegeben wird.

Das Auf- und Anstellen ist nicht nur einmal im Jahr bei einer Zivilschutzübung zu üben. Es wird bei vielen außerschulischen Aktivitäten benötigt, so beim Einsteigen in die Straßenbahn, den Schulbus oder den Zug, beim Betreten oder Verlassen eines Schiffes, beim Eintritt in ein Museum oder beim Überqueren einer Fahrbahn. Wer an dieser Stelle gleich wieder eine paramilitärische Übung vermutet, muss diesen Vorwurf auch an die Briten richten. Im Ernstfall kann diszipliniertes Verhalten den Ausbruch einer Panik verhindern und überlebenswichtig sein. Natürlich sind die Schüler zu loben, wenn es ihnen gelingt, sich zu disziplinieren und zu warten, bis sie an der Reihe sind.

Leider sind auch viele Erwachsene nicht bereit oder in der Lage, Gesprächsdisziplin zu üben. Sie fallen verbal übereinander her und versuchen durch Lautstärke oder Polemik zu überzeugen. Deshalb erscheint es sinnvoll und notwendig, schon mit Grundschülern basale Gesprächsregeln einzuüben.

Allgemeine Gesprächsregeln

- Wir melden uns, wenn wir etwas sagen wollen.
- Wir warten, bis wir drankommen.
- Wir lassen den anderen ausreden.
- Wir hören aufmerksam zu.
- Wir lachen uns nicht aus.
- Wir achten darauf, dass jeder etwas sagen kann.

Gleiches gilt übrigens auch für die Lehrer, damit sie den Unterricht nicht zur Selbstdarstellung missbrauchen und pausenlos reden, sondern die Schüler zu Wort kommen lassen, ihnen zuhören und auf Fragen und Beiträge eingehen. Das Erlernen der Gesprächsdisziplin ist übrigens für Lehrer und Schüler ein lebenslanger Lernprozess. Allerdings darf nicht verkannt werden, dass lebendige Gespräche und lebhafte Diskussionen stark emotional getönt sind. Und so muss es manchmal hoch hergehen, wenn aus der Sicht der Gesprächsteilnehmer etwas Ungeheuerliches gesagt wird. In solchen Situationen sind natürlich chaotische Verhältnisse zu tolerieren, bis sich die Emotionen gelegt haben.

Neben der Gesprächsdisziplin ist die Arbeitsdisziplin einzuüben. Mindestens einmal am Schultag sollten die Schüler Gelegenheit erhalten, sich in Einzelarbeit – manchmal auch in Partner- oder Kleingruppenarbeit – intensiv mit einer Frage- oder Problemstellung zu befassen. Die Beantwortung einer anspruchsvollen Frage oder die Lösung eines Problems in Einzelarbeit erfordert Zeit, Konzentration und Selbstdisziplin, also die Bereitschaft und den Willen, eine Lernaufgabe zu akzeptieren und eine begonnene Arbeit so lange zu verfolgen, bis ein Lernergebnis vorliegt.

Einzelarbeit wird ja oft auch als Stillarbeit bezeichnet. Um sich auf den Arbeitsauftrag konzentrieren zu können, bedarf es einerseits der Ruhe, andererseits sollen sich ja die Schüler auch beim Lernen helfen. Einzelarbeit ist ja ohnehin meist Partnerarbeit, indem die Schüler auf das Heft des Tischnachbarn schielen. Mit wenigen Regeln für das Sozialverhalten lässt sich eine konstruktive Arbeitsatmosphäre beschreiben. So einfach diese auch sein mögen, so müssen sie doch mit den Schülern abgesprochen und eingeübt werden.

Regeln für die Einzelarbeit

- Wir stören uns nicht beim Lernen.
- Wir flüstern miteinander.
- Wir helfen uns beim Lernen.
- Wir melden uns, wenn wir nicht weiterwissen.
- Wir warten, bis der Lehrer kommt.
- Wir flüstern mit dem Lehrer.
- Wir unterbrechen die Arbeit beim Pausenzeichen.

Verhalten sich einige Schüler undiszipliniert, indem sie sich laut unterhalten oder herumschreien, aufstehen und im Zimmer umherlaufen, werden sie häufig von ihren Mitschülern zur Ordnung ermahnt. Die rufen dann in den Lärmpegel hinein »Nun seid doch ruhig!« oder »Nun hört doch endlich auf!« Viele Schüler möchten also dem Arbeitsauftrag nachkommen, den Lehrer zufriedenstellen und ihr Lernbedürfnis befriedigen.

Wenn Schüler durch Handzeichen die Hilfe des Lehrers anfordern, begehen Lehranfänger häufig den Fehler, mit dem betreffenden Schüler laut zu sprechen. Dadurch werden alle anderen Schüler aus ihren Gedanken gerissen. Und um sich verständigen zu können, flüstern sie bald nicht mehr, sondern reden noch lauter als der Lehrer, und das Chaos ist perfekt. Auf diese Weise wird die Arbeitsatmosphäre stark beeinträchtigt. Also hat auch der Lehrer in Arbeitsphasen zu flüstern.

Manchmal merkt der Lehrer in der Arbeitsphase, dass die Schüler verunsichert sind, weil ihnen wichtige Informationen fehlen. Im Ausnahmefall wird er ein verabredetes Zeichen, z. B. einen Glockenton, ertönen lassen, die Schüler auffordern, ihre Arbeiten zu unterbrechen, und mit ihnen besprechen, wie es weitergehen soll. Natürlich kann er auch wichtige Zusatzinformationen an die Tafel schreiben oder über den Overhead-Projektor visualisieren.

Nach längeren Informations- oder Arbeitsphasen werden Schüler oft unruhig. Sensible Lehrer spüren die absinkende Aufmerksamkeit. Um den psychomotorischen Bedürfnissen entgegenzukommen und einem Chaos vorzubeugen, ist es sinnvoll, eine Pause für Bewegungsübungen einzulegen. Die Fenster werden geöffnet, die Schüler stehen auf und führen einige Dehnübungen durch. Erfahrungsgemäß beteiligen sich die Schüler gern an solchen Übungen.

Der Lehrer gibt so den Schülern indirekt zu verstehen, dass er um den vorherrschenden Bewegungsmangel und um die damit verbundenen Qualen weiß. Nach wenigen Minuten sind die Schüler erfrischt und wieder lernbereit. Diese kleine Handlungskette – Fenster öffnen, aufstehen, üben, setzen, Fenster schließen – muss nicht lange geübt werden. Sie wird in kurzer Zeit verinnerlicht und den Schülern bald zur Gewohnheit.

Eine ähnliche Funktion haben Stilleübungen zu erfüllen, wenn z. B. Schüler auf ein verabredetes Zeichen Filzplatten oder Matten hervorholen, die Fenster abdunkeln, sich hinsetzen oder hinlegen, die Lehrerin den Kassettenrekorder bedient, Musik einspielt, die

Schüler den Anregungen der Lehrerin folgen und sich in ein Traumland entführen lassen. Auch diese Handlungskette lässt sich in kurzer Zeit einüben. Die Schüler finden so wieder zu sich selbst und können sich anschließend besser auf den weiterführenden Unterricht konzentrieren.

Besteht bei einem Schüler das dringende Bedürfnis, die Toilette aufzusuchen, kann er dies ohne zu fragen tun. Allerdings sollte er das Klassenzimmer möglichst leise verlassen und wieder leise seinen Platz aufsuchen, damit Lehrer und Schüler nicht beim Lehren und Lernen gestört werden. Damit die Lerngruppe nicht zu stark reduziert wird, sollte immer nur ein Schüler den Raum verlassen.

In pädagogisch geführten Lerngruppen übernehmen Schüler selbstverständlich – wie in der Familie die Kinder – bestimmte Dienste. Je nach Schulstufe und Schulart gibt es den Klassenbuchdienst, den Tafeldienst, den technischen Dienst, den Hausaufgabendienst, den Pflanzendienst, den Fütterungsdienst – sofern Hamster oder Fische zu versorgen sind –, den Abfallbeseitigungs-, Aufräum- und Reinigungsdienst.

Wer für den technischen Dienst verantwortlich ist, sollte Interesse und Begabung mitbringen, damit Computer, Videorekorder und Overhead-Projektor stets einsatzbereit sind. Wer den Hausaufgabendienst versieht, schreibt die jeweiligen Aufgaben an eine seitlich angebrachte Tafel. Wurden die Aufgaben kontrolliert, wischt der diensthabende Schüler sie weg. Der Abfallsortierungsdienst ist für die Mülltrennung verantwortlich, der Aufräumdienst dafür, dass das Klassenzimmer ordentlich hinterlassen wird, und der Reinigungsdienst schwingt die entsprechenden Geräte.

In einer Art Dienstbesprechung wird festgelegt, wer für einen Monat welchen Dienst versieht. Die zeitliche Begrenzung ist erforderlich, damit jeder Schüler einmal einen Dienst übernehmen kann. Schließlich sind in einer Klasse nicht beliebig viele Dienste zu vergeben, sondern es gibt attraktive und weniger attraktive Dienste. Aber aufgeweckte Grundschüler kennen schon den Spruch »Dienst ist Dienst ...«, und deshalb sind sie auch meist bereit, die weniger attraktiven Aufgaben zu übernehmen. Die einzelnen Dienste werden aufgelistet und die Namen der Diensthabenden dahintergeschrieben. Auf diese Weise ist allen bekannt, wer wann was zu tun hat.

Gemeinsam werden Lehrer und Schüler darauf achten, dass die jeweils verantwortlichen Schüler ihre Dienste gewissenhaft wahrnehmen. Mit Grundschülern müssen einige Tätigkeiten geübt werden. Bei älteren Schülern ist das meist nicht mehr erforderlich.

Seit Jahrzehnten wird das Thema »Gewalt« in den Medien breit behandelt. Ein Extremkonflikt, wie er sich am Gutenberg-Gymnasium in Erfurt (Becker 2006, S. 105 ff.) oder an der Albertville-Realschule in Winnenden ereignete, stellt die absolute Ausnahme dar. Ein nüchterner Blick auf die Kriminalstatistik weist keine zunehmende Gewalt bei Schülern aus. Man geht im Gegenteil davon aus, dass heute rassistische, fremdenfeindliche und gewalttätige Handlungen häufiger angezeigt werden und man deshalb eher von einer Abnahme ausgehen kann.

Das Bedürfnis, Mitschüler zu ärgern, sie zu verspotten, zu demütigen, die eigene Stärke zu zeigen, zu kämpfen und zu siegen, ist bei allen Schülern vorhanden. Der im Menschen vorhandene Aggressionstrieb lässt sich nicht leugnen. Menschen sind nun einmal so; es kommt also darauf an, diesen Trieb zu beherrschen. Und das muss erlernt und eingeübt werden.

Schüler üben häufiger physische Gewalt aus als Schülerinnen, wenn man an die »Hahnenkämpfe« neunjähriger Schüler in der großen Pause denkt. Und Schülerinnen starten vermutlich häufiger verbale Angriffe, wenn sie sich allerlei Gemeinheiten ausdenken und ihre Mitschüler mobben. Allerdings gewinnt man den Eindruck, dass Frauen nicht nur im Boxsport aufholen, wie Regina Halmich beweist, sondern auch auf den Schulhöfen und in der Freizeit, wenn sich Mädchen zusammenrotten, um einem Jungen aufzulauern und ihn zu verprügeln.

Grundschullehrerinnen, denen die Problematik bewusst ist, starten eine Unterrichtseinheit zum Thema »Erziehung zur Zärtlichkeit«. Die neunjährigen Jungen sind zwar nicht besonders begeistert. Doch wenn man lange genug mit ihnen übt, akzeptieren sie auch bald die Partnerübungen und lernen allmählich, liebevoll miteinander umzugehen. In der Pubertät geraten dann einige dieser Jungen in eine Identitätskrise. Dann sucht man nach Sportarten, die dem eigenen Geschlecht entgegenkommen. Man entdeckt z. B. das Boxen, das von einem Trainer geleitet wird, der früher einmal wegen gewalttätiger

Handlungen eine Haftstrafe zu verbüßen hatte, der nun aber gelernt hat, fair zu kämpfen, ohne den Gegner zu schädigen.

Wenn sich Schülerinnen buchstäblich in den Haaren liegen, wenn sie beißen, kratzen und spucken, greifen Lehrerinnen Streit schlichtend ein. Sie lassen die Konfliktparteien zu sich kommen, jede Schülerin stellt das Ereignis aus ihrer Sicht dar. Dann wird jede gefragt, wie es weitergehen soll. Man sucht nach einem Kompromiss, trifft eine Vereinbarung, lässt diese von beiden Schülerinnen unterschreiben und legt einen Feedback-Termin fest. Auf diese Weise kann die Fähigkeit, Konflikte beizulegen, geübt werden.

Ob Schüler, die ein Streitschlichterprogramm durchlaufen haben, in gegenwärtigen und künftigen Lebens- und Berufssituationen friedlicher miteinander umgehen, muss wohl zunächst noch offenbleiben. Zumindest sind dem Autor keine diesbezüglichen Langzeituntersuchungen und Ergebnisse bekannt. Statt wenige Schüler einer Klasse zu Streitschlichtern auszubilden, erscheint es sinnvoller, mit allen Schülern zu üben, wie sich ein Streit schlichten lässt.

Klassenlehrer, die täglich mehrere Stunden mit ihren Schülern zusammen sind, haben häufiger Gelegenheit, aggressives Verhalten zu beobachten. Sie können dann auch angemessen intervenieren, mit ihren Schülern üben, wie man einen Konflikt gewaltfrei löst, indem man lernt, sich zu beherrschen, und sich zunächst aus der Situation herausnimmt. Sie werden auch mit ihren Schülern darüber nachdenken, wie man sich entschuldigen kann, und nach geeigneten Formulierungen suchen. Und sie werden im Rollenspiel Möglichkeiten entdecken lassen, wie ein angerichteter Schaden wiedergutgemacht werden kann. Dies alles muss geübt werden.

Wenn Schüler einen Mitschüler auslachen, ist dies eine besondere Form verbaler Gewalt. Der betreffende Schüler fühlt sich abgewertet und ausgeschlossen. Die Gelegenheiten für dieses fragwürdige Verhalten sind zahlreich, so z. B. wenn Schüler stottern oder lispeln, sich körperbehinderte Schüler seltsam bewegen, ausländische Schüler ein fehlerhaftes Deutsch sprechen oder wenn Schüler merkwürdig angezogen sind. Wenn ein solcher Schüler einmal ausgelacht wird, ist das zunächst eine spontane Reaktion und nicht weiter schlimm. Wenn er aber immer wieder ausgelacht wird, drohen Etikettierung, Stigmatisierung und eine Außenseiterposition.

Dann ist der Lehrer gefordert, indem er von allen Schülern Selbstbeherrschung verlangt. Ignorieren die Schüler sein Gebot, wird er metakommunikativ verfahren, also mit den Schülern darüber reden, warum er dieses Verhalten gar nicht lustig findet. Wenn der betreffende Schüler in Abwesenheit des Lehrers ausgelacht wird, lässt sich das nicht verhindern. Aber der Lehrer hat immerhin eindeutig Stellung bezogen und einen pädagogischen Akzent gesetzt.

Wie schon mehrfach erwähnt, gibt es Schüler, die von ihren Eltern erzogen in die Schule geschickt werden und die Umgangsformen der sozialen Mittelschicht verinnerlicht haben. Über solche höflichen Schüler freuen sich natürlich die Lehrer, und sie geben diesen Schülern oft auch bessere Noten. Andere Schüler sind mit diesen Umgangsformen weniger vertraut. Für sie sind Wörter wie »bitte« oder »danke« Fremdwörter. Sie verständigen sich überwiegend in Einwortsätzen, benutzen häufig die Fäkalsprache und verhalten sich rücksichtslos.

Mit diesen Schülern muss ein höflicher Umgang geübt werden. Erfahrungsgemäß dauert es mehrere Monate, bis alle Schüler einer Lerngruppe selbstverständliche Konventionen achten, um eine Sache bitten, sich für eine Sache bedanken, auf Beschimpfungen verzichten und aufeinander Rücksicht nehmen.

Vielleicht sollte wohl besser jeder Lehrer in jeder Unterrichtssituation auf die Einhaltung förderlicher Konventionen achten. Ein spezifischer Unterricht oder ein Trainingsprogramm wirken reichlich aufgesetzt. Natürlich gibt es wichtigere Tugenden als die Höflichkeit, wie z. B. Mündigkeit, Selbstständigkeit, Toleranz, Hilfsbereitschaft, Solidarität oder Zivilcourage. Und der Wert eines Menschen lässt sich nicht nur nach seinen Umgangsformen bemessen. Aber können wir deshalb auf die Einhaltung förderlicher Konventionen verzichten?

Grundschüler müssen mehrmals ermahnt werden, auf die eigenen Dinge aufzupassen, am Ende des Unterrichts die Lernmittel und das Lernmaterial sorgfältig und vollständig zusammenzupacken oder einzuräumen. Und sie sind auch darauf hinzuweisen, fremdes Eigentum zu achten, das Eigentum der Mitschüler, der Lehrer und das der Schule.

Leider verspüren viele Schüler – aus kriminalstatistischer Sicht soll es sich etwa um jeden Zwanzigsten handeln – das Bedürfnis, sich fremdes Eigentum anzueignen. Die Art der Bedürfnisbefriedigung kann unterschiedlich motiviert sein. So wird ein Gegenstand entwendet, weil er besonders attraktiv erscheint. Oder eine Sache wird gestohlen, weil der Eigentümer mit ihr geprahlt hat. Einem Schüler wird Geld gestohlen, nachdem er einen 50-Euro-Schein vorgezeigt hat. Oder in der Pubertät wird das prickelnde Gefühl gesucht, das mit einem Diebstahl verbunden ist. In Ausnahmefällen wird auch Armut ein Motiv sein.

Altersgemäß ist mit Schülern zu üben, wie man mit eigenen und fremden Sachen umgeht, dass man größere Geldbeträge möglichst gar nicht erst mit sich herumträgt oder sie in einem Brustbeutel verwahrt. Beim Sportunterricht sind die Umkleidekabinen abzuschließen. Und der geliebten Lehrerin ist die Handtasche ins Lehrerzimmer nachzutragen, die sie im Klassenzimmer liegen gelassen hat.

In gut geführten Grundschulen ist Umwelterziehung selbstverständlich. In jedem Klassenzimmer stehen Behälter für Papier, Glas und Metall bereit. Vor der sachgemäßen Abfallbeseitigung haben die Schüler den Abfall zu sortieren, was mit jüngeren Schülern geübt werden muss. Natürlich ist zunächst jeder Schüler selbst für die Mülltrennung verantwortlich. Jene Mitschüler, die den Abfallbeseitigungs-, den Aufräum- oder den Reinigungsdienst übernommen haben, übernehmen helfende und kontrollierende Funktionen. Der Lehrer kann sich ganz zurückhalten und die Schüler gegebenenfalls für ihr Umweltbewusstsein loben. Ob später die Abfallbeseitigungsgesellschaft die einzelnen Müllsorten wieder zusammenführt, können weder Schüler noch Lehrer beeinflussen.

In undisziplinierten Lerngruppen muss am Ende eines Unterrichtstages kontrolliert werden, ob jeder Schüler seinen Platz sauber hinterlässt. Und in einige Klassen muss sogar das Hochstellen der Stühle geübt werden.

Verfügt eine Schule über einen geräumigen, schülerfreundlichen Schulhof, wie er in ländlichen Regionen häufig anzutreffen ist, mit Spielgeräten für die jüngeren und Ruhezonen für die älteren Schüler, können sich alle Schüler frei bewegen und erholen. Die Lehrer sitzen im Lehrerzimmer und trinken gemütlich ihren Tee. Eine Aufsicht führende Person ist nicht erforderlich. Schließlich spielen die Schüler nach der Schule auch unbeaufsichtigt. Und wenn ausnahmsweise mal eine Nase bluten sollte, wissen die Schüler, wo sie die Lehrer finden können. Solche Schulverhältnisse sind natürlich selten.

An den Stadtschulen sieht die Schulwirklichkeit meist anders aus. Hier müssen sich viele Hundert Schüler mit einem viel zu kleinen Hof begnügen. Dieser ist fast immer mit einer Asphaltdecke überzogen. Der Bewegungshunger und das aus ihm resultierende Aggressionspotenzial entladen sich schon beim Pausenzeichen im Klassenzimmer. Um die Sicherheit der Schüler zu gewährleisten, sind für das Betreten und Verlassen des Schulgebäudes altersgemäße Regelungen zu treffen. Mit jüngeren Schülern muss das Aufstellen geübt werden. Von älteren Schülern wird erwartet, dass sie sich selbst disziplinieren und aufeinander Rücksicht nehmen.

Auf dem Hof wird gerannt, gelärmt und geschrien. Die Kleinen haben Angst, von den Großen umgestoßen oder drangsaliert zu werden. Und die Mädchen haben oft Angst vor den wilden Jungen. Da es an Spielgeräten mangelt, werden immer neue Spiele erfunden. Der Erfindungsreichtum der Schüler ist bewundernswert.

Der Aufsicht führende Lehrer ist ständig gefordert, die Spiele zu beobachten und den Gefährdungsgrad einzuschätzen. Natürlich muss er jene Spiele verbieten, bei denen die Verletzungsgefahr groß ist. Dazu ein bedrückendes Beispiel: An einer wenig gegliederten Landschule kamen Schüler auf die Idee, Reiterspiele durchzuführen. Die großen und kräftigen Buben schulterten die kleinen und schwachen Mitschüler. Dann versuchten die »Reiter«, sich gegenseitig vom Pferd zu holen. Ein Reiter fiel so unglücklich zu Boden, dass er sich das Genick brach. Daraufhin ließ man die Schüler in der Pause monatelang zu zweit im Kreis herumgehen.

Der Leser mag an dieser Stelle selbst entscheiden, ob es sich hier um eine pädagogische Maßnahme handelte, die geeignet war, täglich an den verunglückten Schüler zu denken, oder um eine Disziplinierungstechnik, in die sich die Schüler nur widerwillig fügten.

Freude am Lernen, Spaß und Humor

Wenn schulisches Lehren und Lernen in Gruppen erfolgt, haben sie neben der kognitiven immer auch eine emotionale und soziale Dimension. Meist spielt sich Unterricht in der kognitiven Dimension ab. Die Schüler sollen sich bestimmte Fakten merken, bestimmte Einsichten gewinnen, bestimmte Fragen beantworten oder Aufgaben lösen. Nun kann man sich aber schlecht vorstellen, dass sich die Schüler während eines Schultages in der gesamten Unterrichtszeit immer nur auf vorgegebene Ziele konzentrieren. Schüler möchten zusammen fröhlich sein, lachen und Spaß haben.

Entscheidend für die Freude der Schüler am Lernen ist die Freude des Lehrers am Lehren. Spüren die Schüler, dass der Lehrer gerne unterrichtet, kommt es zu einem positiven Übertragungseffekt. Ist der Lehrer gut gelaunt, hebt sich auch die emotionale Befindlichkeit der Schüler. Lehrer können eine Art »Selbst-Coaching« betreiben, indem sie sich morgens auf dem Schulweg die Frage stellen: »Wer hindert mich daran, fröhlich zu sein?« Und wenn sie keinen ernsthaften Grund finden, können sie gut gelaunt auf die Schüler zugehen. Dann gelingt an diesem Schultag auch fast alles.

Schüler möchten gern von gut gelaunten Lehrern unterrichtet werden, die einen gesunden Optimismus ausstrahlen. Diesen Anspruch können Lehrer nicht immer erfüllen, wenn sie sich z. B. in einer existenziellen Krisensituation befinden. Das spüren auch die Schüler. Aber wenn ein Lehrer stets tierisch ernst und mit verkniffenen Mundwinkeln das Klassenzimmer betritt, nach mürrischer Begrüßung die Hausaufgaben einfordert, wenn man ihm schon ansieht, dass er nicht gerne unterrichtet, sagen sich die Schüler: »Unsere kostbare Lebenszeit könnten wir besser anders nutzen!« Die emotionale Befindlichkeit und die Lernbereitschaft sinken stark ab. Dann verbreitet sich Lethargie, oder es kommt bei jenen Lehrern, die sich nicht durchsetzen können, zu chaotischen Verhältnissen.

Wenn man Schüler fragt, wie sie sich ihre Lehrer wünschen, bekommt man Antworten wie »Er sollte nicht alles so ernst nehmen« oder »Er sollte auch mitlachen können«. Die Schüler wissen genau, dass bei vielen quicklebendigen Kindern nicht immer alles nach Plan verlaufen kann. Und es gibt Lehrer, denen es gelingt, die vielen Widerwärtigkeiten des Schulalltags gelassen zu ertragen oder auf unvermutet auftretende Ereignisse humorvoll zu reagieren. Humor ist die vom Gedanken nicht unbeschwerte Heiterkeit. Wohl zu Recht gilt bei den Briten Humorlosigkeit als Charaktermangel.

Ob den deutschen Lehrern generell einen Mangel an Humor zuzuschreiben ist, kann an dieser Stelle nicht beantwortet werden. Sicher ist nur, dass humorvolle Lehrer von den Schülern geschätzt werden, weil sie über sich selbst, über ihre Mitmenschen und über missliche Ereignisse schmunzeln oder lachen können. Selbst in kritischen Situationen bleiben sie ausgeglichen und bewahren den Überblick.

Wenn z. B. im Unterricht unvermutet ein Stuhl umfällt und ein Schüler am Boden liegt, sich die Mitschüler ihm zuwenden, der umgefallene Schüler sich mühsam aufrappelt, die Mitschüler lachen und der Lehrer freundlich sagt: »Hoffentlich hast du gefunden, was du da unten gesucht hast«, dann verbreitet eine solche Bemerkung allgemeine Heiterkeit, sie wird von allen Schülern akzeptiert, die Schüler haben ihren Spaß gehabt, und der Unterricht kann in geordneten Bahnen weitergehen. Zum Humor gehören demnach Toleranz, Mitgefühl, Geduld und Nachsicht (Rüedi 2007).

Natürlich kann man nicht von allen Lehrern erwarten, dass sie stets humorvoll reagieren. Wer z. B. in einer Sonderschule verhaltensauffällige Schüler zu betreuen hat, kann oft nur nach dem Motto verfahren: »Humor ist, wenn man trotzdem lacht!« (Otto Julius Bierbaum).

Fragwürdig sind Lehreräußerungen, die dem Bereich des schwarzen Humors zuzuordnen sind und die deshalb auch von vielen Schülern nicht verstanden und geschätzt werden.

Einige Lehrer, die um die emotionalen Bedürfnisse ihrer Schüler wissen, versuchen ihren Unterricht durch Anekdoten oder humorige Geschichten zu würzen. Diese kommen bei den Schülern unterschiedlich an. Einige finden die Geschichten toll, auch weil wieder einige Unterrichtsminuten folgenlos verstreichen. Andere Schüler finden das nicht so gut, weil diese schnurrigen Geschichten so gar nichts mit dem Thema zu tun haben. Es wäre ihnen lieber, wenn die Zeit zum Lehren und Lernen genutzt würde. Denn es ist ihnen bewusst, dass die nächste Klassenarbeit nicht lange auf sich warten lässt.

Einige Lehrer sind gedankenschnell und verfügen über ein hohes Maß an Spontanflexibilität. Sie nutzen diese Eigenschaften, um die Schüler durch schlagfertige Antworten in die Schranken zu weisen. Betrachtet man das Wort »schlag-fertig«, wird sofort deutlich, worum es sich handelt. Der Lehrer schlägt verbal auf den Schüler ein, Letzterer wird überrumpelt, kann sich nicht wehren, und der Schlagabtausch endet meist mit einem K.-o.-Sieg für den Lehrer.

Schlagfertigkeit ist bei Grundschülern unangebracht, weil sie aufgrund ihrer begrenzten sprachlichen Möglichkeiten immer die Verlierer sind. Ganz anders stellt sich die Situation bei pubertierenden Schülern dar, die einen Lehrer ob seiner Schlagfertigkeit bewundern und versuchen, ihm mit gleicher Münze heimzuzahlen. Die Mitschüler freuen sich dann über den verbalen Schlagabtausch. Und häufig wird dieses Spiel auf dem Schulhof oder im Internet fortgesetzt.

Damit Schüler mehr Freude am Unterricht haben, kommen einige Lehrer auf die Idee, Witze zu erzählen. Wer Witze nicht so gut erzählen kann, dass sie auch ankommen, sollte sich besser zurückhalten. Eine andere Möglichkeit besteht darin, die Schüler aufzufordern, in den letzten Minuten einer Schulwoche Witze zu erzählen. Natürlich werden zunächst auch einige zweideutige Witze gebracht, die der Lehrer kommentarlos zur Kenntnis nehmen wird. Dann folgen ungeheuerliche Witze, über die der Lehrer gar nicht lachen kann, was er den Schülern auch sagt. Und schließlich werden gute Witze gesucht und erzählt, die allen Freude bereiten.

Echter Humor – also die vom Gedanken nicht unbeschwerte Heiterkeit – erscheint unverzichtbar, weil er die emotionale Befindlichkeit hebt und das Lern- und Gruppenklima verbessert. Auf besondere Gags, schlagfertige Antworten, Anekdoten, schnurrige Geschichten und Witze können Lehrer weitgehend verzichten, wenn sie Lerninhalte auswählen, die den Lernbedürfnissen der Schüler entsprechen und ihnen Freude bereiten. Schließlich gibt es viele Texte, die einen feinen Humor widerspiegeln. Man kann lustige Geschichten schreiben lassen. Und selbst der Mathematikunterricht kann zu einem freudigen Ereignis werden, wenn eine Aufgabe gestellt wird, über deren Ergebnis die Schüler nur staunen können.

Wenn Lerninhalte ausgewählt werden, die den emotionalen Bedürfnissen der Schüler entgegenkommen, ist dies vielleicht die beste Art, die soziale Ordnung zu sichern. Daneben gibt es die Möglichkeit, Gesprächssituationen so offen zu gestalten, dass auch spontane und originelle Beiträge gebracht werden, über die man sich freuen und lachen kann.

Damit ein Schultag nicht nur ernst verläuft, versuchen einige Schüler, ihre Mitschüler aufzumuntern, zum Lachen zu bringen und gute Laune zu verbreiten. Bekannt ist ja der Klassenkasper oder der Klassenclown, der immer gut drauf ist, stets für einen Spaß zu haben ist und der dem Lehrer gerne einen Streich spielt, indem er z. B. die Tür verrammelt, dem Lehrer so den Zugang zum Klassenzimmer verwehrt, die Aktentasche verschwinden lässt, ihm einen Zettel ansteckt, die Namensschilder vertauscht oder einen Klassenbucheintrag vornimmt: »Herr Böckelmann kam in dieser Woche dreimal zu spät.« Natürlich freuen sich die Mitschüler über derartige Späße.

Und Lehrer sind gut beraten, wenn sie in solchen Situationen Überreaktionen vermeiden, Ruhe bewahren, humorvoll reagieren und mitlachen können. Wird allerdings der Spaß zu weit getrieben, die Sitzfläche seines Stuhls mit Klebstoff präpariert, hat der Spaß ein Ende. In solchen Fällen sind Disziplinierungstechniken oder pädagogische Maßnahmen gefragt.

Ein Klassenkasper sorgt aus der Sicht seiner Mitschüler für gute Laune, erheitert mit seinen Späßen die Lerngruppe und nervt häufig den Lehrer. Wenn z. B. ein achtjähriger Junge häufig seinem Bedürfnis nachkommt, Fernsehansager zu spielen, indem er vor die Klasse tritt, sich einen Pappkarton vor die Nase hält, dessen Boden ausgeschnitten ist, und seine Ansagen macht, mag dies anfangs noch ganz lustig sein und das Verhalten kurzzeitig toleriert werden. Wenn sich dieses Verhalten aber über längere Zeit hinzieht und immer dann, wenn es ausnahmsweise einmal still geworden ist, der »Fernsehansager« in Aktion tritt und alle Schüler beim Lernen stört, wird die Toleranzgrenze überschritten.

Zunehmend diskutiert wird Mobbing unter Schülern. Ein Schüler wird zur Zielscheibe zahlreicher Angriffe. Die Mitschüler denken sich immer neue Gemeinheiten aus. Das Opfer wird gedemütigt. Die Angreifer haben ihren Spaß daran, wenn sich der Betroffenen hilflos zeigt. Mehrere Faktoren mögen verursachend sein, so z. B. die Tatsache, dass sich fast jede Gruppe ein Opfer sucht, einen Außenseiter, der abgewertet wird, um sich selbst aufzuwerten. Hinzu kommt das positive Gefühl, nicht selbst das Opfer zu sein. Die Angreifer oder Zuschauer nutzen die Anonymität der Gruppe.

Zahlreiche Fernsehsendungen zeigen allerlei Gemeinheiten, die zur Nachahmung anregen. Möglicherweise haben einige Schüler in der Schule zu wenig zu tun, und so wird das Phänomen zum Kampf gegen die Langeweile und zum Zeitvertreib. Ganz allgemein gibt es natürlich auch bei Schülern einen Aggressionstrieb und destruktive Neigungen, den Hang, andere Menschen zu erniedrigen, zu demütigen und zu quälen.

Sofern Lehrer destruktive Prozesse dieser Art wahrnehmen, werden sie sensibel und entschieden intervenieren. Es kommt darauf an, den Betroffenen aus seiner misslichen Lage zu befreien, ohne ihn zu stigmatisieren. Und dann muss deutlich gemacht werden, dass Prozesse dieser Art künftig nicht toleriert werden. Nur Klassenlehrer, die täglich mehrere Stunden in der eigenen Klasse unterrichten, sind in der Lage, derart komplizierte Gruppenprozesse zu steuern.

Lehren und Lernen kann sich nur in einem Wechsel von Anspannung und Entspannung vollziehen. Einerseits müssen sich die Schüler beherrschen und disziplinieren, ihre Emotionen kontrollieren und die Sozialkontakte einschränken. Andererseits haben sie auch Anspruch auf die Befriedigung ihrer emotionalen und sozialen Bedürfnisse, auf Freude und Spaß in der Lerngruppe. Wenn humorlose Lehrer ausschließlich ihre eigenen Ordnungsvorstellungen verwirklichen möchten, stoßen sie bei den Schülern bald auf Widerstand. Und so werden viele Disziplinkonflikte auch durch rigides Verhalten der Lehrer verursacht.

Hausaufgaben erfordern viel Selbstdisziplin

Kraft ihrer Amtsautorität üben Lehrer über die Schüler Macht aus, indem sie fast täglich Hausaufgaben stellen. Und sie halten diese Art der Machtausübung für gerechtfertigt, weil es ganz ohne Hausaufgaben nun einmal nicht geht und weil es immer schon so war. Auch an den mittelalterlichen Stadtschulen und in den Klosterschulen bekamen Schüler ihr Pensum auf, das in der nächsten Unterrichtsstunde abgefragt wurde. Wer sich nicht disziplinierte und lernte, musste mit Sanktionen rechnen, manchmal auch mit Prügeln.

Schülern bleibt nichts anderes übrig, als die Hausaufgaben zu erledigen. Zwar gibt es Ausnahmeschüler, die sich rühmen, nie Hausaufgaben gemacht und dennoch die Schule erfolgreich durchlaufen zu haben. Aber normalerweise können Schüler nur dann die von ihnen erwarteten Leistungen erbringen, wenn sie regelmäßig ihre Hausaufgaben erledigen. Nur so können sie mit guten Noten rechnen und sich bei Lehrern, Eltern und Mitschülern beliebt machen – bei Letzteren allerdings nur, wenn sie ihre Hefte auch gelegentlich zum Abschreiben zur Verfügung stellen.

Wenn die Hausaufgaben hohe Lernanreize bieten, kommt es vor, dass Schüler ihre Aufgaben gerne machen. Dies ist hin und wieder in der Grundschule der Fall. An den weiterführenden Schulen ist dies wohl eher selten. Die Schüler empfinden Hausaufgaben meist als lästige Pflicht, weil sie ihnen die Freizeit verkürzen und sie sich disziplinieren müssen. Andere Bedürfnisse sind einzuschränken oder aufzuschieben. Und manchmal muss auf deren Befriedigung ganz verzichtet werden.

Fast immer kommt es zu intrapersonalen Schule-Freizeit-Konflikten, zu Bewusstseinskonflikten oder zu motivationalen Interferenzen (Hofer et al. 2008). Hausaufgaben oder spielen, Hausaufgaben oder fernsehen, Hausaufgaben oder chatten, Hausaufgaben oder telefonieren, Hausaufgaben oder Musik hören – das sind hier die Fragen.

Solange die Hausaufgaben nicht gemacht sind, haben viele Schüler ein schlechtes Gewissen. Auch wenn sie nach der Schule zunächst spielen, um sich zu entspannen, stehen doch die noch nicht erledigten Hausaufgaben wie ein Berg drohend vor ihnen. Bei leistungsschwachen Schülern bauen sich Versagensängste auf. Manchmal kommt es zu Schlafstörungen, zu Schulunlust, Schulversagen und zu psychosomatischen Störungen.

Die Hausaufgabenproblematik stellt sich auf verschiedenen Schulstufen ganz unterschiedlich dar. Grundschullehrerinnen, die in der eigenen Klasse fast den gesamten Unterricht erteilen, überschauen, was geleistet worden ist. Sie können den Schwierigkeitsgrad und den Umfang der Hausaufgaben auf das Lernvermögen ihrer Schüler abstimmen. Dann kennen sie die Interessen und das soziale Umfeld ihrer Schüler ziemlich genau und können auch bei den Aufgabenstellungen den Lernbedürfnissen der Schüler entgegenkommen. Manchmal werden sie auch differenzierende Hausaufgaben erteilen, die dem unterschiedlichen Leistungsvermögen der Schüler gerecht werden.

Schließlich wird in den Grundschulen die Kontinuität des Lehrens und Lernens gewahrt, indem die Hausaufgaben meist am nächsten Schultag eingefordert werden. Unter lern- und gedächtnispsychologischem Aspekt ist diese Kontinuität wertvoll und wichtig. Für die Schüler stellt sich so das schulische Lernen als eine sinnvolle Abfolge von Unterricht und Hausaufgaben dar. Unterrichtet eine zweite oder dritte Lehrerin in der betreffenden Grundschulklasse, können Absprachen hinsichtlich der Arbeitsbelastung mühelos erfolgen. Für Lehrer und Schüler gut sichtbar, werden die Hausaufgaben vom »Hausaufgabendienst« an einer Seitentafel angeschrieben. Sind bestimmte Aufgaben erledigt, werden sie vom diensthabenden Schüler oder der Lehrerin weggewischt.

Selbst wenn die Aufgaben nicht sonderlich interessieren und motivationale Interferenzen stören, üben sich Grundschüler in Selbstdisziplin, weil sie um die Hausaufgabenkontrolle am nächsten Morgen wissen. Sie möchten der Lehrerin eine Freude bereiten, Ärger mit den Eltern vermeiden und in der Klasse gut dastehen. Stets handelt es sich um mehrere Motive, die die Lernbereitschaft anregen. Mit der Selektion und dem Übergang auf weiterführende Schulen ändert sich die Situation dramatisch. Nun werden die Kinder ganz überwiegend von Fachlehrern unterrichtet. Die unterrichten selten Kinder, sondern fast ausschließlich ihre Fächer.

Fachlehrer nehmen selten auf die Lernbedürfnisse und Lernmöglichkeiten der Schüler Rücksicht. Sie folgen ihrem Lehrplan, der Struktur ihres Faches oder der Gliederung im Schulbuch. Sie haben selten einen Lernplan für die Lerngruppe und keine Lernpläne für die Schüler. Hausaufgaben, die in Verbindung mit einem Lehrbuch gestellt werden, bieten meist geringe Aufgabenanreize.

Absprachen zwischen neun Lehrern hinsichtlich der Art und des Umfangs der Hausaufgaben bleiben eine Illusion. Oft weiß keiner vom anderen, was er den Schülern aufgibt und zumutet. Die Eintragungen in die Wochenbücher sind wenig aussagekräftig. Wochenbücher sind schließlich geduldig, das weiß jeder erfahrene Lehrer.

Aufgrund dieser unsinnigen Unterrichtsorganisation, die an fast allen weiterführenden Schulen seit der Reichsschulkonferenz im Jahr 1920 gepflegt und tradiert wird, sehen sich Schüler genötigt, täglich eine neue Strategie zu entwickeln, wie sie am nächsten Schultag überleben können. Zwar liegt auch in der Entwicklung von Überlebensstrategien eine gewisse Lernleistung. Diese Lernprozesse erscheinen allerdings sehr fragwürdig, wenn man sich die Einzelfragen näher betrachtet:

- Welche Aufgaben sind unverzichtbar, weil morgen ein Test oder eine Klassenarbeit ansteht?
- Lässt sich mit einem Spickzettel die Arbeit auf ein erträgliches Maß reduzieren?
- Lassen sich Informationen im Handy speichern?
- Welche Aufgaben lassen sich aufschieben?
- Wie bekomme ich die Hausaufgabenproblematik in den Griff, ohne einen Funken Selbstdisziplin zu üben? (Passig/Lobo 2008)
- Welche Aufgaben muss ich erledigen, weil sie regelmäßig kontrolliert werden?
- Auf welche Aufgaben kann ich verzichten, weil sie vermutlich nicht kontrolliert werden?
- Welche Aufgaben brauche ich nicht zu erledigen, weil ich gerade abgefragt worden bin?

- Welche Aufgaben kann ich vor dem Unterricht schnell noch abschreiben?
- Welche Ausreden beeindrucken den Lehrer vermutlich am meisten?

Dem »heimlichen Lehrplan« folgend, haben die Schüler nicht nur den von den Lehrern beabsichtigten Lernzuwachs im Auge, wenn sie die Hausaufgaben erledigen, sondern sie lernen, sich Zwängen zu beugen, Vermeidungsstrategien zu entwickeln, sich ungerechtfertigte Vorteile zu verschaffen, zu betrügen und zu lügen.

Kommen Schüler mit ihren Hausaufgaben allein zurecht, haben sie gelernt, sich zu disziplinieren, den Arbeitsplatz zu optimieren und erforderliche Lerntechniken und Primärstrategien zu aktivieren. Wenn sich Lernlücken zeigen, wissen sie diese eigenständig aufzufüllen. Sie verfügen über zahlreiche Methoden, von denen sie jene auswählen, die erfolgreich zu sein scheint. Sie wenden sich zügig der Aufgabe zu, konzentrieren sich, um in möglichst kurzer Zeit ein richtiges Ergebnis zu erzielen. Schließlich überprüfen sie noch selbstkritisch das Ergebnis, um es erforderlichenfalls zu korrigieren.

Kommen Schüler nicht allein mit ihren Hausaufgaben zurecht, sind sie meist nicht in der Lage, andere Bedürfnisse einzuschränken, aufzuschieben oder Verzicht zu üben. Sie sind ziemlich hilflos, weil sie nicht wissen, wie sie die Aufgabe angehen sollen. Sie suchen sich keinen Platz, um in Ruhe zu arbeiten. Ihnen fehlen die wichtigsten Lerntechniken, wie die Technik des Auswendiglernens oder des Nachschlagens. Sie kennen auch keine Primärstrategien, wie man z. B. an eine Textaufgabe herangeht oder einen bestimmten Text schreibt. Die Vorkenntnislücken sind so groß, dass sie in der begrenzt zur Verfügung stehenden Zeit ohne fremde Hilfe nicht geschlossen werden können.

Diese Schüler sind ratlos, lassen sich leicht ablenken und sind frustriert, weil sie den Misserfolg voraussehen. Und wenn es keinen Menschen gibt, der ihnen bei den Hausaufgaben helfen kann, gehen sie angsterfüllt schlafen und am nächsten Morgen ungern zur Schule. Aufgrund der auftretenden Versagensängste schwänzen sie auch manchmal die Schule. Und so kommt es häufig wegen der nicht erledigten Hausaufgaben zum Schulversagen.

Fragt man nüchtern nach den Voraussetzungen und Bedingungen, die erfüllt sein müssen, damit Schüler ihre Hausaufgaben erledigen können, sind dies Faktoren wie Selbstdisziplin, Lernzeit, ein geeigneter Lernort, Lernmittel sowie eine Person, die helfen und disziplinieren kann. Bei Grundschülern sind dies die Eltern, Großeltern, älteren Geschwister oder andere Personen, die zur Wohn- und Lebensgemeinschaft gehören. Sie haben darauf zu achten, dass sich das Kind für die Hausaufgaben Zeit nimmt, sich einen geeigneten Arbeitsplatz sucht, sich diszipliniert und konzentriert und die Aufgaben möglichst selbstständig erledigt. Bei Bedarf übernehmen sie die Funktionen eines Hilfslehrers. Jene Kinder, die ganz auf sich allein gestellt sind und zu Hause keine Unterstützung erfahren, geraten ins Hintertreffen.

An Ganztagsschulen oder in Internaten werden immer Zeiten für Einzelarbeit ausgewiesen, um bestimmte Aufgaben zu erledigen, Fragen zu beantworten, Aufgaben zu lösen, Ausarbeitungen zu tätigen oder früher Gelerntes zu wiederholen. Die Zeit, in der die Schüler eines Internats ihre Schularbeiten erledigten, wurde früher als »Silentium« bezeichnet. Es sollte eine Zeit der Stille, der Konzentration und der Muße sein, die Gelegenheit bietet, einem Gedanken nachzuhängen oder ein Problem geistig zu durchdringen.

Heute wird eher von Einzelarbeit gesprochen, die Ruhe benötigt. Meist steht eine Person zur Verfügung, die für Ruhe sorgt, also die Schüler diszipliniert. Und ist diese Aufsicht führende Person hinreichend qualifiziert, kann sie den Schülern bei Bedarf Lernhilfen geben. Wohlhabende Eltern schicken ihre Kinder auf ein teures Internat, um sich der Hausaufgabenproblematik zu entledigen. Dort werden sie von Dritten diszipliniert und zur Einzelarbeit angehalten.

An Halbtagsschulen stellt sich die Problematik anders dar. Wie der Name schon sagt, gehen die Kinder nur einen halben Tag lang zur Schule, um den Lehrern zuzuhören. Dann sollen sie im weiteren Verlauf des Tages zu Hause lernen und die ihnen aufgegebenen Hausaufgaben erledigen, mit oder ohne Betreuung. Da es zahlreiche konkurrierende Freizeitaktivitäten gibt, ziehen sich die Arbeitszeiten häufig in die Länge. Meist wird die schon beschriebene Vermeidungsstrategie eingeschlagen. Die Aufgaben werden nachlässig, unvollständig oder gar nicht erledigt.

An etwa 200 Tagen im Jahr müssen sich Schüler in Selbstdisziplin üben, die ihnen aufgetragenen Aufgaben erfüllen, ob sie ihnen sinnvoll oder sinnlos erscheinen. Dass diese Art der Selbstüberwindung der Persönlichkeitsentwicklung dient, muss infrage gestellt werden. Schüler möchten ja meist etwas Besonderes leisten, die eigenen Grenzen testen und sich überwinden. Aber kann dies mithilfe von Hausaufgaben erfolgen? Werden nicht oft auch unerwünschte Effekte erzielt? Gibt es nicht viel bessere Möglichkeiten, um Tugenden wie Selbstdisziplin, Selbstüberwindung und Durchhaltevermögen zu fördern?

Viele Schulleiter und Lehrer wissen um die Probleme häuslicher Arbeit. Deshalb bieten sie an ihren Schulen häufig eine Hausaufgabenbetreuung an. Dieses Betreuungsangebot wird meist freiwillig wahrgenommen, überwiegend von Schülern, deren Eltern beide berufstätig sind oder die aufgrund von Sprachschwierigkeiten wenig helfen können. Im Interesse der zu unterrichtenden Schüler ist die Freiwilligkeit einzuschränken. Wer in einem bestimmten Lernbereich nicht die zu erwartenden Leistungen erbringt, sollte nach einer Lernstandsdiagnose zur Teilnahme an der Arbeitsstunde verpflichtet werden. Dann wäre es auch möglich, leistungsschwache Schüler ihrem Lernvermögen entsprechend zu fördern.

Fehlt eine Ganztagsschule mit entsprechenden Arbeitszeiten oder gibt es an einer Halbtagsschule kein Betreuungsangebot, bleiben nur noch die außerschulischen Institutionen, die eine Hausaufgabenbetreuung anbieten, wobei der Übergang von der Hausaufgabenbetreuung zum Nachhilfeunterricht fließend ist. In jeder Gemeinde finden sich Werbeplakate der entsprechenden Institutionen. Sie sollen nachmittags das nachholen, was die öffentlichen Halbtagsschulen vormittags nicht zu leisten vermochten.

Schätzungen zufolge werden in der Bundesrepublik für Nachhilfeunterricht zwei bis drei Milliarden Euro im Jahr ausgegeben. Das Nachhilfegeschäft läuft glänzend. Bezahlen müssen natürlich die Eltern. Wer gut verdient, der zahlt klaglos. Aber es gibt auch Mütter, die putzen gehen, um die Nachhilfestunden für ihre Kinder bezahlen zu können. Bildung war und ist auch in unserer Zeit teilweise käuflich (Rackwitz 2005). Viele Lehrer wissen nicht einmal, welche Schüler Nachhilfeunterricht erhalten. Hier handelt es sich um eine

Bankrotterklärung der Halbtagsschulen und des Fachunterrichts im 45-Minuten-Takt.

Wer Schüler bei den Hausaufgaben betreut, sollte über Betreuerkompetenzen verfügen, das Lerngebiet inhaltlich überschauen und die Struktur des Gebietes durchschauen. Nur so ist es Betreuern möglich, Aufgaben mit zunehmendem oder abnehmendem Schwierigkeitsgrad zu stellen, um den Lernstand zu erheben. Betreuer sollten eine konstruktive Lernatmosphäre schaffen, die förderliche Distanz wahren, den Schülern zuhören und nachfragen können. Nur wenn die Betreuer annähernd wissen, wo die Schüler stehen, sind sie in der Lage, gemeinsam mit den Schülern die Lernlücken zu schließen. Die Betreuer sollten die Lernhilfen-Treppe verinnerlicht haben, damit sie minimale, weitergehende und maximale Lernhilfen geben und die Schüler ermutigen können, Lernwiderstände möglichst eigenständig zu überwinden (Kohler 2002). Und selbstverständlich sollten sie Sachverhalte verständlich erklären können. Es muss bezweifelt werden, dass die Mehrzahl der Betreuer über die hier genannten Kompetenzen verfügt.

Disziplinkonflikte

Disziplin ist ja bestimmt als die für das Lehren und Lernen in Gruppen erforderliche soziale Ordnung, die durch zahlreiche Verhaltensregeln näher bestimmt wird. Ein Konflikt ist eine Auseinandersetzung, Belastung und/oder Schwierigkeit, die bei den beteiligten Personen zu einer emotionalen Betroffenheit und Beeinträchtigung von unterschiedlicher Relevanz führt. Wird die soziale Ordnung empfindlich gestört und ist eine emotionale Betroffenheit/Beeinträchtigung gegeben, liegt ein Disziplinkonflikt vor. Nach dem unterschiedlichen Grad der Betroffenheit und Beeinträchtigung lassen sich Schein-, Rand-, Zentral- und Extremkonflikte unterscheiden (Becker 2006).

- **Scheinkonflikte** führen nur zu einer momentanen Betroffenheit und hinterlassen keine nennenswerte Beeinträchtigung. Auf einer Konfliktskala von 0 bis 7 erhalten sie den Schätzwert 0.
- **Randkonflikte** führen zu einer geringen kurzzeitigen Betroffenheit und Beeinträchtigung und lassen sich auf einer Konfliktskala mit zunehmender Relevanz mit 1 oder 2 oder 3 einschätzen.
- **Zentralkonflikte** führen zu einer starken langzeitigen Betroffenheit und Beeinträchtigung und erhalten auf der Konfliktskala die Schätzwerte 4 oder 5 oder 6.
- **Extremkonflikte** führen zu einer sehr starken und dauerhaften Betroffenheit und Beeinträchtigung. Sie erhalten den Schätzwert 7.

Am folgenden Beispiel lässt sich nachvollziehen, was unter einem Disziplinkonflikt zu verstehen ist und wie sich eine realistische Einschätzung vornehmen lässt.

Die Stunde endet im Chaos

Herr Böckelmann unterrichtet vormittags in einer sechsten Stunde in einem achten Hauptschuljahr das Fach Englisch. Er verfolgt bestimmte Lehrziele, aber die Schüler sehen keine Lernziele. Sie sind müde und erscheinen gelangweilt. Einige Schüler wippen mit den Stühlen, andere schauen zum Fenster hinaus (Scheinkonflikt, Schätzwert 0).
Nun unterhalten sich zwei Schüler ungeniert. Und sie werden von Herrn Böckelmann mit »Pay attention please« ermahnt (Randkonflikt, 1).
Wenig später kramt ein anderer Schüler in seinem Schulrucksack und kriecht unter den Tisch. Herr Böckelmann spricht diesen Schüler direkt an. Die anderen Schüler wippen weiterhin mit den Stühlen, schauen zum Fenster hinaus oder unterhalten sich (Randkonflikt, 2).
Obgleich dies eigentlich nicht erlaubt ist, verlassen drei Schüler gleichzeitig das Klassenzimmer, um die Toilette aufzusuchen. Vergeblich ruft Herr Böckelmann hinter ihnen her. Jetzt kommentieren fast alle Schüler dieses Ereignis und unterhalten sich laut. Es kommt eine allgemeine Unruhe auf (Randkonflikt, 3).
Der Lärmpegel steigt an. Herr Böckelmann droht mit einer Strafarbeit. Einige Schüler protestieren laut. Vergeblich versucht Herr Böckelmann, sich Gehör zu verschaffen (Zentralkonflikt, 4).
Nun verliert er die Nerven, er lässt ein Donnerwetter los und schreit über den Lärmpegel hinweg. Doch die Schüler tun so, als würden sie ihn nicht hören (Zentralkonflikt, 5).
Er schreit und droht mehrmals, ohne Erfolg. Es herrschen chaotische Zustände, unter denen Herr Böckelmann sehr leidet. Wenige Schüler leiden mit ihm. Die anderen freuen sich über das Chaos (Zentralkonflikt, 6).
Der Gong ertönt. Die Schüler jubeln, raffen ihre Sachen zusammen und stürmen aus dem Klassenzimmer, ohne sich zu verabschieden. Herr Böckelmann atmet erleichtert auf.
Verlaufen alle Englischstunden in ähnlicher Weise, liegt ein Extremkonflikt vor (Schätzwert 7). Dann lernen die Schüler fast nichts. Herr Böckelmann ist immer sehr stark betroffen und beeinträchtigt. Er geht nur sehr ungern in diese Klasse. Manchmal hat er sogar Angst vor diesen Schülern. Und weil es so nicht weitergehen kann, müssen sich Herr Böckelmann und sein Schulleiter etwas einfallen lassen. Sie denken über einen Lehrerwechsel nach, eine Supervision, eine Deputatsreduzierung oder über die vorzeitige Pensionierung.

Welche Einsichten lassen sich an diesem Beispiel gewinnen? Mit zunehmender Relevanz ist Lehren und Lernen kaum noch oder gar nicht mehr möglich. Die Lehr-Lerneffektivität sinkt merklich ab. Mehrere Randkonflikte – Nebengespräche, Stühle wippen, aus dem Fenster schauen – bewirken eine Eskalation und werden so zu einem Zentralkonflikt. Entscheidend ist die Häufigkeit konfliktträchtiger Ereignisse. Unterhalten sich die beiden Schüler in jeder Stunde ungeniert, wird bald aus dem Randkonflikt (Schätzwert 1) ein Randkonflikt mit dem Schätzwert 3 oder sogar ein Zentralkonflikt.

Dafür gibt es mehrere Ursachen. Zwar handelt es sich in diesem Beispiel um zumeist leistungsschwache Hauptschüler, die nicht mehr bereit oder in der Lage sind, sich zu disziplinieren. Aber den Schülern anderer Schularten würde es in dieser sechsten Stunde ähnlich ergehen. Der Unterricht findet in einer Randstunde statt. Lehrer und Schüler sind müde. Weiterhin ist davon auszugehen, dass einige Schüler Schwierigkeiten mit der deutschen Sprache haben und noch größere Schwierigkeiten im Fach Englisch.

Herr Böckelmann verhält sich wenig professionell. Offensichtlich verfügt er über kein wirksames Interventionsrepertoire. Ein solches Handlungsrepertoire ist aber erforderlich, um die für das Lehren und Lernen erforderliche soziale Ordnung wiederherzustellen. Wenn Lehrer schreien, drohen oder Strafarbeiten verteilen, dokumentieren sie nur ihre Hilflosigkeit. Und die Schüler zeigen sich meist wenig beeindruckt. Solche Lehrer werden belächelt und verlieren an natürlicher Autorität.

Die beschriebene Situation ist ein Thema mit Variationen. In leicht abgewandelter Art lässt sie sich auf allen Schulstufen, in allen Schularten, bei fast allen Lehrern und in allen Fächern bzw. Lernbereichen beobachten.

Im Grundschulbereich werden heute jene Schüler zu einem echten Problem, denen man ein Aufmerksamkeitsdefizit-/Hyperaktivitätssyndrom zuschreibt. Diese Schüler können die für das Lehren und Lernen in Gruppen erforderliche soziale Ordnung empfindlich stören. Ein Schüler, der solche Symptome zeigt, kann alle seine Mitschüler vom Lernen abhalten und den Lehrer zur Verzweiflung bringen. Nachstehendes Beispiel veranschaulicht die Problematik:

Protokoll einer Schulstunde

Vor Beginn der zweiten Schulstunde beklagen sich einige Schüler der Klasse über Thomas, er würde ihnen die Mütze herunterreißen.

8:50 Uhr: Thomas dreht sich verkehrt herum und schreit laut.
8:51 Uhr: Er rutscht auf seinem und dem freien Nachbarstuhl hin und her, steht auf und schiebt die Stühle wie Kinderwagen vor sich her.
8:52 Uhr: Er spannt einen Gummi zwischen beide Hände und spielt damit.
8:53 Uhr: Er ruft grundlos den Namen eines Mädchens.
8:55 Uhr: Er legt sich auf den Tisch.
8:56 Uhr: Er spielt wieder mit dem Gummiring und zielt damit auf Kinder. Nach einer Mahnung, den Gummi herzugeben, schiebt er ihn in den Ranzen.
8:58 Uhr: Thomas steht auf und schlägt um sich. Er zieht Grimassen dazu.
8:59 Uhr: Er durchwühlt grundlos seinen Ranzen.
9:10 Uhr: Er steht auf und schlägt Charlotte.
9:15 Uhr: Thomas fällt vom Stuhl.
9:25 Uhr: Er schlägt mit Fäusten auf Markus, rauft mit ihm.
9:27 Uhr: Thomas schlägt Anna ohne ersichtlichen Grund, rennt im Zimmer herum und wischt Tische ab.
9:30 Uhr: Er legt die Beine auf den Stuhlrücken, dreht der Tafel den Rücken zu.
9:32 Uhr: Thomas steht auf und schreit plötzlich »Superman!«
9:34 Uhr: Thomas zieht Grimassen und legt sich auf seinen Tisch.
9:35 Uhr: Ende des Protokolls und der Stunde.

(Aus: Gonschorek/Schneider 2005, S. 344)

An weiterführenden Schulen können ältere Schüler die soziale Ordnung empfindlich stören, wenn sie vor den Augen des Lehrers vereinbarte Regeln bewusst missachten, ihn also provozieren, wenn sie dem Lehrer oder ihren Mitschülern gegenüber körperliche oder verbale Gewalt ausüben, wenn sie Sachen beschädigen oder sich fremde Sachen aneignen, wenn sie sich innerhalb der Lerngruppe bekriegen, Außenseiter mobben oder Mitschüler quälen (Becker 2006).

Im Kursunterricht einer gymnasialen Oberstufe sind Disziplinkonflikte selten. Wenn ein Lateinlehrer eine Gruppe von zwölf Schülern unterrichtet, kann er diese wenigen Schüler überschauen, auf einzelne Schüler eingehen und erforderlichenfalls zu mehr Disziplin anhalten. In diesen Lerngruppen fehlen ja auch jene Schüler, die in den zurückliegenden Schuljahren in andere Schularten abgestuft worden sind oder die die Schule verlassen haben, weil sie nicht bereit oder in der Lage waren, sich weiterhin disziplinieren zu lassen bzw. Selbstdisziplin zu üben.

An den beruflichen Schulen sieht es hinsichtlich der Disziplin recht unterschiedlich aus. In Restgruppen, die aus Schülern ohne Schulabschluss gebildet werden, um ein Berufsvorbereitungsjahr zu durchlaufen, sind Disziplinkonflikte relativ häufig. Wenn Schüler fast regelmäßig zu spät kommen, häufig unentschuldigt fehlen, einen fragwürdigen Umgang pflegen oder in der Werkstatt ein Arbeits- und Sozialverhalten zeigen, das nicht mehr toleriert werden kann, wird auch die soziale Ordnung empfindlich gestört. Solche Ereignisse können sich dann schnell zu einem massiven Disziplinkonflikt ausweiten.

Im Bereich der beruflichen Erwachsenenbildung sind Disziplinkonflikte äußerst selten. Die erwachsenen Schüler bewegen sich zumeist im Stadium der Selbstbildung. Sie haben bestimmte Ziele vor Augen. Sie möchten sich qualifizieren oder bestimmte Kompetenzen erwerben, die der Aus-, Fort- oder Weiterbildung dienen. Der Unterricht ist fast ausschließlich als Blockunterricht organisiert. Meist werden Kurse angeboten, in denen die für das Lehren und Lernen so wichtige Kontinuität gewahrt bleibt. Und da am Ende der Kurse Ergebniskontrollen durchgeführt werden und die Teilnehmer ein Zertifikat erhalten, in dem ihre Leistungen ausgewiesen werden, garantiert das immanente Rechenschaftsprinzip fast immer volle Aufmerksamkeit.

Lehrer, die von sich behaupten, niemals Konflikte dieser Art erlebt und durchlitten zu haben, erscheinen wenig glaubwürdig. Allerdings verschweigen sie diese Tatsache gern, denn wer mit massiven Disziplinschwierigkeiten zu kämpfen hat, gilt nach Meinung vieler Kollegen und Vorgesetzten oft als unfähig. Im Kollegium heißt es dann hinter vorgehaltener Hand: »Der kann sich nicht durchsetzen.«

Die Durchsetzungsfähigkeit beinhaltet einmal die Fähigkeit, verständnisvoll mit den Schülern umzugehen, und gleichzeitig die Fähigkeit, auf die für den Unterricht erforderliche soziale Ordnung zu achten. Durchsetzungsfähigkeit ist also nicht mit einer naiven Machtausübung und dem unreflektierten Einsatz von Disziplinierungstechniken gleichzusetzen. Die Art des Umgangs mit den Schülern fließt in jede Beurteilung der Lehrfähigkeit ein. Und dies ist sicher auch gerechtfertigt. Denn wenn der Unterricht im Chaos versinkt, wird wenig oder nichts gelernt.

Schüler sehen das übrigens ganz ähnlich, wenn sie sagen: »Der kann sich nicht durchsetzen. Bei dem lernt man nichts.« Wird die soziale Ordnung empfindlich gestört, bilden sich häufig zwei Lager. Das eine freut sich über die chaotischen Verhältnisse, weil wieder einmal Unterrichtszeit verstreicht, man sich nicht anstrengen muss und nicht gefordert wird. Das andere Lager, das meist in der Minderheit ist, fordert die störenden Mitschüler auf, ruhig zu sein und bestimmte Regeln einzuhalten, weil es vom Unterricht profitieren möchte.

Interventionsmöglichkeiten

In diesem Kapitel werden Antworten auf die Frage versucht, wie Lehrerinnen oder Lehrer konkret intervenieren können, wenn die für das Lehren und Lernen in der Gruppe erforderliche soziale Ordnung gestört ist. Auf diese Frage gibt es leider keine einfache Antwort im Sinne eines Rezepts, weil die situativen Konstellationen zu unterschiedlich sind.

Angebracht sind altersgemäße Interventionen, die z. B. den Grundschülern, älteren Schülern oder Jugendlichen annähernd gerecht werden. Weiterhin gilt es, das gruppendynamische Stadium zu berücksichtigen und das vermutliche Verhalten einzelner Schüler, die als »verhaltensgestört« oder »verhaltensoriginell« bekannt sind. Bedeutsam sind auch die Rahmenbedingungen, unter denen der Unterricht stattfindet, wie die Lerngruppengröße, die Lernzeit und der Lernort, die Unterrichtsorganisation, sowie die Art der Lehrer-Schüler-Beziehungen.

»Unterrichtsstörungen« oder »Disziplinschwierigkeiten« lassen sich auf einem Kontinuum von gering bis massiv betrachten. Wenn sich z. B. zwei Schüler leise unterhalten, kann dies schon als geringe Störung gewertet werden. Wenn es zu chaotischen Verhältnissen kommt und alle Schüler durcheinanderschreien, liegt zweifelsohne ein massiver Disziplinkonflikt vor. Auch dieses Beispiel zeigt, dass ein Lehrer nicht in gleicher Weise rezeptologisch intervenieren kann. Gefragt ist hier ein situationsangemessenes Handeln oder Verhalten, das die Verhältnismäßigkeit der Mittel berücksichtigt.

Die beiden Schüler lassen sich vielleicht wieder in den Lehr-Lernprozess einbinden, indem man sie scharf ansieht, ihnen eine Frage zum Thema stellt oder sie freundlich um eine Stellungnahme bittet. Die »brüllende Horde« lässt sich auf diese Weise nicht wieder einfangen. Hier sind andere Interventionsmöglichkeiten gefragt, von denen noch die Rede sein wird. In jedem Fall sind Überreaktionen zu vermeiden, weil diese von den Schülern nicht verstanden und vom Lehrer meist zu einem späteren Zeitpunkt bereut werden.

In diesem Zusammenhang erscheint es wichtig, einmal mehr auf den Unterschied zwischen einem »Verhalten« und »Handeln« hinzuweisen. Ein Lehranfänger oder Laienpädagoge zeigt bei auftretenden Disziplinschwierigkeiten meist ein hilfloses und unreflektiertes Verhalten. So ruft er z. B. in die Gruppe hinein »Nun seid doch mal ruhig!«, dann »Nun seid doch endlich ruhig!«, danach drohend »Ruhe jetzt!« und schließlich »Wenn ihr jetzt nicht ruhig seid, bekommt ihr mehr Hausaufgaben auf!« Auf diese hilflose Art der Intervention reagieren die Schüler oft gar nicht oder sogar negativ. Sie werden immer lauter, freuen sich über die chaotischen Verhältnisse und machen sich über den Lehrer lustig.

Ausgebildete Lehrer verfügen über ein breites Handlungsspektrum, das sie in schwierigen Situationen bewusst einsetzen. Sie wählen aus dem ihnen zur Verfügung stehenden Handlungsrepertoire eine Interventionsmöglichkeit aus, handeln bewusst situationsangemessen, warten den Erfolg ab, um bei Misserfolg weitere Handlungsmöglichkeiten einzusetzen, die der Situation annähernd gerecht werden und die sich begründen lassen. Professionell handelnde Lehrer verhalten sich also nicht irgendwie, sondern sie handeln bewusst.

Auch sind sie in der Lage, retrospektiv über ihre Handlungsweisen nachzudenken und mit hospitierenden Personen über die Handlungen und deren Alternativen zu sprechen. Im Jahr 2009 genügt nicht ein beliebiges »Lehrerverhalten«, sondern im 21. Jahrhundert ist zumeist »reflective teaching« angesagt. Dennoch ist klar: Lehrer sind natürlich nicht in der Lage, in 28 Wochenstunden stets durchdacht zu handeln. Unterricht hat immer auch eine emotionale Komponente.

Wenn z. B. ein Lehrer von Schülern in verletzender Weise provoziert wird und er auf diese Provokation spontan reagiert oder auch einmal überreagiert, ist ihm daraus kein Vorwurf zu machen. Doch sollten solche undurchdachten Spontanreaktionen die Ausnahme bleiben. Übrigens werden sich professionell ausgebildete und selbstkritische Lehrer in einem solchen Fall am nächsten Tag bei den Schülern entschuldigen.

Lehranfänger, Praktikanten und Referendare, kennen das breite Handlungsrepertoire noch nicht, das einem Lehrer bei auftretenden Disziplinschwierigkeiten zur Verfügung steht. Daraus ist ihnen nicht der geringste Vorwurf zu machen. Sie verhalten sich meist so, wie sie es bei ihren Lehrern in der eigenen zurückliegenden Schulzeit erlebt haben oder wie sie es bei ihren Ausbildungslehrern oder Mentoren beobachten. Meist erinnern sie sich an die vielen Disziplinierungstechniken, mit deren Hilfe es den Lehrern gelang, unerwünschtes Schülerverhalten zu eliminieren. Und häufig greifen auch sie dann zu diesen Techniken, die sie als selbstverständliche Interventionsmöglichkeiten erlebt und verinnerlicht haben: »Teachers teach as they were taught!«

Leider hat diese Feststellung einen hohen Wahrheitsgehalt. Aber sie darf nicht zur Resignation und zur naiven Einübung der tradierten fragwürdigen Disziplinierungstechniken führen. Es kommt darauf an, aus den Handlungsmöglichkeiten jene auszuwählen, die im Hinblick auf die Lerngruppe und auf das jeweilige Lehr-Lernvorhaben stimmig erscheinen. Zwar ist dann immer noch nicht der Handlungserfolg garantiert, weil sich die oft abweichenden Verhaltensweisen der Schüler sowie die gruppendynamischen Ereignisse nicht vorhersehen lassen. Aber sofern sich Lehranfänger mit der hier dargelegten Problematik intensiv beschäftigt haben, werden sie eher in der Lage sein, im Interesse der Schüler und im eigenen Interesse situationsangemessen zu handeln.

Sobald die Schüler unruhig werden, machen professionell handelnde Lehrer vor allem von den schulpädagogischen Maßnahmen Gebrauch. Zunächst werden sie über den Lärmpegel hinweg unterrichten, in der Hoffnung, dass sich die Schüler bald wieder auf den Unterrichtsinhalt konzentrieren werden. Dann besteht die Möglichkeit, die Unterrichtskonzeption zu wechseln, also von der Arbeit mit der ganzen Gruppe – vom Frontalunterricht oder vom fragend-entwickelnden Unterricht – zur Freiarbeit oder zur Wochenplanarbeit überzugehen.

Für Grundschullehrerinnen ist dies ein gute Alternative, sofern eine schülergemäße Lernumgebung mit Materialien für die Freiarbeit zur Verfügung steht und die Schüler an Wochenplanarbeit gewöhnt sind. Wird an weiterführenden Schulen immer noch im 45-Minuten-Takt unterrichtet, entfallen diese Möglichkeiten.

Bevor die Schüler sich orientierungslos in extracurricularen Aktivitäten ergehen, können Lehrer mit ihren Schülern metaunterrichtlich verfahren, d. h. mit den Schülern über den nachfolgenden Unterricht sprechen, diesbezügliche Vereinbarungen treffen und ihnen so eine Orientierung bieten. Lässt sich voraussehen, dass die für das Lehren und Lernen erforderliche soziale Ordnung vermutlich gestört werden wird, ist Metakommunikation angebracht, indem Lehrer und Schüler über die Art der Kommunikation nachdenken und Regeln vereinbaren, so z. B. vor Kleingruppenarbeit: »Die Gruppen arbeiten möglichst weit voneinander entfernt, damit sie sich nicht gegenseitig stören.« Oder: »In den Gruppen sprechen wir leise. Wird es in einer Gruppe laut, müssen die anderen Gruppen noch lauter werden, um sich verstehen zu können.«

Hat der Lehrer das Gefühl, dass die Schüler unruhig werden, weil sie sich nicht mehr für das Thema interessieren, kann er zunächst versuchen, interessant erscheinende Aspekte hervorzuheben, indem er z. B. sagt: »Sicher möchtet ihr noch wissen, ob die Expeditionsteilnehmer überlebt haben.« Oder: »Wann wird wohl mit dem nächsten Vulkanausbruch zu rechnen sein?« Oder: »Warum wurde Caesar von Brutus erdolcht, dem er immer ein väterlicher Freund gewesen war?«

Natürlich ist es nicht immer möglich, Lernanreize dieser Art zu bieten. Auch soll es in unserer Zeit besonders mühsam sein, Schüler zu motivieren und in Erstaunen zu versetzen, weil sie in den Medien laufend mit allen erdenklichen Ungeheuerlichkeiten und Merkwürdigkeiten konfrontiert werden.

Aber in Verbindung mit einer nicht mehr interessierenden Thematik gibt es noch die Möglichkeit, die Schüler zu fragen, welchem Teilaspekt sie sich zuwenden möchten oder ob sie sich im Rahmen des Lernbereichs mit einem anderen Thema befassen wollen. Erhält der Lehrer negative Antworten, kann er selbst Aspekte nennen oder neue Themen vorschlagen, aus denen die Schüler auswählen können.

Zeigen die Schüler Ermüdungserscheinungen, kann es sinnvoll sein, die Zielsetzung zu ändern. Im Anschluss an die Bloomsche Taxonomie mit ihren sechs Ebenen – Kenntnisse, Verstehen, Anwendung, Analyse, Synthese und Bewertung – lassen sich einfachere und anspruchsvollere kognitive Leistungen unterscheiden. Der Kenntniserwerb ist eigentlich trivial, erfordert er doch nur ein Zuhören und das Merken der Fakten. Eine anspruchsvolle Bewertung hingegen erfordert auch analytisches und verknüpfendes Denken. Erschöpfte Schüler, die schon mehrere Kurzstunden hinter sich haben, sind kaum noch in der Lage, anspruchsvolle kognitive Leistungen zu erbringen. Hat sich ein Lehrer im Rahmen der Unterrichtsplanung das Ziel gesetzt, den Schülern am Ende der Stunde eine anspruchsvolle Frage zu stellen, die sich auf der analytischen Ebene bewegt, und merkt er aber, dass die Schüler schon erschöpft und einige lernunwillig sind, wird er die Zielsetzung ändern, auf die anspruchsvolle Frage verzichten, in dieser Stunde weiterhin auf den unteren Ebenen arbeiten oder ganz andere Maßnahmen ergreifen.

Ein Wechsel der Sozialform – also der Übergang von der Arbeit mit der ganzen Gruppe zur Einzel-, Partner- oder Kleingruppenarbeit – kann eine erneute Aufmerksamkeit bewirken, schon allein deshalb, weil ja die Schüler nun aktiv werden müssen. Sie werden aus der überwiegend passiv-rezeptiven Lernhaltung herausgeholt und überwiegend aktiv-produktiv gefordert.

Außer vom Antriebsniveau der Schüler, deren Motivation und Volition, ist die Qualität der Arbeit von der Qualität des Arbeitsauftrages abhängig. Beinhaltet der Auftrag schülergemäße Lernanreize, ist er verständlich formuliert, d. h. einfach, kurz und prägnant, gegliedert und geordnet, berücksichtigt er die Sprachebene der Schüler und bietet er außerdem noch eine Möglichkeit zur eigenständigen Ergebniskontrolle, wenden sich die Schüler dem Auftrag meist auch gerne zu.

Im Rahmen verschiedener Arbeitsaufträge lassen sich auch Differenzierungsmaßnahmen ergreifen, die sich nach Art und Umfang der Aufgabenstellung unterscheiden oder die Interessen der Schüler berücksichtigen. So besteht z. B. die Möglichkeit, undisziplinierte Schüler mit besonderen Aufgaben zu betrauen, nicht im Sinne einer Strafe, sondern als etwas ganz Selbstverständliches. Der Lehrer kann auf jene Schüler zugehen, die sich durch abweichendes Verhalten hervorgetan haben, und ihnen eine besondere Aufgabe geben mit dem Hinweis, dass es sich um eine schwierige und wichtige Teilaufgabe handle und er auf das Ergebnis gespannt sei. Werden Schüler mit besonderen Aufgaben betraut, geben sie sich auch meist Mühe, diese zu erfüllen.

Allein die Änderung der Sitzordnung kann zu einer erhöhten Aufmerksamkeit führen. Sitzen Schüler hintereinander aufgereiht wie Hühner auf der Stange, können sie nur eingeschränkt kommunizieren. Sie führen mit ihren Sitznachbarn Privatgespräche, doch die Kommunikation mit den anderen Klassenkameraden ist so weitgehend unterbunden. Lässt der Lehrer einen Stuhlkreis bilden, um dann ein Kreisgespräch zu initiieren, in dessen Verlauf sich die Schüler gegenseitig aufrufen, verändert sich die Situation schlagartig. Nun sind die Schüler fast immer wieder beim Thema – sofern es interessiert.

Aufkommende Unruhe kann durch den Einsatz eines attraktiven Mediums eingedämmt werden, das die Aufmerksamkeit der Schüler auf das Thema lenkt. Allerdings stellt sich in diesem Zusammenhang die Frage, welches Medium den Schülern heute noch attraktiv erscheint, wenn sie nachmittags in bunter Folge mit dem Handy telefonieren, ihren MP3-Player aktivieren, Fernsehfilme konsumieren, die sie eigentlich nicht sehen sollten, und im Internet surfen.

Als besonderes Medium kommt die Musik in Betracht: nicht etwa Volkslieder oder klassische Musik, mit denen man die meisten Jugendlichen in die Flucht jagen kann, sondern jene Musik, die dem Alter der Schüler entsprechend »in« ist. Jüngere Lehrer wissen das vielleicht selbst, ältere Lehrer können sich bei den eigenen Kindern erkundigen oder die Schüler auffordern, selbst eine CD mitzubringen. Bricht nun ein allgemeines Chaos aus, kann der Lärm durch die attraktive Musik übertönt werden.

In diesem Zusammenhang bieten sich auch Bewegungsübungen an, denn es bedarf wohl kaum einer besonderen Aufforderung an die Schüler, sich zu erheben und sich zu den beliebten Klängen zu bewegen. Die Art der Bewegungen sollte jedem Schüler freigestellt werden, sofern sie sich nicht gegenseitig schlagen und schubsen. Bewegungsübungen traditioneller Art sind allerdings auch nicht zu vernachlässigen: Fenster öffnen, aufstehen, auf die Zehenspitzen stellen, imaginäre Äpfel pflücken, entspannen. Oder: aufstehen, Hände im Nacken falten, nach links und rechts dehnen, entspannen. Dem Leser werden viele weitere Übungen einfallen.

Nach anstrengenden Lern- oder Übungsphasen ergehen sich Schüler häufig, sofern sie nicht völlig erschöpft sind, in allgemeiner Disziplinlosigkeit. Grundschullehrerinnen verfügen über ein breites Repertoire an Bewegungsspielen. Viele Lehrerinnen handeln nach dem Grundsatz: Keine Stunde ohne Bewegung! Nach einer anstrengende Lern- oder Übungsphase wird gemeinsam gespielt oder getanzt. Und dieser Phase der Entspannung folgt dann wieder eine Phase der Konzentration.

Schüler werden manchmal unruhig, wenn das Lehrtempo nicht ihrem Lernvermögen entspricht, wenn der Lehrer zu schnell vorgeht, über die Köpfe der meisten Schüler hinweg unterrichtet oder er ihnen sogar sagt, er würde nur für das erste Drittel der Gruppe unterrichten – was aus schulpädagogischer Sicht eine Frechheit ist. Denkbar ist auch das Gegenteil, wenn es aus der Sicht der Schüler endlos lange dauert, bis etwas geschieht, der Lehrer das Lehrtempo verschleppt, er sich in überflüssigen Wiederholungen oder Umschreibungen ergeht und er durch seine lahme Art Disziplinlosigkeiten provoziert. So kann allein schon ein langsameres oder schnelleres Lehrtempo die Aufmerksamkeit der Schüler erhöhen bzw. mindern.

In vielen Grundschulklassen sind Stilleübungen üblich geworden, die die Schüler zu sich selbst führen sollen. Übungen dieser Art lassen sich in allen Kulturkreisen und in allen Religionen beobachten, und sie haben meditativen Charakter. Erfahrungsgemäß machen die Schüler gerne mit, wenn die Lehrerin zur »Stilleübung« auffordert. Die Schüler holen ihre Filzplatten hervor, setzen sich im Schneidersitz hin, die Lehrerin spielt meditative Musik ein und gibt wenige Übungsanleitungen. Manchmal schickt sie ihre Schüler auch auf eine Fantasiereise. Und die Schüler finden das toll und sind anschließend erfrischt.

Wird in der Schule die Kontinuität des Lehrens und Lernens weitgehend gewahrt, wie dies an gut geführten Grundschulen die Regel und an wenigen Reformgymnasien üblich ist, entscheiden Lehrer und Schüler gemeinsam, wann sie eine Pause benötigen. Es läutet keine Pausenglocke mehr, und auch die Klingel ist abgestellt. Das Kollegium trifft sich einmal am Vormittag in der großen Pause, die den Namen verdient. Und die Schüler gehen in eine ausgiebige Sport- und Spielpause, die ihren psychomotorischen Bedürfnissen entgegenkommt.

In sinnvollen Zeiteinheiten – es müssen nicht immer Blockstunden von 90 Minuten sein – arbeiten Lehrer und Schüler an einem Thema, an Frage- oder Problemstellungen, suchen nach Antworten und Lösungen. Und die Lehrerin beobachtet die Schüler beim Lernen. Wenn Ergebnisse erzielt worden sind, macht man selbstverständlich eine Pause, bevor man sich einem neuen Thema oder einer neuen Frage- oder Problemstellung zuwendet. Macht den Schülern das Lernen richtig Spaß, bitten sie ihre Lehrerin, weiterarbeiten zu dürfen. Das kommt tatsächlich an Grundschulen manchmal vor, an weiterführenden Schulen ist dies recht ungewöhnlich. In einer Pause können sich die Schüler beliebig entspannen und verschiedenen selbst gewählten Aktivitäten nachgehen.

Ausnahmsweise kann es sinnvoll sein, den Unterricht vorzeitig zu beenden und die Schüler nach Hause zu schicken, so z. B. in einer sechsten Stunde oder gegen Ende des Nachmittagsunterrichts. Sind Schüler und Lehrer völlig erschöpft, sind Motivation und Konzentration auf einem Tiefpunkt angelangt, kann man sich zwar noch in Stille üben, sich ein bisschen bewegen, spielen oder den Schülern sagen: »Macht, was ihr wollt, aber stört mich nicht!« Aber weitaus sinnvoller wäre es wohl, die Schüler ausnahmsweise vorzeitig zu entlassen und ihnen zu sagen: »Wir sind alle müde. Verlasst auf Zehenspitzen das Gebäude. Morgen früh sehen wir uns ausgeschlafen wieder.« Natürlich muss eine solche Maßnahme eine absolute Ausnahme bleiben. Und aus versicherungsrechtlichen Gründen ist selbstverständlich der Schulleiter zu informieren.

Somit wären wohl die wichtigsten schulpädagogischen Interventionsmöglichkeiten genannt, die sich auf das Lehren und Lernen konzentrieren und auf eine eher indirekte Einflussnahme abzielen. Diese Handlungen berücksichtigen zentrale schulpädagogische Einsichten. So kommt es darauf an, die Kontinuität des Lehrens und Lernens zu wahren, auf Phasen der Anspannung Phasen der Entspannung folgen zu lassen und den Bedürfnissen der Schüler nach Kommunikation und Bewegung weitgehend zu entsprechen.

Schulpädagogische Interventionsmöglichkeiten

- Über den Lärmpegel hinweg weiter unterrichten
- Unterrichtskonzeptionen wechseln
- Metaunterrichtlich verfahren
- Metakommunikativ verfahren
- Neues Thema ansprechen
- Zielsetzung ändern
- Sozialform wechseln
- Differenzierungsmaßnahmen ergreifen
- Sitzordnung ändern lassen
- Attraktives Medium einsetzen
- Musik einspielen
- Bewegungsübungen durchführen
- Bewegungsspiele initiieren
- Lehrtempo variieren
- Stilleübungen initiieren
- Pause einlegen
- Unterricht vorzeitig beenden

Die eher direkten Interventionsmöglichkeiten lassen sich, wie schon erwähnt, in nonverbale, verbale, optische und akustische Handlungen gliedern. Diese Systematisierung ist etwas theoretisch, weil es schließlich ständig zu Überschneidungen kommt. Doch erscheint die Gliederung geeignet, das breite Repertoire aufzuzeigen.

Nonverbale Interventionsmöglichkeiten kommen zum Tragen, wenn die schulpädagogischen Maßnahmen ausgeschöpft sind und der Geräuschpegel weiter anschwillt. Dann sind zunächst einmal die nonverbalen Ausdrucksformen – wie Mimik, Gestik, Kopf- und Körperbewegungen, interpersonale Distanz und räumliche Orientierung – situationsgemäß einzusetzen.

Außerdem können Lehrer abrupt schweigen, um so den Schülern zu zeigen, dass sie nicht gewillt sind, weiter über den Lärmpegel hinweg zu unterrichten. Beeindrucken kann auch ein erwartungswidriges Verhalten des Lehrers, indem dieser nicht wie sonst üblich um Ruhe bittet oder droht, sondern die Schüler anlacht. In einem solchen Fall sind die Schüler irritiert, überlegen sich, was es zu lachen gibt, und möchten gerne mitlachen.

Viele Lehrer intervenieren gestenreich, indem sie den Arm heben, ein Achtungssignal geben, abwehrende Armbewegungen ausführen oder den Zeigefinger vor den Mund legen. Diese Geste beeindruckt noch Grundschüler, aber auf ältere Schüler wirkt sie lächerlich. Dann gibt es die Möglichkeit, zur Salzsäule zu erstarren und schweigend aus dem Fenster zu schauen, in der Hoffnung, dass sich die Schüler beruhigen werden. Manchmal genügt es auch, sich störenden Schülern zuzuwenden, sie scharf anzusehen und den Kopf zu schütteln, damit wieder Ruhe einkehrt.

Weiterhin kann sich der Lehrer im Raum neu orientieren, auf die Schülergruppe zugehen oder bewusst Abstand nehmen, die interpersonale Nähe suchen oder sich bewusst distanzieren, um den Überblick zu wahren. Lehrer können störende Schüler oder Schülergruppen an ihren Plätzen aufsuchen und leise mit ihnen sprechen. Auf diese Weise werden die anderen Schüler indirekt darauf hingewiesen, dass alle Beteiligten gedämpft miteinander reden müssen, möchten sie einander verstehen.

Tut sich ein Schüler durch besonders fragwürdige Verhaltensweisen hervor, kann der Lehrer wortlos die Sachen des Schülers ergreifen, diese auf einen anderen Tisch legen und dem Schüler einen neuen Platz zuweisen. Praktizieren allerdings zahlreiche Schüler ein fragwürdiges Verhalten, versagt diese Empfehlung. Schließlich kann man nicht alle Schüler umsetzen. Auch ist zu bedenken, ob sich ein Problemschüler nicht auf diese Weise Zuwendung verschaffen möchte und es deshalb angemessener wäre, ihn zu ignorieren.

Ist ein Lehrer sozial kompetent und ist die Lehrer-Schüler-Beziehung intakt, gehen Lehrer und Schüler verständnisvoll miteinander um, kennt der Lehrer alle Schüler namentlich und kann er auch deren Lernvermögen einschätzen, besteht eine wechselseitige Verantwortung für den Lehr-Lernerfolg, dann reagieren erzogene Schüler auf diese eher indirekte Art der nonverbalen Intervention meist positiv.

Ist die Lehrer-Schüler-Beziehung gestört und muss die Mehrzahl der Schüler als unerzogen bezeichnet werden, kümmern sie sich wenig oder gar nicht um die nonverbalen Bemühungen des Lehrers. In manchen Klassen kann der Lehrer lange schweigen und aus dem Fenster schauen, ohne dass etwas geschieht.

Nonverbale Interventionsmöglichkeiten

- Abrupt schweigen
- Zur Salzsäule erstarren
- Aus dem Fenster schauen
- Abwarten
- Finstere Miene aufsetzen
- Stirn runzeln
- Schüler anlachen und schweigen
- Bestimmte Schüler scharf ansehen
- Arm heben
- Abwehrende Armbewegungen vollführen
- Zeigefinger auf den Mund legen
- Auf die Gruppe zugehen
- Sich von der Gruppe abwenden
- Bestimmte Schüler an ihren Plätzen aufsuchen
- Einzelnen Schülern wortlos einen neuen Platz zuweisen

Die verbale Intervention ist erforderlich, wenn die nonverbalen Möglichkeiten unwirksam bleiben. Natürlich wird jede verbale Intervention von nonverbalen Ausdrucksformen begleitet. Wenn z. B. ein Lehrer den Schülern droht, zeigt er fast immer eine grimmige Miene. Zunächst kann der Lehrer die Stimmlage oder Sprechgeschwindigkeit verändern, leiser oder lauter, langsamer oder schneller sprechen.

Dann kann er um Ruhe bitten oder einen Schüler um Ruhe bitten lassen. Wenn ein Schüler stellvertretend für den Lehrer in den Lärmpegel hinein ruft »Herr Böckelmann bittet um Ruhe!« oder »Ich bitte um Ruhe!«, dann wird diese Bitte zu einem gemeinsamen Anliegen des Lehrers und der Schüler.

Natürlich wird der Lehrer auch hin und wieder einzelne Schüler oder die gesamte Gruppe ermahnen. Und schließlich kann er »Ich-Botschaften« senden, sofern der Lärmpegel nicht zu hoch ist und er sich noch Gehör verschaffen kann. Das hört sich dann so an: »Wenn ihr weiterhin so laut seid, kommen wir nicht voran, und ich muss euch mehr Hausaufgaben geben.« Diese Botschaft lässt sich natürlich auch in ihr Gegenteil verkehren: »Wenn ihr euch noch eine Viertelstunde konzentriert und die Aufgabe löst, haben wir es geschafft.

Ich brauche euch keine Hausaufgaben zu geben und bin mit euch zufrieden.«

Interveniert ein Lehrer häufig verbal, verlieren die Bitten oder Ermahnungen nach dem Motto »Zum einen Ohr rein und zum anderen raus« bald ihre Wirkung. Deshalb empfiehlt es sich, nach einer Bitte oder Ermahnung eine Wirkpause einzulegen, um ihr Nachdruck zu verleihen. Wenige ernst gemeinte Interventionen sind also wirksamer als zahlreiche, die eher nebenbei vorgetragen werden und denen es an Ernsthaftigkeit fehlt.

Verbale Interventionsmöglichkeiten

- Stimmlage verändern
- Leiser sprechen
- Lauter sprechen
- Langsamer sprechen
- Schneller sprechen
- Um Ruhe bitten
- Um Ruhe bitten lassen
- Ermahnen
- »Ich-Botschaft« senden

Zur Wiederherstellung der erforderlichen sozialen Ordnung eignen sich auch optische Signale. Letztere haben den großen Vorteil, dass der Lehrer seine Stimme schont. Schließlich ist etwa ein Drittel aller Lehrer stimmkrank. Wer in Fächern lehrt, die weitgehend auf die Sprache des Lehrers angewiesen sind, und wer außerdem die Schüler häufig ermahnt, ihnen manchmal auch droht oder sie anschreit, der muss sehr bald den HNO-Arzt oder den Logopäden aufsuchen.

Wie an anderer Stelle beschrieben, empfiehlt es sich, gemeinsam mit den Schülern ein Verhaltensposter zu erstellen, das bedeutsame Regeln des Sozialverhaltens beinhaltet. Wenn nun viele Schüler durcheinanderreden und auf dem Poster die Regel steht »Wir reden nacheinander!«, kann der Lehrer seine Stimme schonen, indem er sich neben das Poster stellt, auf die Regel deutet und abwartet.

Hilfreich sind auch mit den Schülern vereinbarte Verkehrsschilder, wie z. B. ein STOP-Schild, das zur Ruhe mahnt. Natürlich können es auch wenige bedeutsame Overhead-Folien sein, die bei Bedarf in der konkreten Situation aufgelegt werden. Haben die Schüler die Schilder oder Folien selbst hergestellt, entfalten sie vermutlich eine größere Wirkung, als wenn sie vom Lehrer vorgegeben werden.

Interessant wird es, wenn der Lehrer eine gelbe oder rote Karte zeigt, auf die bestimmte Sanktionen folgen. Beeindrucken können auch markante Sätze oder Aufforderungen, die locker an die Tafel geschrieben werden, wie z. B. »Patrick, Torsten und Uwe, nach der Stunde bitte zu mir!« oder »Ihr seid Schreihälse und nervt!«

Im Werk- oder Technikunterricht, wo es ja häufig laut zugeht, wenn z. B. Kupferschalen gehämmert werden, können vereinbarte Lichtsignale hilfreich sein. Licht ein und aus bedeutet: »Etwas leiser bitte«, zweimal ein und aus: »Absolute Ruhe, jetzt hat der Lehrer etwas Wichtiges zu sagen.«

Optische Interventionsmöglichkeiten

- Sich neben das Verhaltensposter stellen
- Auf eine bestimmte Regel deuten
- »Verkehrsschild« hochheben
- »Verkehrsschild« hochheben lassen
- Folie auflegen
- Folie auflegen lassen
- Gelbe oder rote Karte zeigen
- Aufforderungen an die Tafel schreiben
- Namen störender Schüler anschreiben
- »Ich-Botschaften« anschreiben
- Vereinbarte Lichtsignale senden

Auch akustische Signale können dazu beitragen, die Stimme zu schonen und die Aufmerksamkeit zurückzugewinnen. So kann der Lehrer einmal oder mehrmals in die Hände klatschten. Er kann bei Grundschülern mit einem Glöckchen klingeln, was so viel bedeutet wie: »Etwas leiser, bitte!« Oder er kann mit einer Glocke läuten als Signal für: »Absolute Ruhe!« Erfolgt das Klingelzeichen oder der Glockenton wiederum durch einen Schüler, wird das gemeinsame Anliegen zur Herstellung der sozialen Ordnung deutlich.

Was in Parlamenten und bei Gericht üblich ist, kann im Unterricht nicht verwerflich sein. Im Sportunterricht wird sich der Lehrer einer Trillerpfeife oder eines Tamburins bedienen. Nur sollte er aufpassen, dass ihm die attraktiven Klangwerkzeuge nicht abhandenkommen.

Wie die verbalen Interventionen sind auch die optischen und akustischen Signale sparsam einzusetzen, weil sie sonst an Wirkung verlieren. Wenn ein Glöckchen laufend klingelt, werden sich die Schüler bald nicht mehr um das Klingelzeichen kümmern.

Akustische Interventionsmöglichkeiten

- Mehrmals in die Hände klatschen
- Mit einem Glöckchen klingeln
- Einen Schüler klingeln lassen
- Mit einer Glocke läuten
- Einen Schüler läuten lassen
- Auf einen Gong schlagen
- Die Trillerpfeife benutzen
- Das Tamburin einsetzen

Einen Beitrag zur Wiederherstellung der sozialen Ordnung können pädagogische Maßnahmen leisten. Sie stehen meist in einem direkten Zusammenhang zum Störverhalten oder zur missachteten Regel. Sie lassen sich überzeugend begründen und zielen bei den Schülern auf eine Einstellungs- und Verhaltensänderung. Pädagogische Maßnahmen werden von den Schülern auch meist akzeptiert.

Wenn bestimmte Regeln verletzt worden sind, kann man sie von jüngeren Schülern abschreiben lassen. Ältere Schüler können aufgefordert werden, verletzte Regeln schriftlich zu begründen. Auch kann es sinnvoll sein, ihnen eine Übungsarbeit zu erteilen, die in einem direkten Zusammenhang zum Thema der Stunde steht. Die betroffenen Schüler können entscheiden, ob diese Ausarbeitung in der nächsten Stunde vorgelesen und – falls es gewünscht wird – benotet wird. Auch ist es denkbar, von älteren Schülern ein Stundenprotokoll anfertigen zu lassen.

Außerdem gibt es Maßnahmen, die zwar nicht direkt mit dem Lerninhalt in Beziehung stehen, die aber von den Schülern als Sanktion akzeptiert werden, wie die Übertragung bestimmter Aufgaben oder Dienste, z. B. ein Arbeitsdienst beim Hausmeister.

Wenn einzelne Schüler massiv stören, kann man ihnen eine Auszeit geben, wie dies bei vielen Hallensportarten üblich ist. Auszeiten unterscheiden sich grundlegend vom »Rauswerfen« eines Schülers. Wenn man einem Problemschüler sagt: »Du bekommst jetzt eine Auszeit. Verlasse bitte das Zimmer. Wenn du dich beruhigt hast, kannst du wieder reinkommen und mitmachen!« – dann wird eine solche Aufforderung auch meist akzeptiert. Verweigert sich der Schüler, indem er keine Auszeit nehmen möchte, kann der Lehrer sagen: »Dann gehe ich davon aus, dass du gleich wieder mitarbeiten möchtest.«

Pädagogische Maßnahmen

- Jüngere Schüler eine Regel abschreiben lassen
- Ältere Schüler eine Regel schriftlich begründen lassen
- Übungsarbeit erteilen
- Stundenprotokoll anfertigen lassen
- Bestimmte Aufgabe übertragen
- Dienst übernehmen lassen
- Auszeit geben

Pädagogische Maßnahmen kommen nicht nur in Verbindung mit Disziplinkonflikten zur Anwendung. Wenn ein Schüler einen Mitschüler beleidigt oder geschlagen hat, hat er sich für sein Verhalten zu entschuldigen. Wenn jemand eine Sache mutwillig beschädigt, hat er sie zu ersetzen. Macht ein Schüler keine Hausaufgaben, muss er sie in der Schule erledigen. Pädagogische Maßnahmen werden ergriffen, um einen gerechtfertigten Anspruch durchzusetzen.

Disziplinierungstechniken sind fragwürdig, weil sie in keinem direkten Zusammenhang zum undisziplinierten Verhalten stehen. Deshalb lassen sie sich den Schülern gegenüber auch nicht begründen. Sie beabsichtigen keine Einstellungs- und Verhaltensänderung, sondern sie werden eingesetzt, um undiszipliniertes Verhalten möglichst zeitsparend zu eliminieren.

Die Schüler empfinden die Disziplinierungstechniken meist als lächerlich, sinnlos oder entwürdigend. Grundschüler lassen sich noch durch den Einsatz von Disziplinierungstechniken beeindrucken. Ältere Schüler machen sich häufig über die Techniken lustig, indem sie voller Stolz die Anzahl der Klassenbucheinträge nennen oder die Anzahl der Buchseiten, die abzuschreiben sind.

Zu den Disziplinierungstechniken zählen Strafarbeiten aller Art, wie z. B. hundertmal zu schreiben »Ich soll dem Lehrer nicht die Zunge rausstrecken«, oder die Aufgabe, zehn Seiten aus einem bestimmten Buch abzuschreiben.

Üblich sind Klassenbucheinträge, die entweder vom Lehrer frei formuliert das undisziplinierte Verhalten beschreiben oder als eine Art Abmahnung Bezug auf die Schulordnung nehmen. Pfiffige Schüler rächen sich manchmal, indem sie in das Klassenbuch schreiben: »Herr Böckelmann kam heute wieder einmal zehn Minuten zu spät!«

Zu den Disziplinierungstechniken zählt auch das Nachsitzenlassen, wenn die Schüler nur Zeit »abbrummen« müssen, ohne dass sie eine Lernaufgabe gestellt bekommen. Auch das Rauswerfen eines Störenfriedes gehört dazu, was ja eigentlich verboten ist, aber hin und wieder doch praktiziert wird. Einige Lehrer können sich nicht beherrschen, drohen, schreien die Schüler an, beschimpfen oder beleidigen sie.

Bis heute sollen jüngere Schüler mit dem Gesicht zur Wand in die Ecke gestellt werden. Unbeherrschte Lehrer werfen mit allerlei Gegenständen um sich. Besonders beliebt sind das Schlüsselbund oder die Kreide. Und besonders fragwürdig ist das Erteilen schlechter mündlicher Noten, weil undiszipliniertes Verhalten nun wirklich nichts mit der Lernleistung in einem bestimmten Bereich zu tun hat. Sicher vermögen die Leser noch weitere Techniken zu nennen, die sie in der eigenen Schulzeit kennengelernt haben.

Natürlich steht an dieser Stelle die Aufforderung, bei auftretenden Disziplinschwierigkeiten auf den Einsatz von Disziplinierungstechniken weitgehend zu verzichten und statt ihrer die schulpädagogischen Maßnahmen auszuschöpfen, nonverbal und verbal zu intervenieren, optische und akustische Signale zu senden oder erzieherische Maßnahmen zu ergreifen.

Disziplinierungstechniken

- Strafarbeiten erteilen
- Klassenbucheinträge vornehmen
- Nachsitzen lassen
- Schüler aus dem Klassenzimmer werfen
- Mehr Hausaufgaben geben
- Mit weiteren Sanktionen drohen
- Schüler anschreien
- Schüler beschimpfen
- Schüler beleidigen
- Schüler in die Ecke stellen
- Mit Gegenständen werfen
- Noten drücken

Aber dieser Aufforderung kann aus mehreren Gründen nicht ohne Weiteres entsprochen werden. Zunächst einmal ist ein Lehrer schließlich auch ein emotional bestimmtes Wesen, das sich nicht immer beherrschen kann, ein Mensch, der nicht immer »Herr im eigenen Haus« ist und der auch einmal spontan reagiert. Mit dieser Feststellung soll allerdings nicht ein willkürliches, unbeherrschtes oder cholerisches Verhalten entschuldigt werden.

Zweitens stehen Lehrer häufig vor Gewissenskonflikten: Soll ich den Unterricht abbrechen und in den verbleibenden Minuten metakommunikativ verfahren – oder soll ich nicht doch besser das Störverhalten mittels einer Disziplinierungstechnik eliminieren, um den Unterricht sinnvoll abschließen zu können?

Drittens sind die Schüler die hier aufgezählten Techniken gewöhnt. So kann es passieren, dass sich einige Schüler vertraulich an den Lehrer wenden und ihn mit den Worten kritisieren: »Herr Böckelmann, Sie sind viel zu gut. Sie müssen wie die anderen Lehrer viel mehr Strafarbeiten geben.« Und damit haben die Schüler schon einen weiteren Grund genannt. Wenn einige Kollegen in den anliegenden Klassenzimmern laufend und unbedenklich mit den üblichen Disziplinierungstechniken arbeiten, ist es für engagierte junge Lehrer, die sich im Stadium der idealistischen Begeisterung befinden, kaum möglich, ganz auf deren Einsatz zu verzichten.

Zeitlich versetzt können über undisziplinierte Schüler oder Schülergruppen Schulstrafen verhängt werden. Sie sind in ähnlicher Weise fragwürdig wie die Disziplinierungstechniken, weil auch sie selten mit dem undisziplinierten Verhalten in Beziehung stehen. Sie unterscheiden sich von Bundesland zu Bundesland und setzen oft einen Konferenzbeschluss voraus. Man kann z. B. einen disziplinlosen Schüler, der die Schule schwänzt, für mehrere Tage vom Unterricht ausschließen, eine Woche lang nach Hause schicken oder von der Schule verweisen.

In vielen Bundesländern werden wieder Kopfnoten erteilt, auch in der Hoffnung, dass sich einige Schüler auf diese Weise disziplinieren lassen. Kopfnoten haben allerdings den Nachteil, dass sie nicht unmittelbar im Anschluss an das fragwürdige Verhalten erteilt werden, sondern erst nach mehreren Wochen oder Monaten. Wenn nun das Betragen eines Schülers als »befriedigend« beurteilt wird, ist der Schüler ziemlich hilflos, indem er sich überlegt, bei welchen Lehrern in welchen Situationen sein Verhalten nicht »gut«, sondern nur »befriedigend« war. Wirksamer ist in allen Fällen ein unmittelbares und differenziertes Feedback, so z. B. ein kurzes Einzelgespräch im Anschluss an eine Stunde. Übrigens bieten Kopfnoten den Lehrern besondere Gelegenheiten, sich an undisziplinierten Schülern zu rächen.

Zwar sind Kollektivstrafen offiziell nicht erlaubt. Aber hin und wieder kommt es doch einmal vor, dass sich Lehrer weigern, mit einer schwierigen Klasse in ein Schullandheim zu gehen oder als Begleitperson zu fungieren. Dann einigt man sich im Kollegium, dass die Skifreizeit, der Theaterbesuch oder die Abschlussfahrt ausfallen müssen, weil sich zu viele Schüler der Klasse undiszipliniert verhalten. Im Ausnahmefall können Restriktionen dieser Art gerechtfertigt sein. Aber sinnvoller wäre es, völlig umzudenken, auf die Schüler zuzugehen, mit ihnen zahlreiche Unternehmungen zu starten und den gruppendynamischen Prozess so lange voranzubringen, bis sich die Lerngruppe im Stadium der konstruktiven Kooperation bewegt.

Körperstrafen sind natürlich heute nicht mehr erlaubt. Statt ihrer wird, so berichten Studierende im Jahr 2009, oft mal mit einem Schlüsselbund geworfen, was ja auch zu Körperverletzungen führen kann. Nach dem Zweiten Weltkrieg waren Kopfnüsse, Ohrfeigen und

Tatzen – das sind Stockschläge auf die ausgestreckte Hand – noch an fast allen Schulen üblich. Anfang der 60er Jahre war es den Lehrern in Baden-Württemberg noch vergönnt, alle ihre Schüler zu schlagen. Ab der Mitte dieses Jahrzehnts durften nur noch die Buben verprügelt werden. Ende der 60er Jahre wurde die Prügelstrafe in Baden-Württemberg abgeschafft. Das Bundesland Bayern zog erst Anfang der 70er Jahre nach, was vermutlich auf die ausgeprägte Tradition und den besonderen kulturellen Hintergrund zurückzuführen ist.

Wie sehr sich auch auf diesem Gebiet die Zeiten geändert haben, geht aus dem Bericht des schwäbischen Schulmeisters Johann Jacob Häberle hervor, der im Laufe seiner Amtszeit 911 527 Stockhiebe, 124 010 Rutenhiebe und 20 993 »Pfötchen« und Klopfe mit dem Lineal ausgeteilt hatte. Dazu kamen unter anderem 7 905 Ohrfeigen und 1 158 800 »Kopfnüsse« (Borgius 1981).

Einige Kuriositäten sollen nicht unerwähnt bleiben. An vielen Gymnasien soll es heute noch üblich sein, einen undisziplinierten Schüler vor die Tür zu schicken mit dem Auftrag, die Türe hinter sich zu schließen, die Türklinke aber festzuhalten, herunterzudrücken und in dieser Lage so lange zu verharren, bis er wieder hereingerufen werde. Auf diese Weise soll sichergestellt werden, dass sich der Schüler nicht unerlaubt entfernt. Pfiffige Straftäter bitten dann allerdings einen anderen Schüler, der zufällig vorbeikommt, mal eben die Klinke festzuhalten, um die Toilette aufsuchen zu können. Und der Lehrer ist dann erstaunt, wenn ein anderer Schüler vor der Tür steht.

In einigen Klassen ist es üblich, dass störende Schüler einen Kuchen backen müssen, der dann von allen Mitschülern verzehrt wird. Der Lehrer erhält natürlich auch ein Stück, wenn er brav ist.

Kempowskis Lehrer Böckelmann hatte sich eine besonders schwere Strafe ausgedacht: Ein Störenfried musste sich auf die Heizung legen und durfte nicht blinzeln.

Wenn in einer Klasse stets chaotische Zustände herrschen, bitten manche Lehrer den Schulleiter um Rat und Hilfe, damit dieser seine Amtsautorität walten lässt und dem Chaos Einhalt gebietet. Aber was soll der Rektor, der die Schüler oft kaum kennt, mit einem Delinquenten anfangen, der plötzlich im Rektorat auftaucht und die

Augen niederschlägt? Wie soll er eine Gruppe beeinflussen, deren gruppendynamische Stadien ihm gänzlich unbekannt sind?

Hilfsanforderungen und Hilfseinsätze dieser Art haben selten den gewünschten Erfolg und meist keine Langzeitwirkung. Durch sie wird oft das Gegenteil erreicht, weil sich der betreffende Lehrer in den Augen der Schüler als schwach und nicht durchsetzungsfähig erweist. Der Lehrer verliert an Autorität, und die Schüler denken sich: »Dieser Schlappschwanz hätte besser nicht Lehrer werden sollen!« Schüler wünschen sich Persönlichkeiten, die klare Verhaltensregeln vereinbaren oder aufstellen und auf die konsequente Einhaltung dieser Regeln achten.

Klassenkonferenzen, Gesamtlehrerkonferenzen oder Elternabende haben einen unterschiedlichen Stellenwert. Wenn sich alle Lehrer, die in einer schwierigen Klasse unterrichten, zusammensetzen und beraten, wie sie sich in dieser Lerngruppe bewegen und verhalten wollen und welche Sanktionen angebracht erscheinen, kann dies sehr nützlich sein. Die Schüler haben dann das Gefühl, dass sich die Lehrer um sie kümmern und sich solidarisch verhalten.

Gesamtlehrerkonferenzen gehen oft wie das Hornberger Schießen aus, schon allein deshalb, weil nur wenige Lehrer direkt betroffen sind und die anderen zwar gut gemeinte Ratschläge erteilen, sich aber ansonsten langweilen oder ihre Schadenfreude nur mühsam verbergen können.

Elternabende enden meist mit gegenseitigen Schuldzuweisungen. Der Lehrer berichtet über Erziehungsdefizite, die er bei vielen Schülern wahrnimmt, und über die disziplinlose Klasse. Die beleidigten Eltern sagen dem Lehrer, was aus ihrer Perspektive in seinem Unterricht so alles falsch läuft. Ist eine Mutter selbst Lehrerin in Elternzeit, kann sich der arme Lehrer vor den vielen Verbesserungsvorschlägen kaum noch retten. Vorsicht ist auch bei Juristen geboten, die den Umgang zwischen Lehrern und Schülern endlich auf eine rechtliche Grundlage stellen wollen.

Liegen die Ursachen für ein undiszipliniertes Verhalten der Schüler überwiegend in der Person des Lehrers, wird die Situation kompliziert, weil der Lehrer zu einem Problemlehrer wird. Es gibt also nicht nur den Problemschüler, sondern auch den Problemlehrer. So ist es

Maßnahmen bei extremen Disziplinschwierigkeiten

- Schüler zum Schulleiter schicken
- Mit Schülern Einzelgespräche führen
- Mit Schülern einer Problemgruppe Gespräche führen
- Klassenlehrer um Rat und Hilfe bitten
- Erfahrene Kollegen um Rat fragen
- Schulleiter um Rat und Hilfe bitten
- Schulpsychologen um Rat bitten
- Klassenkonferenz einberufen
- Mit den Eltern konferieren
- Bestimmte Eltern direkt ansprechen
- Mit Sozialpädagogen kooperieren

denkbar, dass sich ein Lehrer weniger für den Beruf eignet, es ihm an der erforderlichen Ich-Stärke fehlt, er nicht wagt, an die Schüler gerechtfertigte Anforderungen zu stellen, und er sich nicht durchsetzen kann.

Oft haben Lehrer auch – wie übrigens Angehörige aller Berufsgruppen – mit massiven existenziellen Problemen zu kämpfen, die sie voll in Anspruch nehmen. Dann sind sie nicht in der Lage, den Schülern zuzuhören und sich auf die Schüler und deren Lernbedürfnisse zu konzentrieren.

Wenn chaotische Verhältnisse im Unterricht als Normalzustand bezeichnet werden müssen, können ganz unterschiedliche Maßnahmen hilfreich sein. Zunächst ist an eine Weiterbildung im Sinne eines Zusatzstudiums zu denken. Dann kann ein Sabbatjahr – wie in vielen angelsächsischen und skandinavischen Ländern üblich – für Entlastung sorgen. Auch eine Deputatsreduzierung vermag den Schulstress mindern. Oder man überträgt dem Problemlehrer den Unterricht in einer Klasse, die im Kollegium als »leicht zu haben« bekannt ist.

Die Versetzung an eine andere Schule, die einen Neuanfang ermöglicht, ist selten erfolgreich, weil man nicht den Ursachen nachgeht. Es steht zu vermuten, dass der betroffene Lehrer an der neuen Schule mit ähnlichen Schwierigkeiten zu kämpfen haben wird. Schulleiter unterliegen manchmal der Versuchung, einen solchen

Problemlehrer, der unter Kollegen als »Wanderpokal« bekannt ist, so bald wie möglich wieder loszuwerden.

Der Aufenthalt in einer psychosomatischen Klinik kann zwar einige Ursachen klären, nicht aber eine Persönlichkeit grundlegend ändern. Eine Umschulung und der Wechsel in einen Beruf, bei dem der Umgang mit Menschen nicht im Vordergrund steht, kann für den Betroffenen hilfreich sein. Schließlich ist noch eine vorzeitige Pensionierung in Erwägung zu ziehen.

Bei der Vielzahl der verursachenden Faktoren, die zu einem permanenten Chaos führen, sind Kollegen, Supervisoren, Mediatoren oder Schulräte als Burn-out-Berater meist überfordert. Eine kompetente Beratung setzt mehrjährige Schulerfahrung voraus und die Bereitschaft, bei dem Problemlehrer zeitintensiv zu hospitieren. Persönlichkeitsdefizite, die sich lebenslang aufgebaut haben, lassen sich nicht durch eine kurze Beratung ausgleichen. Und schwere existenzielle Krisen lassen sich nicht durch gut gemeinte Ratschläge beheben.

Konfliktursachen und Konfliktprophylaxe

Wenn Disziplinkonflikte auftreten, sind stets mehrere Ursachen im Spiel. Dieses Zusammenwirken zahlreicher Faktoren erschwert natürlich auch die Intervention. Wenn man immer genau wüsste, welches die verursachenden Faktoren sind, könnte man angemessen intervenieren und die Ursachen weitgehend beseitigen. Dies ist aber leider nicht der Fall. Und so bleibt nur das Bemühen, aus schulpädagogischer Sicht jene Faktoren zu benennen, die verursachend wirken könnten.

Allerdings treten diese Faktoren gehäuft an den weiterführenden Schulen auf. Es ist zu vermuten, dass die Leistungsdiskrepanz bei internationalen Vergleichsstudien zwischen den meist recht guten Ergebnissen der Grundschüler und den stark abfallenden Ergebnissen 15-jähriger Schüler mit auf die vorhandene bzw. nicht vorhandene soziale Ordnung zurückzuführen ist.

Die im Folgenden genannten Ursachen für Disziplinkonflikte nehmen zunächst das System Schule als Ganzes in den Blick. Das bedeutet nicht, dass Lehrer sich zurücklehnen und auf die widrigen Umstände schimpfen können: »Wenn die Schüler nicht erzogen in die Schule kommen, der 45-Minuten-Takt und Fachlehrer-Denken angemessenes Lernen verhindern – dann kann ich ja eh nichts machen.« Doch, Lehren und Lernen ist auch unter solchen Umständen möglich, es ist aber bedeutend schwieriger. Das sei besonders in Richtung der engagierten Lehrer gesagt, die Disziplinkonflikte immer nur auf sich beziehen und die Rahmenbedingungen außer Acht lassen.

Einführend seien Versäumnisse der Bildungspolitiker zu nennen, die sich einer Reform des Schulsystems verweigern. In jedem Bundesland nehmen Politiker vor Wahlen zu diesem Thema Stellung. Sie entwickeln dabei zumeist abenteuerliche Vorstellungen, möchten diese wichtige Entscheidung den Eltern oder den Schulträgern überlassen, argumentieren auf dem Hintergrund ihrer eigenen Schulerfahrungen oder sind bemüht, in naiver Weise, ohne jegliche Sachkompetenz, den Willen bestimmter Wählergruppen zu berücksichtigen.

Die Bildungspolitiker sind zunächst gefordert, die Lehrerbildung und -ausbildung grundlegend zu reformieren. In Finnland etwa wird jeder Student im ersten Semester einem Klassenlehrer zugeteilt, der die Aufgaben eines Mentors wahrnimmt. Die Studenten können jederzeit Lehrversuche durchführen, sich ausprobieren und beraten lassen. In Deutschland studieren angehende Lehrer viele Semester vor sich hin, ohne dass sie einen Schüler zu sehen bekommen. In Finnland werden die Studenten zu Klassenlehrern ausgebildet, während in Deutschland das Studium im Hinblick auf bestimmte Fächer dominiert.

Es ist davon auszugehen, dass jene Lehrer, die sich für den Beruf eignen, die praxisnah ausgebildet worden sind und die Funktionen eines Klassenlehrers in vollem Umfang wahrnehmen können, weitaus weniger Disziplinschwierigkeiten haben werden als jene Lehrer, die weniger geeignet sind, praxisfern studieren, nur ihre Fächer kennen und gar nicht wissen, welche Aufgaben ein Lehrer zu übernehmen hat.

Die Höhe der Bildungsfinanzierung ist im internationalen Vergleich zu gering. Wird mehr Geld investiert, können auch mehr Lehrer eingestellt und die Lerngruppen überschaubar gehalten werden. In kleineren Gruppen lassen sich die Lehrer-Schüler-Beziehungen intensivieren, und dementsprechend nimmt die Anzahl der Disziplinkonflikte ab.

Auch sind die Schulträger, die Städte und Gemeinden, zu nennen, die für die Schulgebäude und für die Ausstattung der Schulen verantwortlich sind. Es ist zu vermuten, dass es eine hohe Korrelation zwischen den Rahmenbedingungen und der Anzahl der Disziplinkonflikte gibt. Auch wenn günstige Rahmenbedingungen noch keinen guten Unterricht garantieren, gilt: Je besser die Rahmenbedingungen, desto disziplinierter die Schüler.

Das lässt sich im Vergleich der Schulformen einfach zeigen: Disziplinkonflikte treten in den Grundschulen seltener auf als an weiterführenden Schulen, weil der Grundschulunterricht überwiegend von Klassenlehrerinnen erteilt wird. Blockunterricht ist die Regel. Der Pausengong ist abgestellt. Die Lehrerinnen treffen sich einmal am Vormittag zu einer längeren Pause. Diese bietet Gelegenheiten, pädagogische und didaktische Fragen zu klären.

Die Schüler arbeiten in altersgemäßen Lernumgebungen. Der Unterricht findet in einem Wechsel zwischen verschiedenen Unterrichtskonzeptionen statt, zwischen Frontalunterricht und offeneren Konzeptionen wie Freiarbeit, Wochenplanarbeit oder Projektunterricht. Mindestens einmal am Vormittag ist Einzelarbeit angesagt, damit sich die Schüler entsprechend ihrem Leistungsvermögen intensiv mit einer Lernaufgabe befassen können.

Da die Lehrerinnen die Lernvoraussetzungen und Lernmöglichkeiten ihrer Schüler recht genau kennen, sind sie in der Lage, Maßnahmen der Binnendifferenzierung zu ergreifen. Die Kontinuität des Lehrens und Lernens wird gewahrt. Hausaufgaben werden am nächsten Tag kontrolliert. Das Thema der Unterrichtseinheit wird am nächsten Morgen wieder aufgegriffen und weitergeführt, bis sich zufriedenstellende Lernergebnisse zeigen. Wird die für das Lehren und Lernen erforderliche soziale Ordnung gestört, können die Lehrerinnen angemessen und wirksam intervenieren.

Diese durchaus sinnvolle Art der Unterrichtsorganisation und Unterrichtsgestaltung wird von vielen Lehrern an weiterführenden Schulen als »Kuschelpädagogik« abqualifiziert. Dabei könnten sie von diesem erfolgreichen Unterrichtsmodell profitieren und von den Grundschullehrerinnen viel lernen. Statt dessen verharrt man in überkommenen Strukturen, im tradierten Schulsystem mit seinen Selektionsmechanismen, das laufend schulgeschädigte Kinder und Jugendliche erzeugt.

Aus schulpädagogischer Sicht wäre es wünschenswert, wenn die politischen Blöcke nicht auf ihren Maximalforderungen beharren, sondern sich aufeinander zubewegen würden. Position A: Alles bleibt beim Alten, zehnjährige Kinder sind zu selektieren, und das dreigliedrige Schulsystem ist zu bewahren. Position B: Alle Schüler besuchen bis zum mittleren Schulabschluss eine Schule. Im Interesse der zu unterrichtenden Schüler sind beide Positionen unhaltbar.

Wollte man das Begabungs- und Fähigkeitspotenzial aller Schüler ausschöpfen und mehr Bildungsgerechtigkeit erzielen, wäre eine vermittelnde Position sinnvoll und logisch. Die Zauberformel für ein solches Schulsystem hieße in Anlehnung an das finnische System: vier mal drei. Für jeweils drei Jahre überträgt man Klassenlehrern die Verantwortung für ihre Lerngruppen, also für die Schuljahre 1 bis 3, 4 bis 6, 7 bis 9 und 10 bis 12.

Die erste Systemdifferenzierung erfolgt am Ende des sechsten Schuljahres in ein zweigliedriges System: in Gymnasium und Mittelschule, wie im Bundesland Sachsen. Die zweite Systemdifferenzierung erfolgt am Ende des neunten Schuljahres in ein mehrgliedriges System: in unterschiedliche gymnasiale und berufsbildende Schulen.

Auf diese Weise könnten die elf- und zwölfjährigen Schüler zwei Jahre länger gemeinsam lernen. In den Schuljahren 4 bis 6 könnte in den Fächern Deutsch, Englisch und Mathematik schulintern differenziert werden. Auch wäre es natürlich möglich, schon in der vierten Klasse mit einer zweiten Fremdsprache zu beginnen. Leistungsstarke und leistungsschwache Schüler würden in gleicher Weise gefördert. Es gäbe keine Hauptschüler, die sich schon mit elf Jahren auf der Verliererstraße sehen. Sie könnten stattdessen vom Anregungspotenzial leistungsstärkerer Mitschüler profitieren und so eine proaktive Lernhaltung aufbauen. Es gäbe auch keine elf- oder zwölfjährigen Sitzenbleiber und Rückläufer, die sich abgewertet und aussortiert fühlen, in einigen Fächern aber ihren jüngeren Mitschülern überlegen sind, sich langweilen und den Unterricht stören.

Sofern Schulen immer noch als Halbtagsschulen geführt werden, in denen die Lehrer vormittags lehren und die Schüler nachmittags lernen sollen, werden zahlreiche Disziplinkonflikte durch die Schul- und Unterrichtsorganisation verursacht. Halbtagsschulen können keine Lernorte sein.

Sie sind durch Ganztagsschulen zu ersetzen, in denen eine Rhythmisierung des Lehrens und Lernens möglich ist. Unter Rhythmisierung ist ein Wechsel von Anspannung und Entspannung, von schulischer Arbeit und schulischer Freizeitgestaltung zu verstehen. Zwei Unterrichtsblöcke und eine Kurzstunde am Vormittag, eine Mittagspause, die den Namen verdient, eine gemeinsame Mahlzeit, an der auch die Lehrer teilnehmen, eine professionell betreute Arbeits- und Übungsstunde, ein weiterer Block sowie verschiedene Arbeitsgemeinschaften erscheinen optimal.

An Ganztagsschulen haben Lehrer und Schüler mehr Zeit füreinander. Sie unterliegen nicht dem für Halbtagsschulen typischen Schulstress. Das geteilte Lehren und Lernen entfällt. Die Schule wird zu dem, was sie sein sollte, nämlich zu einem Lernort. Hausaufgabenkonflikte, die aus ihnen resultierenden Disziplinkonflikte und die eklatante Benachteiligung der Schüler aus sozial schwachen Verhältnissen entfallen ebenfalls. Da Ganztagsschulen gegen 16 Uhr schließen, und ein Schuljahr nur etwa 40 Schulwochen mit etwa 200 Unterrichtstagen umfasst, also an 165 Tagen kein Unterricht stattfindet, bleibt den Ganztagsschülern noch genügend Zeit für andere Aktivitäten.

Als weitere wichtige Konfliktursache ist die Unterrichtsorganisation zu nennen. Kurzstunden und zu viele Fächer sowie eine unsinnige Fächerfolge führen zu Konzentrationsschwierigkeiten und zu Schulunlust, sie erzeugen zahlreiche Disziplinkonflikte. Kurzstunden betragen meist nur etwa 30 und nicht 45 Minuten. Es wird viel Zeit benötigt, manchmal sogar die gesamte Unterrichtszeit, um die Aufmerksamkeit der Schüler zu gewinnen. In einer halben Stunde effektiver Unterrichtszeit lassen sich 30 Schüler weder auf eine kognitiv anspruchsvolle Ebene heben, noch kann ihnen die Zeit geboten werden, sich in Einzelarbeit in aller Ruhe intensiv mit einem Lerninhalt zu befassen. Einzelarbeit ist aber ein wesentlicher Faktor zur Konfliktvermeidung (Kounin 1976; Rutter et al. 1980).

Vordringlich sind also die Abschaffung der Kurzstunden und der Übergang zu Blockstunden. Diese Unterrichtsstunden können zwischen 70 und 90 Minuten umfassen. Nur wenn genügend Zeit zur Verfügung stehen, können sich Schüler in wechselnden Sozialformen auf bestimmte Lernaufgaben konzentrieren und die typischen Triaden durchlaufen: (1) Arbeitsauftrag stellen, (2) Einzelarbeit betreuen, (3) Ergebnisse sichten; zum Rollenspiel anleiten, spielen, das Spielgeschehen auswerten; Medieneinsatz vorbereiten, durchführen, auswerten; zum Experimentieren anleiten, experimentieren, Ergebnisse sichten.

Anspruchsvollere Unterrichtskonzeptionen, die die Selbstständigkeit der Schüler und ein aktiv-produktives Lernen fördern – wie Freiarbeit, Wochenplanarbeit, Stationenarbeit oder Projektunterricht –, benötigen ebenfalls längere Lernzeiten. Lehrzeiten können nicht zu Lernzeiten werden, wenn Lehrer etwa zwei Drittel der Sprechzeit für sich in Anspruch nehmen. Wenn Schüler Arbeitsaufträge erhalten, die über ausreichende Lernanreize verfügen, erfüllen sie diese Aufträge erfahrungsgemäß meist gern und stören selten die soziale Ordnung.

Dem schulischen Lernen ist auch die Fächervielzahl abträglich. Wenn man elfjährige Schüler in einer Schulwoche mit zwölf verschiedenen Fächern konfrontiert, die von neun Lehrern erteilt werden, kann dies nicht sinnvoll sein. Die Schüler müssen den Stundenplan akzeptieren, weil sie den Lehrern ausgeliefert sind. Aber diese Art der Fremddisziplinierung führt zu erheblichen Spannungen und oft auch zu Disziplinschwierigkeiten.

Aus schulpädagogischer Sicht ist an den weiterführenden Schulen die Fächerzahl drastisch zu reduzieren. Zumutbar sind drei verschiedene Lerninhalte am Vormittag und ein bis zwei weitere am Nachmittag in der Arbeitsstunde oder in einem weiteren Block. Um diesem Anspruch zu genügen, gibt es zwei Möglichkeiten. Zum einen kann man fächerübergreifend unterrichten, indem man die naturwissenschaftlichen und sozialwissenschaftlichen Fächer zusammenführt. Eine andere Möglichkeit ist der Epochenunterricht, indem man über einen längeren Zeitraum eine hohe Stundenzahl auf ein Lerngebiet konzentriert und so die Kontinuität des Lehrens und Lernens wahrt.

Davon sind die meisten Schulen heute weit entfernt. Der Autor hat 2008 die Stundenpläne von 126 weiterführenden Halbtagsschulen analysiert. Der Unterricht wird nahezu ausschließlich in Kurzstunden erteilt. In fast jedem Plan lassen sich an vier von fünf Wochentagen Schwachstellen aufzeigen, Stunden, in denen es fast zwangsläufig zu Disziplinkonflikten kommen muss.

Stundenplan 10. Klasse, Gymnasium

Mo.:	Erdkunde, Sport, Französisch, Rel./Ethik, Deutsch, Englisch
Di.:	Musik, Mathematik, Geschichte, Deutsch, Englisch, Biologie
Mi.:	Französisch, Englisch, Erdkunde, Deutsch, Bildende Kunst
Do.:	Französisch, Physik, Erdkunde, Musik, Mathematik
Fr.:	Sport, Französisch, Mathematik, Deutsch, Englisch, Physik

In den vierten Stunden lässt die Aufnahmebereitschaft merklich nach. In den fünften Stunden sinkt die Konzentrationsfähigkeit drastisch ab. Die Schüler arbeiten kaum noch mit, einige Schüler schlafen, andere ergehen sich in extracurricularen Aktivitäten. Und in den sechsten Stunden, den Mittwoch ausgenommen, sind Lehrer und Schüler gleichermaßen erschöpft. Es wird kaum noch etwas gelernt, und man ist froh, wenn die Stunden vorüber sind. Allen Beteiligten wäre mehr gedient, wenn man diese sechsten Stunden streichen würde. Und der Steuerzahler würde Geld sparen.

Ein zweites Beispiel soll die Problematik noch einmal deutlich machen.

Stundenplan 11. Klasse, Gymnasium

Montag
1. Stunde Englisch »Slavery in the South«
2. Stunde Physik »Trägheitsgesetz«
3. Stunde Ethik »Toleranz«
4. Stunde Geografie »Kollisionsgebirge Himalaja«
5. Stunde Mathematik »Nullstellen«
6. Stunde Deutsch »Vater-Sohn-Problematik bei Kafka« (Miller 2004)

Vermutlich kommt es in der vierten Stunde zu ersten Kollisionen. In der fünften sinkt die Motivation auf ein Null-Niveau ab. Und in der letzten Stunde kommt es wahrscheinlich zu einer Lehrer-Schüler-Problematik in Form von Disziplinschwierigkeiten.

Aus schulpädagogischer Sicht ist auch die Fächerfolge problematisch, weil sich interferierende Prozesse gar nicht vermeiden lassen. So weiß man nicht, wie sich im ersten Beispiel am Montag, Dienstag und Freitag der Deutschunterricht auf den Englischunterricht auswirkt. Man hat auch keine Kenntnisse darüber, wie sich die im zweiten Beispiel ausgewiesenen Lerninhalte günstig oder ungünstig beeinflussen. Vermutlich erzeugt diese Fächerfolge Unruhe und Stress, mangelnde Konzentration, emotionale Irritationen und kognitive Dissonanzen.

Ein weiterer wichtiger Aspekt des Fachunterrichts, so wie er an deutschen Schulen in der Regel praktiziert wird, ist die fehlende Bindung: Schüler möchten als Personen wahrgenommen werden und nicht nur als Objekte eines abstrakten Instruktionsbemühens. Wenn an weiterführenden Schulen Fachlehrer in Kurzstunden unterrichten, herrscht meist Beziehungslosigkeit vor. Fachlehrer haben oft Mühe, sich die Namen der Schüler zu merken und zu über hundert Schülern in sechs verschiedenen Klassen konstruktive Beziehungen aufzubauen, die durch wechselseitiges Vertrauen bestimmt sind und von einer gemeinsamen Verantwortung für den Lehr-Lernprozess getragen werden.

Die einzelnen Schüler bleiben weitgehend anonym. Namensschilder und Sitzpläne helfen nicht weiter, wenn sich der Lehrer nicht in kurzer Zeit die Namen der Schüler merkt. So schrieb ein 13-jähriger Gymnasiast »Butterbrot« auf sein Namensschild. Und zur Freude seiner Klassenkameraden redete der Lehrer, der nur für eine Wochenstunde in der Klasse auftauchte, diesen Schüler auch mit »Butterbrot« an.

Anonymität und Beziehungslosigkeit wirken sich negativ auf das Lern- und Gruppenklima aus. Während sich Grundschüler in der Lerngruppe aufgehoben fühlen, sie gelernt haben, verständnisvoll miteinander umzugehen, sich nicht bei der Arbeit zu stören und sich gegenseitig beim Lernen zu helfen, wird diese wertvolle pädagogische Arbeit beim Übergang auf die weiterführenden Schulen oft zunichtegemacht.

Nun werden auf einmal laufend Noten geschrieben. Plötzlich kommt es darauf an, sich gegenseitig auszustechen und dem Konkurrenz- und Notendruck standzuhalten. Während sich Grundschüler überwiegend im gruppendynamischen Stadium der konstruktiven Kooperation bewegten, werden sie ohne ihr Zutun in ein Konfliktstadium gedrängt, das durch Neid und Missgunst gekennzeichnet ist und leistungsschwache Schüler in eine Außenseiterposition drängt.

An deutschen Schulen beginnt der Notenfetischismus schon im zweiten Schuljahr. Finnische Schüler erhalten in den ersten sechs Schuljahren keine Noten. Wie kommen die kleinen Finnen ohne Noten zu so guten Ergebnissen? Bei ihnen müssen wohl die Lerninhalte und nicht die Noten im Zentrum des Unterrichts stehen. Der für deutsche Schulen typische Notendruck vergiftet das Lern- und Gruppenklima schon im fünften Schuljahr. Wenn sich Schüler von diesem Druck befreien möchten, kommt es zu Disziplinschwierigkeiten.

Eine weitere wichtige Rahmenbedingung ist die bereits angesprochene Größe der Lerngruppe: In zu großen Lerngruppen entgehen dem Lehrer viele Schüleraktivitäten. Er merkt oft nicht, was um ihn herum geschieht. Und so kann er den Schülern auch nicht nonverbal zu verstehen geben, dass er über ihr Verhalten informiert ist. Einzelne Schüler können sich in einer großen Gruppe verstecken. Missachten sie Regeln, bleiben sie eher anonym. Gleicht der Lernort einem Wartesaal, in dem die Schüler keine Lernmaterialien vorfinden, müssen sie sich anderweitig beschäftigen. Zunächst unterhalten sie sich, dann werden sie lauter, und schließlich schreien sie, um sich noch verständigen zu können.

Die Einrichtung des Klassenzimmers kann von Bedeutung sein, wenn Tische und Stühle nicht mit Filz unterlegt sind oder der Fußboden nicht mit Teppichware ausgelegt ist. In solchen Fällen kann jede Veränderung der Sitzordnung zu chaotischen Verhältnissen führen. Ungünstige akustische Verhältnisse beeinträchtigen die Kommunikation, führen zu vielen Nachfragen, Missverständnissen und manchmal auch zu Disziplinkonflikten.

Für ein effektives Lehren und Lernen ist das Raumklima entscheidend. Lehrer und Schüler werden nervös und unruhig, wenn sie einer sauerstoffarmen und zu trockenen Luft ausgesetzt sind. Wenn unausgeglichene Schüler auf einen unausgeglichenen Lehrer treffen, bleiben Disziplinkonflikte nicht aus.

Auch ein Schulleiter kann durch sein Verhalten Konflikte verursachen, wenn es ihm an Ich-Stärke und an natürlicher Autorität fehlt. Das Kollegium unterläuft dann seine Anweisungen und ist versucht, eigenen Interessen nachzugehen und eigene Bedürfnisse zu befriedigen. Verzichtet ein Schulleiter auf die Ausarbeitung und Verabschiedung einer Schulordnung, fehlt im zwischenmenschlichen Bereich die wünschenswerte Transparenz. Und bringt er nicht die Kraft auf, Konferenzbeschlüsse durchzusetzen und auf die Einhaltung getroffener Vereinbarungen zu dringen, macht er sich lächerlich und verursacht Verhaltenswillkür.

Die Schüler haben ein feines Gespür dafür, ob sich die Lehrer untereinander verstehen oder ob sie sich häufig streiten. Ist Letzteres der Fall, kommt es zu negativen Übertragungseffekten. Dann testen sie besonders gern die Grenzen, spielen die Lehrer gegenseitig aus und missachten die Schul- und Klassenordnung.

Konflikt verursachend wirken auch divergierende Lehr- und Erziehungsstile. Wenn bestimmte Dinge bei einem Lehrer erlaubt, bei dem anderen nicht erlaubt sind, wenn ein Lehrer strikt auf die Einhaltung einer Regel achtet, der Kollege diese für nicht so wichtig hält und sich großzügig über die Regel hinwegsetzt, werden die Schüler verunsichert.

Häufig werden Problemschüler als Grund von Disziplinproblemen angeführt. Richtig ist: Schon ein einziger Problemschüler kann zahlreiche Disziplinkonflikte verursachen. Wenn dieser eine Schüler mehrmals pro Unterrichtsstunde ein stark abweichendes Verhalten zeigt, aufspringt, herumläuft, seine Mitschüler beim Lernen stört, ärgert oder drangsaliert, kommt es oft zu einer Kettenreaktion nach dem Motto: Was der kann, kann ich auch! Dann werden in der Grundschule Experten bemüht, die ein Aufmerksamkeitsdefizit-/Hyperaktivitätssyndrom diagnostizieren. Es werden Ärzte aufgesucht, die Tabletten verschreiben. Aber der von motorischer Unruhe geplagte Schüler bleibt der Lehrerin erhalten.

An weiterführenden Schulen stellen sich viele Problemschüler als unerzogen, unbelehrbar, ungehorsam, respektlos oder durch Wohlstand verwahrlost, als egoistisch, verwöhnt, verängstigt, als desinteressiert, mediengeschädigt, renitent, provozierend, aggressiv oder gewalttätig dar. Ein echter Problemschüler verfügt natürlich über mehrere dieser Eigenschaften. Manchmal wird er auch kriminell, beschädigt mutwillig Sachen, stiehlt oder handelt mit Drogen.

Wer einen echten Problemschüler in der Klasse hat, kann sich als Lehrer auf ihn einstellen und sich überlegen, wie sich dieser Schüler in den Unterricht integrieren lässt. Sind es aber mehrere Schüler, ist er natürlich überfordert und muss die Ereignisse auf sich zukommen lassen. Dennoch sollte er den Unterricht inhaltlich und methodisch besonders sorgfältig vorbereiten und planen, damit er sich auf die Sozialsteuerung konzentrieren, im Prozess variabel agieren und flexibel intervenieren kann. Eine sorgfältige Vorbereitung und Planung verschaffen dem Lehrer ein gutes Gewissen, das ihm Mögliche getan zu haben (Becker 2006, 2007a, 2007b, 2008).

Viele Lehrer klagen, dass es heute mehr Problemschüler gebe als früher. Das hört sich dann so an: »Früher nahmen sich die Schüler noch zusammen, heute lassen sie sich gehen.« »Früher ließen sich die Schüler noch etwas sagen, heute schalten sie auf Durchzug.« »Früher konnte man mit den Schülern noch von Jugendherberge zu Jugendherberge wandern. Heute sind viele an Fünf-Sterne-Hotels gewöhnt und nicht bereit, einen Muskelkater und eine Blase am Fuß zu akzeptieren.« »Früher haben sich die Schüler noch voll verausgabt und bis zum Umfallen trainiert. Heute setzen sie sich an den Spielfeldrand und ruhen sich aus.«

Der Vergleich zwischen früher und heute ist uns schon aus dem Altertum bekannt und sollte deshalb nicht zu ernst genommen werden. Aber es lässt sich nicht leugnen, dass die Schüler heute in einer globalen Wissensgesellschaft leben, einer Leistungs-, Medien-, Konsum- und Spaßgesellschaft. In dieser Gesellschaft überschneiden und überwuchern sich verschiedene Systeme. Und wie die Finanzkrise zeigt, wird ihr Zusammenwirken selbst von Experten nicht mehr durchschaut. Eine Systemsteuerung ist, wenn überhaupt, nur kurzzeitig möglich. So herrscht eine allgemeine gesellschaftliche Verunsicherung vor, die sich auf die Schüler überträgt.

Die Arbeitswelt hat sich grundlegend geändert. Arbeitsplätze werden immer anspruchsvoller, viele fallen weg, einige werden neu geschaffen. Von der jungen Generation wird heute erwartet, dass sie lebenslang lernt, sich ständig fortbildet, sich neu orientiert, mehrmals den Arbeitsplatz oder den Beruf wechselt und in vielen Bereichen auf dem globalen Arbeitsmarkt konkurrenzfähig ist.

Viele leistungsschwache Schüler sehen sich diesen Herausforderungen nicht gewachsen. Versagens- und Zukunftsängste dominieren. Viele Schüler resignieren und werden so zu Problemschülern. »Warum soll ich mich disziplinieren, wenn ich später einmal doch keinen Ausbildungsplatz bekommen werde, arbeitslos bin und auf Hartz IV angewiesen sein werde?« Und selbst vielen Lehrern fällt es schwer, den Schülern jenen Optimismus zu vermitteln, der für eine proaktive Lernhaltung erforderlich ist.

Viele Problemschüler erliegen der Mediensucht. Oft kommen sie aus begüterten Elternhäusern der Mittel- und Oberschicht. Ihnen stehen alle erdenklichen Möglichkeiten der Informationstechnologie zur Verfügung. Neben dem Handy und dem Fernseher sind Videospiele, Gameboy, MP3-Player, Playstation, X-Box, Computer mit den Computerspielen, das Internet, ein massenhafter SMS-Versand und Instant-Messaging-Programme wie ICQ verfügbar.

Stolz berichtet ein 17-jähriger Schüler, er habe sich in der letzten Stunde schon mit 24 »Usern« getroffen. Er sei auf diese Weise immer erreichbar und habe nie Langeweile. In ähnlicher Weise bewegen sich viele Jugendliche täglich für mehrere Stunden in einer virtuellen Welt. Sie vernachlässigen das schulische Lernen, machen kaum noch Hausaufgaben und entziehen sich immer mehr dem Einfluss ihrer Eltern und Lehrer. Diese werden unruhig und haben den Eindruck, dass ihnen die Kinder und Schüler entgleiten.

Natürlich hat jede junge Generation das Recht, neue Wege zu gehen. Und jeder junge Mensch muss schließlich seinen eigenen Weg finden. Ohne in einen naiven Kulturpessimismus verfallen zu wollen, kommen doch Zweifel auf, ob diese Art der Freizeitgestaltung erwünscht sein kann. Dient das extensive Surfen im Internet einer geistigen und moralischen Entwicklung, die sich an übergeordneten Normen und Werten orientiert? Kaum denkbar, wenn man die »Cocooner« betrachtet, jene Jugendlichen, die ihr Zimmer zum Kokon werden lassen, sich mit Knabbersachen versehen, sich einschließen, um in den eigenen vier Wänden Schutz zu suchen. Dort sehen sie fern, begeben sich ins Internet und verbinden sich vom Sofa aus mit der ganzen Welt.

Mediensüchtige Schüler verstehen ihre Lehrer nicht mehr und umgekehrt. Und diese fehlende Transparenz führt zu zahlreichen Missverständnissen und Konflikten, weil die Jugendlichen nach neuen Regeln leben, die die Lehrer nicht einmal kennen. Schüler wissen heute andere Dinge, verfügen über Kenntnisse und Einsichten, die der älteren Generation verschlossen sind. Aber war das nicht schon immer so?

Das leitet über zu jenen Konfliktursachen, die beim Lehrer selbst liegen.

Häufigster Fehler bei der Unterrichtsgestaltung ist die Methodenmonotonie. Bietet ein Unterricht zu wenig Abwechslung und läuft er fast immer nach demselben Schema ab, müssen die Schüler den Unterricht von sich aus abwechslungsreicher gestalten, indem sie stören. Sind die Interaktionen ausschließlich auf den Lehrer ausgerichtet, fühlen sich die Schüler gegängelt und nehmen Kontakte zu ihren Mitschülern auf.

Betätigen sich Lehrer als Vielredner und Alleinunterhalter, drücken sie die Schüler in eine passiv-rezeptive Lernhaltung. Die Schüler lassen sich für kurze Zeit ein solches Lehrverhalten gefallen. Aber dann begehren sie auf, provozieren die Lehrer, verletzen zahlreiche Regeln und stören die soziale Ordnung. Gleiches gilt für einen autokratischen oder autoritären Lehrstil, wenn Lehrer die Schüler bevormunden, sie naiv reglementieren und die Schüler in keiner Weise einbezogen werden.

Wenn Lehrer ausschließlich Frontalunterricht praktizieren, Informations- und Präsentationssituationen zeitlich überziehen, verursachen sie durch ihr methodisches Fehlverhalten Disziplinschwierigkeiten. Und realisieren sie keine anderen Unterrichtskonzeptionen als den Frontalunterricht, sind die Schüler bald überfordert und stören aus der Sicht des Lehrers den Unterrichtsablauf.

Wird auf einen Wechsel der Sozialformen verzichtet, auf einen Wechsel zwischen der Arbeit mit der ganzen Lerngruppe, auf Einzel-, Partner- oder Kleingruppenarbeit, kommen die Schüler von sich aus ihren sozialen und kommunikativen Bedürfnissen nach. Sie unterhalten sich und verbreiten Unruhe.

Wenn der Unterricht keine Gliederung erkennen lässt und der Prozess verschwimmt, erhalten die Schüler auch keine Gelegenheit zum aktiven Lernen. Dann können auch keine Lernergebnisse abgerufen, verglichen und bewertet werden. Die Schüler empfinden diesen Unterricht als wenig sinnvoll und werden oft von sich aus aktiv, indem sie aus der Sicht des Lehrers den Unterricht stören.

Erteilen Lehrer wenig durchdachte Hausaufgaben und werden diese nur sporadisch kontrolliert, fühlen sich die Schüler missbraucht und beginnen zu protestieren. Stehen Sanktionen in keinem Verhältnis zu den Regelüberschreitungen, fühlen sich die Schüler ungerecht behandelt und begehren auf. In solchen Fällen können Disziplinkonflikte zu »Sternstunden der Emanzipation« werden.

Viele Schüler klagen über sprunghafte Verhaltensweisen ihres Lehrers, wenn sie sagen: »Bei dem weiß man nie, woran man ist.«

Schüler möchten gerne wissen, wie sie sich verhalten sollen. Wenn der Lehrer seine Verhaltenserwartungen offenlegt, indem er den Schülern z. B. sagt, dass er nur solche Hausaufgaben erteilen werde, die wirklich wichtig seien, diese aber unbedingt erledigt werden müssten, schafft so eine Ankündigung Transparenz und Sicherheit.

Dazu gehört natürlich auch, dass Lehrer sich selbst vorbildlich verhalten und die unentbehrlichen preußisch-schwäbischen Tugenden – Fleiß, Ordnung, Pünktlichkeit – zeigen. Lehrer werden zur Konfliktquelle, wenn sie den Unterricht selten planen, sich nicht gründlich auf den Unterricht vorbereiten und ihn nicht schülergemäß gestalten.

Gleiches gilt für jene Lehrer, bei denen eine fehlende Sozialkompetenz zu beobachten ist, denen die Schüler ziemlich gleichgültig sind, die durch ihr autokratisches Verhalten Regelüberschreitungen provozieren, die mit den Schülern keine Klassenordnung vereinbaren, die gruppendynamische Prozesse ignorieren und in Unkenntnis des Interventionsrepertoires bei auftretenden Disziplinkonflikten hilflos oder willkürlich reagieren.

Weiterhin sind Persönlichkeitsdefizite eine häufige Konfliktursache, wenn sich Lehrer nicht durchsetzen können oder wollen und es ihnen an Ich-Stärke fehlt. Einige Lehrer haben nicht den Mut, gerechtfertigte Anforderungen zu stellen und auf die Erfüllung dieser Forderungen zu dringen.

Auch verursachen jene Lehrer Konflikte, die das Nähe-Distanz-Problem nicht lösen können, denen es nicht gelingt, das latent vorhandene Sympathiegefüge auszubalancieren, indem sie die ihnen sympathischen Schüler bevorzugen. Wird der natürlichen Abstand zu den Schülern nicht gewahrt, der durch Alter, Erfahrung, Kenntnisvorsprung und Lehramt gegeben ist, und biedern sich Lehrer durch kumpelhaftes Verhalten an, kommt es häufig zu Disziplinschwierigkeiten. Schließlich werden Lehrer zur Ursache zahlreicher Konflikte, wenn sie humorlos, grob ungerecht oder inkonsequent verfahren.

Wie lässt sich all das ins Positive wenden?

Guter Unterricht ist die zentrale konfliktprophylaktische Maßnahme. Ein kompetenter Lehrer berücksichtigt die Lernvoraussetzungen der Schüler, plant und realisiert den Unterricht in Einheiten, analysiert die Lerninhalte, wählt geeignete Unterrichtskonzeptionen, überlegt sich mögliche Ziele, strukturiert die Unterrichtseinheit mit einem zunehmenden Schwierigkeitsgrad, berücksichtigt die EIS-Formel – von der enaktiven über die ikonische zur symbolischen Ebene –, optimiert die Medienwahl und den Medieneinsatz, plant aktiv-produktive Lernphasen ein, wechselt den Arbeitsaufträgen entsprechend die Sozialformen, ergreift Differenzierungsmaßnahmen und führt Ergebniskontrollen durch.

Guter Unterricht setzt einen Lehrer voraus, der in echter Weise die Funktionen eines Klassenlehrers wahrnimmt. Er kennt nicht nur die Namen seiner Schüler, sondern auch deren Begabungen und Fähigkeiten, Lernvoraussetzungen und Lernmöglichkeiten.

Er spricht mit den Schülern ab, wie die für das Lehren und Lernen erforderliche soziale Ordnung gewahrt werden kann. Dabei bedient er sich der Metakommunikation, indem er mit den Schülern über die Art des Umgangs nachdenkt und zweckentsprechende Vereinbarungen trifft. Oder er betreibt Metaunterricht, prospektiv im Hinblick auf den nachfolgenden Unterricht, damit die soziale Ordnung gewahrt bleibt, retrospektiv, im Hinblick auf den zurückliegenden Unterricht, der wieder mal etwas chaotisch verlief, damit so etwas nicht wieder vorkommt, oder in der aktuellen Situation, wenn es drunter und drüber geht. Dann kann er ein Signal senden, die Aufmerksamkeit der Schüler einfordern und mit ihnen beraten, wie es weitergehen soll.

Ein Klassenlehrer erarbeitet gemeinsam mit den Schülern ein Verhaltensposter mit entsprechenden Regeln. Und er vereinbart mit den Schülern Sanktionen, die bei Regelverletzungen greifen sollen. Übrigens achten die Schüler sehr genau darauf, ob die Vereinbarungen auch eingehalten werden. Ein Klassenlehrer sagt seinen Schülern sehr direkt, was er von ihnen erwartet, dass im Umgang miteinander förderliche Konventionen einzuhalten sind, man sich höflich begegnet, sich akzeptiert, respektiert und toleriert. Auf diese Weise sorgt er für Transparenz im Umgang miteinander und für eine wechselseitige Verhaltenssicherheit.

Klassenlehrer können gruppendynamische Prozesse beobachten und die Lerngruppe in das erwünschte Stadium der konstruktiven Kooperation führen. Klassenlehrer können Aktivitäten zur Selbst-

und Wir-Erfahrung initiieren, gruppendynamische Aktivitäten steuern und mit ihren Schülern Unternehmungen durchführen (Krowatschek et al. 2008).

Ein Klassenlehrer erklärt den Schülern, dass er den Unterricht gemeinsam mit ihnen gestalten wolle, und überträgt ihnen alle Aufgaben, die sie übernehmen können. Des Weiteren sagt er ihnen, dass er an guten Leistungen möglichst aller Schüler interessiert sei, es nicht darauf ankomme, sich gegenseitig auszustechen, sondern sich beim Lehren und Lernen zu helfen. Da er das individuelle Leistungsvermögen der Schüler einschätzen kann, ist es ihm möglich, einzelne Schüler für gezeigte Leistungen angemessen zu loben.

Ein Klassenlehrer, der täglich in seiner Lerngruppe unterrichtet, überschaut den Stundenplan und die Arbeitsbelastungen seiner Schüler. Nur er kann Kenntnis davon haben, welche Unterrichtskonzeption und welche Methoden im Verlauf eines Schultags zum Einsatz gekommen sind. So ist es ihm möglich, den Unterricht abwechslungsreich zu gestalten und einer Methodenmonotonie vorzubeugen. In Kenntnis der Lernmöglichkeiten einzelner Schüler kann er das Lehrtempo auf die Lerntempi der Schüler abstimmen, die Schüler beim Lernen beobachten, ihnen Lernhilfen geben, Differenzierungsmaßnahmen ergreifen und in Arbeitsphasen auch gelegentlich einzelne Schüler individuell betreuen.

Klassenlehrer pflegen mit ihren Schülern bestimmte Rituale. Man begrüßt und verabschiedet sich in gewohnter Weise. Vielleicht beginnt man die Schulwoche mit einem Morgenkreis oder beendet die Woche mit einem Klassenrat. Gemeinsam richtet man einen Frage- und Kummerkasten ein, in den die Schüler ihre Fragen und Beschwerden einwerfen können. Auch ist es denkbar, am Ende einer Unterrichtswoche einen Klassenrat abzuhalten. Oder man erzählt sich in der letzten Viertelstunde Witze, um fröhlich in das Wochenende zu starten. Ermüden die Schüler, wird eine Bewegungsübung durchgeführt. Zeigen die Schüler starke motorische Unruhe, kann eine Stilleübung angebracht sein.

Ein echter Klassenlehrer hat in seiner eigenen Klasse kaum Disziplinschwierigkeiten. Anders ergeht es jenen Kollegen, die nur für wenige Stunden in der Klasse unterrichten und denen es gar nicht möglich ist, die Beziehungen zu den Schülern zu intensivieren und eine wechselseitige Verantwortung für den Unterricht entstehen zu lassen. Häufig beschweren sich dann Fachlehrer über das disziplinlose Verhalten einzelner Schüler oder der ganzen Lerngruppe beim Klassenlehrer.

Dieser kann zwar die Beschwerden entgegennehmen, aber es bleibt bei ihm Ratlosigkeit zurück. Er hat die konfliktträchtigen Ereignisse selbst nicht miterlebt. Er kennt seine Schüler meist ganz anders. Und er allein kann die Rahmenbedingungen des Unterrichts auch nicht ändern. Und so bleibt als Schlussfolgerung nur die Aufforderung an jeden Lehrer, die auftretenden Disziplinkonflikte mit den betreffenden Schülern selbst zu regeln. Wer einen Dritten zu Hilfe ruft, zeigt sich in den Augen der Schüler als schwach und nicht durchsetzungsfähig.

Prophylaktisch arbeitet ein Schulleiter, der von Teilen des Kollegiums unter Beteiligung auserwählter Schüler eine Schulordnung erarbeiten lässt. Diese Ordnung ist zu diskutieren, zu überarbeiten, zu verabschieden und allen Schülern, Lehrern und Eltern zu überreichen. Um die Verbindlichkeit dieser Ordnung zu erhöhen, ist es denkbar, sie von Lehrern und Schülern als eine Art Verpflichtungserklärung unterschreiben zu lassen. Ob Unterschriften innerhalb einer Institution tatsächlich dazu führen, dass die soziale Ordnung eher eingehalten wird, ist zwar zu vermuten, aber nach Kenntnis des Autors empirisch noch nicht belegt.

Prophylaktisch können auch Gespräche mit den Eltern wirken, entweder am Elternabend im Hinblick auf die Lerngruppe oder in der Elternsprechstunde, wenn es um einzelne undisziplinierte Schüler geht. Dass Gespräche dieser Art den gewünschten Erfolg verzeichnen, muss bezweifelt werden. Denn welche Eltern lassen sich schon gern von einem Lehrer sagen, wie sie ihr Kind zu erziehen haben? Die häufig propagierte Erziehungspartnerschaft mag im Grundschulbereich Erfolg versprechend sein. An weiterführenden Schulen bleibt sie meist eine Illusion. Bei Schülern in der Entwicklungsphase können Gespräche mit Eltern kontraproduktiv sein, indem sich die Jugendlichen nun erst recht verweigern. Gespräche mit Eltern sollten deshalb nicht überbewertet werden.

Ganz wichtig: Selbstkritische Lehrer werden sich bei ihren Schülern entschuldigen, wenn ihnen bewusst wird, dass sie sich undiszipliniert verhalten haben. Erfahrungsgemäß hinterlassen solche Entschuldigungen bei den Schülern einen starken Eindruck. Übt sich ein Lehrer in Selbstdisziplin, gewinnt er an Glaubwürdigkeit und kann seinerseits von den Schülern verlangen, dass sie individuelle Bedürfnisse einschränken, aufschieben oder ausblenden, wenn es um die Erledigung der Hausaufgaben oder um intensivere Lernphasen vor Klassenarbeiten oder Prüfungen geht.

Rituale in ihrer Bedeutung für die Disziplin

Können Rituale die soziale Ordnung im Unterricht sichern, wie oft behauptet wird?

Rituale verbinden Menschen, die ein Ritual gemeinsam pflegen. Sie stärken den Einzelnen durch das Gefühl der Zugehörigkeit. Häufig möchten die Teilnehmer durch Symbole, wie Kleidung, Fahnen, Orden, Ehrenzeichen oder Musik, beweisen, dass sie Teil dieser Gemeinschaft sind. Rituale werden oft von eindrucksvollen Gesten begleitet, wie z. B. durch die geballte Faust, durch den zum Hitlergruß erhobenen Arm, durch das Victory-Zeichen, durch einen Kniefall als Zeichen der Unterwerfung und der Bitte um Vergebung oder durch die ausgebreiteten Arme des Geistlichen, der die Gläubigen segnet.

Rituale erfahren häufig eine transzendente Überhöhung. In diesem Fall werden sie von einem Glauben oder Irrglauben begleitet, der sich einer kritisch-rationalen Überprüfung entzieht. Mit Ritualen ist zumeist ein Kult verbunden. Sie erhöhen bestimmte Menschen oder Götter, die Glaubenslehre, die Ideologie oder Weltanschauungen.

Rituale disziplinieren in den beiden bekannten Richtungen. Jene Personen, die an führender Stelle ein Ritual praktizieren oder zelebrieren, erwarten von den Teilnehmern, dass sie andere Bedürfnisse einschränken, aufschieben oder ganz zurückstellen. Und die Teilnehmer lassen sich disziplinieren und üben Selbstdisziplin, weil sie vom Wert des Rituals überzeugt sind.

Mithilfe verschiedener Rituale lassen sich Menschen beeinflussen, lenken, verführen und missbrauchen. Deshalb stehen ältere Menschen, die selbst noch das Dritte Reich, die Kriegs- und Nachkriegszeit durchlebt haben, Ritualen zunächst einmal skeptisch gegenüber. Zu Recht stellten und stellen sie die Frage nach dem Sinn, Zweck und Ziel eines Rituals.

Die 68er wollten alle Rituale einer kritischen Reflexion unterziehen und sie möglichst abschaffen. So versuchte z. B. der Kommunarde Fritz Teufel vor Gericht bei der Urteilsverkündung sitzen zu bleiben, bis er sich schließlich doch betont lässig mit den Worten erhob: »Wenn's der Wahrheitsfindung dient …«

In der Folge wurde in den 70er Jahren auf viele Abschluss- und Gedenkfeiern verzichtet, oder sie fanden unter Ausschluss der Öffentlichkeit statt. Damals kamen Studenten an einer theologischen Fakultät auf die Idee, in ihrem Wohnheim das Abendmahl am Sonntagmorgen mit Schinken und Sekt zu feiern.

Die Zeiten haben sich geändert. Heute werden bestimmte Rituale wieder praktiziert und gepflegt. Aber eine ideologiekritische Betrachtung erscheint aufgrund der zeitgeschichtlichen Erfahrungen angebracht.

Wenden wir uns zunächst jenen kirchlichen und religiösen Ritualen zu, die auf die Schule und den Unterricht Einfluss nehmen. Nach wie vor beeinflussen die kirchlichen Feiertage wie Weihnachten, Ostern und Pfingsten direkt oder indirekt das Schulleben, schon weil sie häufig mit Ferien verbunden sind. Das gilt, obwohl in unserer säkularisierten Gesellschaft die religiösen Bedeutungsinhalte dieser Feste stark zurücktreten.

Ein etwas fragwürdiges Ritual stellt der Schülergottesdienst dar, zu dem sich viele Schüler und Lehrer zwangsverpflichtet fühlen. Wenn der Pfarrer mit dem Schulleiter eine diesbezügliche Absprache trifft, dass ein solcher Gottesdienst stattfinden soll, weil es immer schon so war und weil der Geistliche Gelegenheit erhält, allen Lehrern und Schülern das Heil zu verkünden, ist es für den einzelnen Lehrer kaum möglich, sich mit seiner Klasse diesem Ansinnen zu entziehen. Eine Verweigerung würde ihn ins Abseits drängen. Und wer, wenn nicht der Klassenlehrer, kann darauf achten, dass sich die Schüler während des Gottesdienstes diszipliniert verhalten?

Ähnlich kritisch ist das Schulgebet zu betrachten. In einigen Landesteilen sowie an Bekenntnisschulen ist es heute noch üblich, den Unterricht mit einem Morgengebet zu beginnen. Ein gemeinsames Gebet ruft die Schüler dazu auf, sich zu sammeln, sich zu konzentrieren und alle anderen Bedürfnisse zurückzustellen. Gerade dies ist aber unmöglich, wenn die Schüler an die nicht erledigten Hausaufgaben denken und gerade dabei sind, eine glaubwürdige Ausrede zu erfinden, oder wenn sie vor der anstehenden Klassenarbeit zittern. So gesehen hatte ein Theologiedozent recht, als er das Schulgebet als »den größten Märtyrer aller Zeiten« bezeichnete.

Den Unterricht regelmäßig mit einem Lied zu beginnen erscheint ebenso fragwürdig. Wenn sich die Schüler das Lied selbst aussuchen dürfen und wenn die Klasse gern singt, mag dies noch angehen. Aber für unmusikalische Schüler wird ein solches Ritual immer wieder zu einer lästigen Pflichtübung.

Wenn man die Aktivitäten des Schullebens betrachtet, so lassen sich an allen Schulen Veranstaltungen erkennen, die einem bestimmten Ritual folgen, so z. B. die Einschulungsfeiern und die Abschlussfeiern. Zur Einschulungsfeier, die von einer Gruppe älterer Schüler gestaltet wird, gehören nun einmal lustige Vorführungen, die Schultüten, um den Kindern den Schulbesuch schmackhaft zu machen, und die Tränen einiger Mütter. Und bei der Abschlussfeier hat der auserwählte Primus Gelegenheit, dem Kollegium seinen Dank abzustatten und einige kritische Anmerkungen zu machen, die dann meist für heftige Diskussionen und große Aufregung sorgen. Und der Herr Direktor lässt es sich nicht nehmen, die jungen Menschen mit warmen Worten in das Leben zu entlassen.

Ein Beispiel für die Langlebigkeit eingeführter Rituale ist auch die in der ehemaligen DDR praktizierte Jugendweihe. Man wollte sie nach der Wende einfach abschaffen, doch wird sie vielerorts weiterhin zelebriert.

Weitgehend ritualisiert sind Jubiläumsfeiern sowie Feiern zur Begrüßung oder Verabschiedung verdienter Schulleiter oder Lehrer. Wenn eine Pestalozzi-Schule, an deren Gründung ja weder die Lehrer noch die Schüler beteiligt waren, ihr hundertjähriges Bestehen feiert, ist die Handlungsfolge absehbar: klassische Musik, Begrüßung der hoffentlich zahlreich erschienenen Gäste, eine Festrede, in der die besonderen Verdienste des Namenspatrons hervorgehoben werden, gute Wünsche für alle Anwesenden, Musik und vielleicht auch Sekt, Orangensaft und Häppchen, die vom Freundeskreis gestiftet worden sind.

Andere schulische Veranstaltungen folgen keinem festgelegten Ritual. Sie sollen kulturelle Kenntnisse und Einsichten vermitteln, das soziale Lernen und gruppendynamische Prozesse fördern, das Gemeinschaftsgefühl und den Stolz auf die Schule stärken, der Gesundheit dienen oder einfach Freude und Spaß bereiten. Klassenfahrten, Abschlussfahrten, Schullandheimaufenthalte, Wanderungen, Skifreizeiten, sportliche Wettkämpfe oder Events wie ein Diskoabend oder eine Faschingsparty sind selbstverständliche Aktivitäten des Schullebens.

Sie werden im Rahmen einer Konferenz im Kollegium unter Beteiligung der Schüler abgestimmt und geplant. Es wird vereinbart, welche Lehrer für welche Aktivitäten zuständig sind. Die betreffenden Lehrer werden die Aktivität gemeinsam mit den Schülern vorbereiten und deren Beteiligungsspielräume ausschöpfen. Die Versicherungsfrage ist zu klären, die Finanzierung zu sichern. Und man wird sich um einen Ablauf bemühen, der vor allem den emotionalen Bedürfnissen der Schüler entgegenkommt.

In den einzelnen Klassen werden unterschiedliche Rituale praktiziert, wie z. B. ein Begrüßungsritual, ein Morgenkreis, Stilleübungen, Bewegungsübungen, der Klassenrat am Ende einer Schulwoche. Dann gibt es Rituale, die Disziplin anmahnen, sowie Bestrafungsrituale bei Regelverstößen. Jüngere Schüler lieben Rituale, weil sie eine soziale Ordnung vorgeben und mehr Verhaltenssicherheit bieten. Sie achten oft selbst auf deren Einhaltung, und sie möchten jene Mitschüler bestraft wissen, die ein Ritual missachten. Ältere Schüler stellen Rituale gerne infrage, machen sich über Rituale lustig, durchbrechen sie und kalkulieren bewusst Sanktionen ein.

In den USA wird ja ein besonderes Morgenritual gepflegt, wenn Schüler die Stars and Stripes hissen und dabei die Nationalhymne singen. Auf diese Weise wird die nationale Einheit beschworen und der neue Schultag begrüßt. Aufgrund der zeitgeschichtlichen Ereignisse im Dritten Reich ist in Deutschland ein solches Ritual kaum denkbar. Wenn Internatsschüler am Tag der Deutschen Einheit schwarz-rot-goldene Fahnen aus den Fenstern hängen und alle Strophen des Deutschlandliedes singen, schreitet selbst Bernhard Bueb entschieden ein.

Fragwürdige Begrüßungsrituale waren noch vor wenigen Jahren üblich. Ein Schüler wurde beauftragt, vor Unterrichtsbeginn auf dem Flur Ausschau zu halten. Mit dem Ruf »Er kommt!« warnte er seine

Mitschüler, die ihrerseits blitzschnell ihre Plätze aufsuchten, Haltung annahmen und den Lehrer, sobald dieser das Klassenzimmer betrat, mit den Worten begrüßten: »Guten Morgen, lieber Herr Lehrer Böckelmann!« Begrüßungsrituale dieser Art gehören heute meist der Vergangenheit an. Aber man kann mit den Schülern eine Vereinbarung treffen, die der üblichen Konvention entspricht. Die Schüler suchen ihre Plätze auf, stellen die Privatgespräche ein, wenden sich dem Lehrer zu, damit dieser die Schüler begrüßen kann. Und die Schüler erwidern natürlich den Gruß, wie es üblich ist.

Ein in vielen Grundschulklassen geübtes Ritual ist der Morgenkreis. Schüler und Lehrer setzen sich im Kreis zusammen und berichten einander, was sie am Wochenende erlebt und durchlitten haben. Gespräche dieser Art können befreiend wirken, die Gesprächsbereitschaft fördern und das Gemeinschaftsgefühl stärken. Der Lehrer integriert sich bewusst in den Kreis. In wenigen Fällen, wenn z. B. Schüler ihre Mitschüler beleidigen, auslachen oder wenn es an der erforderlichen Gesprächsdisziplin fehlt, greift er steuernd ein.

Es gibt die Möglichkeit, einem Schüler die Gesprächsleitung zu übertragen. Oder die Schüler werden aufgefordert, das Wort an einen anderen Schüler weiterzugeben, wenn sie ihren Beitrag beendet haben. Solange alle Schüler etwas Erfreuliches zu berichten wissen und nur wenige Widerwärtigkeiten zur Sprache kommen, sind solche Morgenkreisgespräche unproblematisch. Wenn aber viele Schüler aus unvollständigen und sozial schwachen Familien kommen und wenn sie kein richtiges Zuhause haben, können Gespräche dieser Art zusätzlich belastend wirken. Wer erzählt schon gerne seinen Mitschülern, dass er sich gelangweilt hat, sich niemand um ihn kümmerte, er kein ordentliches Essen bekam und es stattdessen nur Zank, Streitereien und Schläge gab. Die sozial benachteiligten Schülern können nur jene Mitschüler beneiden, denen es viel besser geht. In solchen Gruppen ist der Lehrer gefordert, den »pädagogischen Takt« zu wahren.

Wird jeden Morgen ein Kreis gebildet und ziehen sich die Gespräche in die Länge, geht Unterrichtszeit verloren, die besser in die Lösung konkreter Lernaufgaben investiert werden sollte.

Ein an Grundschulen häufig gepflegtes Ritual sind Stilleübungen. Sie sollen der Beruhigung, Entspannung und Selbstfindung dienen. In allen Religionsgemeinschaften werden solche Übungen praktiziert. Werden sie erfolgreich absolviert, fühlen sich die Schüler erfrischt und sind bald wieder in der Lage, sich auf neue Ziele zu konzentrieren. Wann im Lehr-Lernprozess eine solche Übung angebracht erscheint, können sensible Lehrerinnen erspüren, weil sie mit ihren Schülern fühlen und denken. Meist werden sie jedoch praktiziert, wenn ein Lernergebnis vorliegt und sich deshalb eine Unterbrechung anbietet.

Die Art der Stilleübung variiert von Lehrerin zu Lehrerin. Der Ablauf folgt aber einem vereinbarten Ritual. Die Schüler nehmen ihre Plätze ein, stellen die Gespräche ein und suchen die Stille. Dann gibt die Lehrerin wenige Übungsanleitungen. Wird dieses Ritual häufiger praktiziert, kennen die Schüler schon einige Übungen. Damit das Ritual nicht erstarrt, gibt die Lehrerin hin und wieder neue Übungen vor. Am Ende steht eine Abschlussübung, die die Schüler in die Unterrichtswirklichkeit zurückführen soll.

An weiterführenden Schulen, die den Unterricht immer noch in Kurzstunden organisieren, sind Stilleübungen weitgehend unbekannt.

Ein Klassenrat wird in wenigen Lerngruppen am Ende einer Schulwoche abgehalten. Die Schüler beraten mit ihrem Klassenlehrer, was in der zurückliegenden Woche geschehen ist, was gut und weniger gut lief und wie es in der nächsten Woche weitergehen soll. Gegenstand der Beratungen ist oft auch das disziplinlose Verhalten einzelner Schüler, einer Gruppe oder des Lehrers.

Um in der begrenzt zur Verfügung stehenden Zeit ein Gesprächsergebnis zu erzielen, folgt die Beratung bestimmten Regeln. In altersheterogenen Gruppen wird zunächst dem jüngsten Schüler das Wort erteilt, dann kommen die älteren zu Wort und zuletzt sagt der Lehrer seine Meinung, sofern er dies für notwendig erachtet. Beratungen waren und sind in Internaten üblich, in denen nicht nur gelehrt und gelernt wird, sondern Lehrer und Schüler auch zusammenleben.

Um an öffentlichen Schulen einen Klassenrat abzuhalten, muss natürlich ein echter Klassenlehrer vorhanden sein, der seine Schüler gut kennt, dem sich die Schüler anvertrauen, der fast täglich in der eigenen Klasse und am Ende einer Schulwoche unterrichtet.

Die Frage, ob Rituale die soziale Ordnung im Unterricht absichern, lässt sich nicht ohne Weiteres beantworten. Damit sie ihre positive Wirkung entfalten können, ist zunächst einmal ihre Kenntnis eine Voraussetzung. Dann bedarf es entsprechender Vereinbarungen mit den Schülern, am besten intensiver Beziehungen, wie sie ein Klassenlehrer mit seinen Schülern pflegen kann. In einem Gruppenklima, das durch wechselseitiges Vertrauen gekennzeichnet ist, beteiligen sich die Schüler auch aktiv an der Ausübung eines Rituals. Und schließlich muss der Lehrer über jene Sensibilität verfügen, die den situationsangemessenen Einsatz des Rituals gewährleistet.

Rituale unterliegen der Gefahr, missbraucht zu werden oder zu erstarren. Wenn an jedem Morgen dasselbe Gebet gesprochen oder Lied gesungen wird, beten und singen die Schüler bald nur noch widerwillig. Dann beschäftigen sie sich anderweitig und verhalten sich aus der Sicht des Lehrers disziplinlos. Deshalb empfiehlt es sich, förderliche Rituale zu pflegen, sie aber angemessen zu variieren, damit sie nicht erstarren. Um dem Missbrauch bestimmter Rituale vorzubeugen, sind sie immer wieder zu hinterfragen und ideologiekritisch zu betrachten.

Autorität und Disziplin

Den Lehrer als eine Autorität gibt es tatsächlich. Von einer Aura umgeben, betritt er pünktlich das Klassenzimmer, begrüßt die Schüler freundlich und kommt sofort zur Sache. In seinem Lehrgebiet kennt er sich sehr gut aus. Der Unterricht bewegt sich niemals ausschließlich auf der Kenntnisebene, sondern zumindest einmal in der Stunde auf einem anspruchsvolleren Niveau, indem ein Sachverhalt zu verstehen oder eine Einsicht zu gewinnen ist.

Der Unterricht ist stets gegliedert, anschaulich und abwechslungsreich. Dieser Lehrer spricht diszipliniert, er sagt weder zu viel noch zu wenig. Er erklärt verständlich, d. h. anregend, einfach, geordnet und prägnant, und er berücksichtigt die Sprachebene der Schüler. Kurzvorträge begrenzt er auf etwa 20 Minuten, weil er um die danach stark absinkende Konzentrationsfähigkeit seiner Schüler weiß. Seine Fragestellungen und die Arbeitsaufträge sind fast immer interessant.

Er achtet auf einen Wechsel der Sozialformen und fördert so die Interaktionen zwischen den Schülern. Auch initiiert er häufig Einzelarbeit, damit die Schüler aktiv-produktiv lernen können und Lernwiderstände zu überwinden haben. Selbstverständlich kontrolliert er die Lernergebnisse und die Heftführung. Die Noten, die er erteilt, werden von den Schülern akzeptiert, weil er gewissenhaft korrigiert und sich um Gerechtigkeit bemüht.

Dieser Lehrer weiß um seinen Kenntnis- und Erfahrungsvorsprung, den er aufgrund seiner Studien und seines Alters hat. Die Kommunikation verläuft deshalb meist asymmetrisch. Zu seinen Schülern wahrt er die natürliche Distanz. Allerdings spricht er schon am zweiten Schultag jeden Schüler namentlich an. Er unterrichtet also nicht nur sein Fach, sondern die ihm anvertrauten Schüler. Er hört seinen Schülern zu und geht auf ihre Beiträge ein. Er provoziert Schülerfragen und freut sich über kluge Fragen.

Da dieser Lehrer qualifiziert unterrichtet und mit seinen Schülern wenige Regeln zur Aufrechterhaltung der sozialen Ordnung vereinbart hat, sind Disziplinkonflikte äußerst selten. Auf geringfügige Störungen reagiert er überwiegend nonverbal, indem er für kurze Zeit schweigt und eine finstere Miene aufsetzt, was meist zur Folge hat, dass sich die Schüler sofort wieder disziplinieren. Über Randkonflikte unterrichtet er hinweg, in der Hoffnung, dass sich die Schüler bald wieder für das Thema interessieren werden. Er bevorzugt die schulpädagogischen Interventionsmöglichkeiten, indem er z. B. das Lehrtempo anzieht oder verlangsamt, die Sozialform wechseln lässt oder einen Arbeitsauftrag erteilt, der Stillarbeit fordert.

Dieser Lehrer verliert nie den Überblick. Er wirkt fast immer souverän, bleibt ausgeglichen und geduldig, droht seinen Schülern nicht und schreit sie nicht an. Verhält er sich doch einmal unangemessen, entschuldigt er sich bei den Schülern. Er verzichtet auf verletzende, ironische, sarkastische oder zynische Bemerkungen sowie auf den Einsatz von Disziplinierungstechniken, weil er um deren Fragwürdigkeit weiß und weil diese einen Autoritätsverlust mit sich bringen würden. Einigen Schülern begegnet er allerdings mit einer impertinenten Höflichkeit, was er selbst als Schwäche erkannt hat.

Was die Selbstdisziplin betrifft, so bietet er seinen Schülern ein positives Modell, weil er die preußisch-schwäbischen Tugenden verinnerlicht hat. Tests und Klassenarbeiten korrigiert er sorgfältig und meist noch am selben Tag, da er sich für die Lernergebnisse seiner Schüler interessiert. Und die Schüler rechnen es ihm hoch an, wenn sie die Arbeiten schon am nächsten Tag zurückbekommen. Der Unterricht erscheint immer durchdacht. Der Medieneinsatz wird von ihm vorbereitet. Die Schüler übernehmen alle Aufgaben, die sie ihrem Alter entsprechend übernehmen können. So wie er den Unterricht pünktlich beginnt, so beendet er ihn auch meist pünktlich.

Weil er sich von vielen anderen Lehrern positiv unterscheidet, sehen die Schüler, aber auch die Eltern, Kollegen und Vorgesetzten in ihm eine Autorität und achten ihn als Persönlichkeit. Manche sprechen auch von ihm als einer in sich ruhenden oder stabilen Persönlichkeit. Er wirkt fast immer emotional ausgeglichen, ist kommunikativ und humorvoll. Durch seine konstruktive Einstellung und Haltung und beeinflusst er das Lern- und Gruppenklima positiv.

Dieser Lehrer beruft sich nie auf seine Amtsautorität oder auf den verordneten Lehrplan, weil er über ein hohes Maß an natürlicher Autorität verfügt. Diese ergibt sich aus seiner fachlichen, methodischen, sozialen und personalen Kompetenz sowie aus seinen reichen Erfahrungen. Als Experte für Instruktionsprozesse wird er allgemein geschätzt.

Wenn dieser Lehrer in das Klassenzimmer kommt, werden die Schüler sofort ruhig. Sie erwidern den Gruß, wenden sich ihm erwartungsvoll zu und befassen sich sofort mit dem Lerninhalt. Die Schüler möchten von seinem Kenntnis- und Erfahrungsvorsprung profitieren. Und anerkennend sagen sie untereinander: »Den kann man alles fragen!«, oder: »Der kennt sich aber gut aus!«, oder: »Bei dem wird der Unterricht nie langweilig!«, oder: »Bei dem lernt man viel!«, oder: »Der behandelt uns fair!«, oder: »Der kann sich durchsetzen, ohne dass man es merkt!«

Die Schüler beteiligen sich gerne am Unterricht, weil er abwechslungsreich gestaltet wird und sie in jeder Stunde etwas dazulernen. Und sie stellen viele Fragen, weil sie kompetente Antworten erhalten. Aufmerksam folgen sie den Erklärungen und Präsentationen und bringen sich selbst in den Prozess ein, indem sie nach Erklärungen suchen oder Ergebnisse präsentieren. Meist stehen die Lerninhalte im Mittelpunkt des Unterrichts. Noten und Zensuren werden für die Schüler zur Nebensache. Sie führen die Hefte ordentlich, weil ihnen bewusst ist, dass sich der Lehrer die Ausarbeitungen genau ansieht.

Für die Schüler ist jedes Wort ihres Lehrers wichtig. Sie rechnen ihm hoch an, dass er sich sofort alle Namen gemerkt hat und sie namentlich anspricht. Besonders schätzen sie an ihm, dass er nicht um den heißen Brei herumredet oder versucht, Unkenntnis unter einem Wortschwall zu verstecken. Wenn er mal etwas nicht weiß, was selten vorkommt, suchen Schüler und Lehrer gemeinsam nach einer Antwort oder Lösung.

Die Frage- und Problemstellungen werden von den Schülern gerne beantwortet oder analysiert, weil sie immer durchdacht erscheinen. Gleiches gilt für die Arbeitsaufträge, die oft auch in Einzelarbeit zu erfüllen sind. In einer konstruktiven Lern- und Arbeitsatmosphäre konzentrieren sich alle auf den Auftrag und helfen sich gegenseitig beim Lernen.

Weil ihnen der Lehrer als Vorbild dient, verhalten sich die Schüler entsprechend diszipliniert. Da er pünktlich ist, sind auch sie pünktlich. Da er den Unterricht plant und vorbereitet, machen auch sie ihre Hausaufgaben und packen jeden Abend ihren Schulrucksack. Da er ihnen zuhört, sind auch sie bemüht, ihm zuzuhören. Und weil er kluge Fragen stellt, macht es ihnen Spaß, ebenfalls klug zu fragen. Auf diese Weise kommt es zu einem positiven Wechselwirkungsprozess.

Die Schüler fühlen sich bei diesem Lehrer aufgehoben, weil er die Umgangsregeln mit ihnen abgesprochen hat und den Regeln entsprechend verfährt. So sagen sie anerkennend: »Bei dem weiß man, woran man ist.« Und am meisten schätzen sie seine Souveränität in kritischen Situationen, seine Einfälle und seinen feinen Humor. Seine Ruhe überträgt sich auf die Schüler, und so können sie die vielen Widerwärtigkeiten des Schulalltags gelassener ertragen.

Wenn sich ein Schüler einmal ganz anders verhält, die soziale Ordnung missachtet, durch einen kreativen Einfall für Aufregung und Unruhe sorgt, wird er nicht sofort abgestraft. Im Gegenteil, dann denken Lehrer und Schüler gemeinsam über den verrückten Einfall nach, lachen zunächst einmal, greifen ihn auf, lehnen ihn ab oder suchen nach einem Kompromiss. Auf diese Weise fühlen sich die Schüler nie eingeengt, sondern immer frei, selbstständig zu denken und die eigene Meinung zu äußern.

Wie wird ein Lehrer zu einer solchen Autorität? Kann man sich zu einer Lehrerpersönlichkeit entwickeln? Ist ein von Autorität getragener Lehrstil in Frage zu stellen?

Autorität kann man sich im Laufe der Jahre erarbeiten. Man ist nicht eine Autorität, sondern man wird zu einer Autorität, sofern man sich selbst diszipliniert und sich um den Erwerb fachlicher, methodischer, sozialer und personaler Kompetenzen bemüht. Ein Lehranfänger kann selten eine Autorität darstellen, aber er vermag die noch vorhandenen Kenntnis- und Erfahrungsdefizite durch Engagement auszugleichen.

Ein im Dienst erfahrener Lehrer, der sich über Jahre hinweg weitergebildet hat, der über zahlreiche Fachkenntnisse und über ein breites Methodenrepertoire verfügt, ist auf dem Weg, als Autorität anerkannt zu werden. Und wenn er darüber hinaus noch sozialkompetent und konfliktfähig ist, hat er wohl sein Ziel erreicht. Dann gilt er in den Augen vieler Schüler, Eltern, Kollegen und Vorgesetzter als Autorität.

Praktikanten und Referendare bekommen von ihren Mentoren immer wieder zu hören, das Wichtigste sei die Lehrerpersönlichkeit! Was sich hinter diesem Satz verbirgt und wie man zu einer Persönlichkeit werden kann, wird ihnen aber nicht gesagt.

Natürlich sind zunächst die Anlagen mitentscheidend dafür, ob aus einer Person eine Persönlichkeit wird. Zweitens kann jeder Lehrer einen eigenen Beitrag zur Persönlichkeitsentwicklung leisten, indem er Sozialerfahrungen sammelt, sei es im Zivildienst, bei einer Hilfsorganisation oder in einer Behinderteneinrichtung.

Drittens gibt es zahlreiche Möglichkeiten, Grenzerfahrungen zu sammeln, zeitweise einen asketischen Lebensstil zu pflegen, zu fasten oder sich in einer Sportart einem regelmäßigen und harten Training auszusetzen. Dann sind auch Auslandserfahrungen hilfreich, wie die Mitarbeit im Entwicklungsdienst. Schulpraktika an einer deutschen Schule im Ausland oder in einem Land der Dritten Welt bringen den angehenden Lehrer fast immer voran.

Viertens sind andere Berufserfahrungen nicht zu unterschätzen, sei es als Handwerker, Krankenschwester oder Sekretärin. Und dann gibt es noch eine weitere Möglichkeit, die allerdings schicksalsabhängig ist, die einer Person auferlegt oder aufgezwungen wird. Wer in existenzielle Schwierigkeiten gerät und viele Grenzsituationen durchstehen musste, der weiß danach wesentliche von unwesentlichen Dingen zu unterscheiden und verhält sich dann auch dementsprechend.

Aus einem Lehrer, der nur über Schulerfahrungen verfügt, der in der Schule, im Studium und im Referendariat immer nur benotet wurde und eines Tages froh ist, sich als Notenschreiber betätigen zu können, wird selten eine Lehrerpersönlichkeit.

Bleibt die Frage »Ist ein von Autorität getragener Lehrstil infrage zu stellen?« Sie ist eindeutig zu verneinen. Diese Frage wird wohl nur deshalb gestellt, weil die Fragenden nicht zwischen einem autoritären Lehr- und Erziehungsstil und einem Umgang unterscheiden, der durch gerechtfertigte Autorität gekennzeichnet ist.

Ein autoritärer Stil, bei dem der Lehrer ständig befiehlt und unbedingten Gehorsam verlangt, ist natürlich abzulehnen. Aber eine gerechtfertigte Autorität kommt allen Beteiligten zugute. Lehrer und Schüler gehen meist gerne zur Schule. Die für das Lehren und Lernen in Gruppen erforderliche soziale Ordnung wird fast immer gewahrt. Gemeinsam gestalten sie den Unterricht interessant und effektiv. Sie freuen sich über die Lehr-Lernerfahrungen und die erzielten Lehr-Lernergebnisse. Sie gehen verständnisvoll miteinander um. Und da Disziplinkonflikte äußerst selten sind, schonen alle Beteiligten ihre Nerven. Würden alle Lehrer über ein hohes Maß an gerechtfertigter Autorität verfügen, würde sich vermutlich die Zahl schulgeschädigter Lehrer und Schüler stark verringern.

Zur Relevanz empirischer Forschung

Eine differenzierte Darstellung vorliegender Forschungsergebnisse würde eine eigene Publikation erfordern. Deshalb erfolgt eine Beschränkung auf zwei Klassiker, die bis zum heutigen Tag immer wieder zitiert werden, auf die »Techniken der Klassenführung« (Kounin 1976) und auf die berühmte Rutter-Studie »Fünfzehntausend Stunden« (Rutter et al. 1980).

Jacob S. Kounin ist es gelungen, mittels einer empirischen Studie Faktoren zu isolieren, mit deren Hilfe man Schüler in Lerngruppen zu einem disziplinierten Verhalten führen kann. Die berühmten Kounin-Variablen sollen an dieser Stelle nur kurz vorgestellt werden, um anschließend die Frage zu beantworten, ob eine Übertragung dieser Variablen auf die Handlungsebene sinnvoll und möglich erscheint.

- **Allgegenwärtigkeit:** Der Lehrer behält die Schüler ständig im Auge und gibt ihnen zumindest nonverbal zu verstehen, dass er über ihr Verhalten informiert ist. Er beobachtet und toleriert parallele Handlungsabläufe, greift also nicht sofort ein, wenn sich Schüler anderweitig beschäftigen, solange sie ihre Mitschüler nicht beim Lernen stören.
- **Reibungslosigkeit und Schwung:** Der Unterrichtsablauf wird flüssig gestaltet. Es dauert also nicht endlos lange, bis etwas geschieht. Wird der Prozess verschleppt, langweilen sich die Schüler, beschäftigen sich anderweitig oder stören den Unterricht.
- **Gruppenmobilisierung und Gruppenfokus:** Der Lehrer aktiviert möglichst alle Schüler, stellt die Fragen und Arbeitsaufträge so, dass alle Schüler etwas damit anfangen können. Er behält die ganze Gruppe im Auge. Bei Partner- oder Kleingruppenarbeit ist er darauf bedacht, sich möglichst allen Kleingruppen sukzessive zuzuwenden. Beschäftigt sich ein Lehrer überwiegend mit sei-

nem Lieblingsschüler oder mit einer bestimmten Kleingruppe, werden die anderen neidisch, fühlen sich zurückgesetzt und verhalten sich undiszipliniert.

- **Intellektuelle Herausforderung:** Werden die Schüler intellektuell gefordert, haben sie das positive Gefühl, etwas Neues zu lernen. Dann hören sie dem Lehrer auch gerne zu oder konzentrieren sich auf die gestellte Aufgabe. Endlose Wiederholungen, bei denen die Schüler das Gefühl beschleicht, kostbare Lebenszeit sinnlos zu vergeuden, führen direkt in die Disziplinlosigkeit.
- **Stillarbeit:** In fast jeder Stunde sollten die Schüler Gelegenheit erhalten, sich in Einzelarbeit intensiv mit einer Frage- oder Problemstellung zu befassen. Bietet der Arbeitsauftrag oder das Arbeitsblatt Lernanreize, bewirkt Einzelarbeit eine ruhige Arbeitsatmosphäre, emotionale Ausgeglichenheit, Konzentration und eine Stärkung des Selbstwertgefühls, sofern die Schüler befriedigende Ergebnisse erzielen. Für Einzelarbeit, in deren Verlauf die Schüler aktiv-produktiv lernen, sind Blockstunden eine Voraussetzung.
- **Rechenschaftsprinzip:** Ist den Schülern bewusst, dass sich der Lehrer für ihre Lernergebnisse interessiert, geben sie sich Mühe und erhöhen ihre Anstrengungsbereitschaft. Arbeitsphasen ohne Ergebniskontrollen sind wenig effektiv. Dies gilt übrigens auch für die Hausaufgaben.

Auf den ersten Blick erscheinen die Ergebnisse überzeugend. Doch können aus ihnen nicht naiv Handlungsempfehlungen abgeleitet werden. Denn die Kounin-Variablen widersprechen teilweise übergeordneten Lehr- und Erziehungszielen. Schüler sollten im Unterricht nicht unter ständiger Beobachtung stehen, sondern auch hin und wieder unbeobachtet lernen, sich selbst Herausforderungen suchen, wie das bei offenen Unterrichtskonzeptionen wie Freiarbeit, Wochenplanarbeit, Stationenarbeit, Projektunterricht oder Portfolio möglich ist.

Wer als Lehrer ein volles Deputat übernommen und etwa 28 Wochenstunden zu erteilen hat, ist mit dem Versuch überfordert, diese Variablen auf die Handlungsebene zu übertragen. Hier wird ein Unterricht beschrieben, der mit der Wirklichkeit wenig zu tun hat. Viele Stunden müssen Übungsstunden sein. Ein selbstständiges Üben kann aber nicht reibungslos erfolgen. In solchen Übungsphasen sollen ja die Schüler Lernwiderstände überwinden und individuelle Lerndefizite ausgleichen. Und hierzu benötigen die Schüler unterschiedliche Lernzeiten.

Für Praktikanten, Referendare und Lehrer, die eine Lehrprobe zu halten haben, können diese sechs Punkte dennoch nützlich sein. Der Tipp: Behalten Sie den Überblick, gestalten Sie den Unterricht flüssig, aktivieren Sie möglichst alle Schüler, stellen Sie Fragen, die die Schüler interessieren, bereiten Sie ein Arbeitsblatt für Einzel- oder Partnerarbeit vor, das einen hohen Aufgabenanreiz bietet, und vergessen Sie nicht die Ergebniskontrolle. Die für das Lehren und Lernen erforderliche soziale Ordnung ist allerdings damit noch nicht sichergestellt. Vielleicht gibt es doch einige Problemschüler, die ein Chaos inszenieren und die sich über chaotische Verhältnisse freuen.

Aus der erwähnten Rutter-Studie lassen sich ebenfalls einige bedeutsame Empfehlungen ableiten. Michael Rutter und seine Mitarbeiter hospitierten in verschiedenen Londoner Schulen mit hoher und geringer Kriminalitätsrate (Rutter et al. 1980). Sie richteten ihr Hauptaugenmerk auf jene Schulen mit geringer Delinquenzrate und konnten dort folgende Beobachtungen machen:

- Die Schulen verfügten über eine Schulordnung.
- Lehrer und Schüler achteten gemeinsam auf die Einhaltung der Regeln.
- Die Lehrer achteten insbesondere auf den regelmäßigen Schulbesuch aller Schüler. Sie waren stets informiert, welche Schüler fehlten. Kam ein Schüler nicht zum Unterricht, wurde ein Mitschüler vorbeigeschickt, um ihm zu sagen: »Wir brauchen dich. Du fehlst uns!«
- Die Lehrer verzichteten weitgehend auf Disziplinierungstechniken, sanktionierten allerdings konsequent bedeutsame Regelüberschreitungen.
- Die Lehrer lobten häufig jene Schüler, die sich diszipliniert verhielten.

- Sie ignorierten abweichendes Verhalten, gaben den Schülern nicht die erwünschte Zuwendung, sondern ihnen indirekt zu verstehen, dass sie mit dem Verhalten nicht einverstanden seien.
- Die Unterrichtsstunden zeichneten sich durch einen hohen Anteil effektiver Arbeitszeit aus. Der Unterricht wurde meist pünktlich begonnen und nie vorzeitig beendet.
- Die Medien waren einsatzbereit. Lehrer und Schüler hatten fast immer die benötigten Lehr- und Lernmaterialien dabei.
- Die Lehrer versuchten, möglichst alle Schüler zu aktivieren und sich allen Schülern in vergleichbarer Weise zuzuwenden.
- Die Lehrer wechselten häufig die Sozialform und leiteten die Schüler zur Stillarbeit an, gaben ihnen Gelegenheit, sich auf eine Frage- oder Problemstellung zu konzentrieren. Die Lehrer standen nicht immer im Zentrum des Geschehens.
- Gelungene Schülerarbeiten wurden ausgestellt, sodass die Schüler auf ihre Arbeiten stolz sein konnten.
- Viele Klassenzimmer waren zu Lernumgebungen umgestaltet, in denen sich die Schüler wohlfühlen konnten.
- Schüler konnten sich auch mit privaten Problemen an ihre Lehrer wenden und sich bei diesen Rat holen.
- Zwischen den Lehrern wurden bedeutsame Absprachen getroffen.
- Einige Lehrer bereiteten sich auch gemeinsam vor.

Insgesamt erbrachten Lehrer und Schüler in dieser Umgebung höhere Lehr-Lernleistungen und bessere Lehr-Lernergebnisse.

Andere Ergebnisse werden durch die Lehr-Lernforschung bestätigt, so z. B. die Variable »time on task« (Walberg 1990). Allerdings bedarf es wohl kaum empirischer Studien, um herauszufinden, dass sich Schüler dann disziplinierter verhalten, wenn der Lehrer den Unterricht pünktlich beginnt, fast die gesamte Zeit zum Lehren und Lernen genutzt und der Unterricht nicht vorzeitig beendet wird.

Zwar lassen sich empirischen Studien einige wertvolle Anregungen entnehmen, doch werden im Hinblick auf die Disziplinproblematik die Grenzen empirischer Forschung besonders deutlich. Viele entscheidende Variablen werden nur marginal oder gar nicht berücksichtigt. So wird z. B. nicht einmal eine Unterscheidung zwischen Fremddisziplin und Selbstdisziplin getroffen, zwischen Forderungen, die von außen an die Schüler herangetragen werden, und einem disziplinierten Verhalten, das sich Schüler selbst auferlegen.

Ausgeklammert wird zumeist auch der kulturelle Hintergrund. Chinesen, Japaner und Koreaner betrachten das Disziplinproblem von einer ganz anderen Warte. Ebenso unberücksichtigt bleibt der zeitgeschichtliche Hintergrund. So assoziiert man in Deutschland mit dem Begriff der Disziplin häufig das Dritte Reich und Stalingrad, während den Finnen, die nie einen Angriffskrieg geführt haben, diese Assoziationen erspart bleiben. Sie denken im Gegenteil stolz an ihre disziplinierten Kämpfer, die sich in den Winterkriegen erfolgreich gegen den russischen Bären gewehrt haben.

Unberücksichtigt bleibt zumeist auch der unterschiedliche Unterricht auf verschiedenen Schulstufen. Das Disziplinproblem stellt sich auf der Unter-, Mittel- und Oberstufe ganz unterschiedlich dar. Wenn z. B. an einigen gut geführten Grundschulen ein offener Schulanfang praktiziert wird, muss die Empfehlung, den Unterricht pünktlich zu beginnen, durch die Empfehlung ersetzt werden, sich in einem vorgegebenen »Zeitfenster« einzufinden.

Unberücksichtigt bleiben Variablen wie das Schulsystem, die Selektion zehnjähriger Kinder, die auch zahlreiche Disziplinkonflikte nach sich zieht, oder eine Systemdifferenzierung nach dem sechsten oder neunten Schuljahr. Unberücksichtigt bleiben zumeist die Schulart, Halbtags- oder Ganztagsschule, das Lernangebot, Art und Anzahl der Fächer – zwölf oder sieben Fächer pro Schulwoche –, die Unterrichtsorganisation, Kurzstunden oder Blockstunden, die Unterrichtskonzeptionen, Frontalunterricht oder auch Formen des offenen Unterrichts.

Unberücksichtigt bleiben die Auswahl der Studienbewerber für das Lehramt, Eignungsprüfungen oder Zeugnisnoten. Nicht einbezogen wird die Art der Lehrerbildung, praxisfern oder praxisnah. Auch wird die Frage nach der Lehrerpersönlichkeit nicht gestellt – weniger bzw. eher geeignet –, und auch nicht die Frage der Autorität – Amtsautorität oder natürliche Autorität aufgrund vorhandener Sach-, Methoden-, Sozial- und Personalkompetenz.

Einzelne Ergebnisse der Rutter-Studie bestätigen die Befunde der Kounin-Untersuchung. So wird in beiden Studien die Bedeutung der Einzelarbeit betont. Vernachlässigt werden die Normen- und Werteproblematik, die Erziehung der Schüler zum Gehorsam oder auch zum Ungehorsam, zum Untertan oder zum Staatsbürger, der in gesellschaftlich kritischen Situationen zivilcouragiert handelt. Aus diesen Überlegungen lässt sich die Einsicht ableiten, dass empirische Studien zur Disziplin im Unterricht nur sehr begrenzt aussagekräftig sein können.

Disziplin – Ungehorsam – Zivilcourage

Das übergeordnete Erziehungsziel muss der mündige Staatsbürger bleiben, der in gesellschaftlich kritischen Situationen zivilcouragiert handelt und in Ausnahmesituationen Widerstand leistet. In allen Lebensbereichen wird zwar Disziplin gefordert, so in der Familie, im Beruf, im gesellschaftlichen Leben und natürlich auch in der Schule. Und ein erfolgreicher Unterricht ist ohne die für das Lehren und Lernen in Gruppen erforderliche soziale Ordnung nicht denkbar. Schüler müssen sich in Selbstdisziplin üben, individuelle Bedürfnisse einschränken, aufschieben oder auf deren Befriedigung verzichten. Aber es kann nicht das alleinige Ziel sein, die Schüler dahingehend zu erziehen, dass sie alle Gesetze, Verbote und Gebote vorbehaltlos akzeptieren und sich in Gehorsam üben – bis hin zum Kadavergehorsam.

In allen Gesellschaftssystemen sind die jeweiligen Politiker und Machthaber bemüht, die Staatsbürger oder Untertanen in ihrem Sinn zum Zweck des Machterhaltes zu beeinflussen, zu manipulieren und zu indoktrinieren. Das war in der Zeit des Nationalsozialismus so, im »real existierenden Sozialismus« der Deutschen Demokratischen Republik, in den kommunistischen Gesellschaftssystemen und heute noch in zahlreichen Diktaturen.

Auch in demokratisch orientierten Gesellschaftssystemen wie der Bundesrepublik sind Politiker ständig bemüht, die Wahlbürger zu manipulieren. Vor Landtagswahlen schüren sie Ängste vor gewalttätigen jugendlichen Migranten, die es so gar nicht gibt. Vor Wahlen treffen sie Koalitionsaussagen, die sie nach der Wahl nicht einhalten.

Schüler können nicht davon ausgehen, dass Politiker künftig ihre Macht nie missbrauchen werden. Oft handeln Politiker nicht verfassungskonform, versäumen es, sich sachkundig zu machen, sodass das Bundesverfassungsgericht angerufen werden muss. Wenn also

Politiker Gesetze missachten, unrechtes Recht als solches nicht erkennen, wenn sie Anschläge auf Asylbewerberheime oder Friedhofsschändungen verharmlosen, sind Schüler als angehende Staatsbürger gefordert. Dann sollten sie der Obrigkeit den Gehorsam verweigern und Widerstand leisten.

Wenn wir Schüler ständig dazu anhalten, vorgegebene Ordnungen zu wahren und bestimmte Regeln einzuhalten, wenn wir von ihnen verlangen, alle Anweisungen der Lehrer zu befolgen, wenn wir sie disziplinieren und zur Selbstdisziplin anhalten, können wir nicht davon ausgehen, dass sie eines Tages, wenn es die politische Situation erfordert, plötzlich zivilcouragiert handeln.

Zwar lassen sich Schüler nicht beliebig disziplinieren. Und wenn der Druck zu groß wird und Reglementierungen dominieren, regt sich erfahrungsgemäß bei ihnen der Protest. Aber offen bleibt die Frage, wie sich dieser Spagat zwischen Disziplin und Ungehorsam bewerkstelligen lässt. Offensichtlich erscheint es nicht gerechtfertigt, Schüler ausschließlich zum Gehorsam zu erziehen. Notwendig ist auch eine Erziehung zum Ungehorsam.

Zum übergeordneten Erziehungsziel der Emanzipation, der Befreiung von ungerechtfertigter Machtausübung durch Politiker, Lehrer, Eltern und Vorgesetzte, gibt es keine Alternative. Dieses allgemeine Ziel ist differenzierter zu sehen: als eine Erziehung zum Widerspruch, zur Diskursfähigkeit, zur Toleranz, zur Analysefähigkeit, zur Mitbestimmung und Mitverantwortung.

Zunächst sollten Schüler lernen, ihren Lehrern zu widersprechen. Das Verhältnis zwischen den Lehrern und Schülern ist ja ein Machtverhältnis eigener Art. Lehrer treffen Anordnungen, erteilen Arbeitsaufträge, sprechen Gebote und Verbote aus und schreiben auch noch Noten. Meist ist diese Art der Machtausübung auch gerechtfertigt. Aber es gibt viele Situationen, in denen Lehrer ungerechtfertigt Macht ausüben.

Schüler haben das Recht und die Pflicht, sich zu wehren, wenn Lehrer Inhalte einseitig darstellen und versuchen, die Schüler zu indoktrinieren. Schüler dürfen protestieren, wenn Methodenmonotonie praktiziert wird und der Unterricht in Routine erstarrt. Natürlich dürfen sie sich auch in geeigneter Weise wehren, wenn es Lehrern an Selbstdisziplin mangelt, sie ungepflegt zum Unterricht kommen, oft unpünktlich sind oder Klassenarbeiten wochenlang nicht korrigieren.

Schüler sollten widersprechen, wenn sie beschimpft, beleidigt, herabgesetzt und gedemütigt werden. Protest ist angesagt, wenn Lehrer mit fragwürdigen Disziplinierungstechniken arbeiten, laufend Einträge ins Klassenbuch vornehmen, seitenlang abschreiben lassen oder unerwünschtes Schülerverhalten indirekt durch schlechte Noten bestrafen. Wenn sich Schüler gegen diese ungerechtfertigten Formen der Machtausübung wehren, wenn sie protestieren, widersprechen oder sich verweigern, haben sie den ersten Schritt auf dem langen Weg zur Emanzipation getan.

Im Bereich der politischen Bildung wird seit Jahrzehnten der Beutelsbacher Konsens akzeptiert (Schneider 1999). Er beinhaltet einmal das Indoktrinationsverbot, indem es Lehrern nicht erlaubt ist, den Schülern die eigene Meinung als alleinige Wahrheit darzustellen. Lehrer können der Gefahr einer Indoktrination begegnen, indem sie Diskussionen verschiedener Sichtweisen initiieren, die Schüler auffordern, ein Problem aus der Perspektive verschiedener Personen oder Bezugsgruppen zu betrachten und deren Positionen zu vertreten. Auf diese Weise leisten sie einen praktischen Beitrag zur Toleranzerziehung (Becker 2008).

Das Indoktrinationsverbot beinhaltet für die Lehrer nicht ein Verbot der politischen Meinungsäußerung. Selbstverständlich dürfen Lehrer am Ende einer Diskussion ihre persönliche politische Meinung äußern, vor allem, wenn sie von den Schülern direkt danach gefragt werden. Aber sie sollten ihre Stellungnahme als ihre persönliche kennzeichnen.

Zu Recht wird im Beutelsbacher Konsens das Gebot der Kontroversität verlangt. Sachverhalte, die in der Öffentlichkeit kontrovers diskutiert werden, sollten auch im Unterricht zu einer Diskussion gegensätzlicher Positionen führen. Auf diese Weise können die Schüler ihre Diskussionsfähigkeit schulen, indem sie eine der beiden Positionen entschieden vertreten, ohne sich persönlich anzugreifen.

Die Beteiligung an einer anspruchsvollen Diskussion setzt die im Beutelsbacher Konsens ebenfalls geforderte Analysefähigkeit voraus. Diese beinhaltet die Fähigkeiten, zunächst die eigene Situation zu überdenken, sie zu analysieren und persönliche Konsequenzen zu ziehen. Die weiterführenden Fähigkeiten, gesellschaftliche Strukturen zu durchschauen, Rechtsbrüche zu erkennen, Versäumnisse aufzudecken und Vorschläge für ein mögliches Vorgehen zu unterbreiten, bleiben allerdings älteren und leistungsstarken Schülern vorbehalten.

Wenn Schüler gelernt haben, bei gerechtfertigten Anlässen in geeigneter Weise zu widersprechen, wenn sie nicht jede Lehrermeinung naiv übernehmen, zum Perspektivenwechsel fähig sind, ihre Diskussionsfähigkeit entwickelt haben und in der Lage sind, die eigene Situation zu analysieren, fehlen immer noch wesentliche Voraussetzungen für ein zivilcouragiertes Handeln, als da sind Engagement, Mitbestimmung und Mitverantwortung.

Nur wer emotional betroffen ist und hinschaut, wird sich engagieren, bereit sein, zu handeln und Verantwortung zu übernehmen. Wer partizipiert, verhält sich zumeist auch diszipliniert. Allerdings ist die Art der Mitbestimmung vom Alter der Schüler abhängig. Für diese Tatsache hat Giesecke (1977) das Konzept einer emanzipatorischen Mitbestimmung entwickelt, das sich an der Mitbestimmungsfähigkeit der Schüler orientiert.

Grundschüler können nicht über Sachverhalte befinden, die sie noch nicht überschauen. Und so muss die Lehrerin oft selbst bestimmen, was zu geschehen hat. Älteren Schülern wird man bestimmte Sachverhalte erklären, ihre Mitbestimmungsfähigkeit im Gespräch entwickeln, um sie dann mitentscheiden zu lassen. Schließlich wird man Jugendliche auffordern, selbst Ideen zu entwickeln, wie sie sich einmischen und die Mitbestimmungsspielräume ausschöpfen können.

Dazu ist die Kenntnis demokratischer Umgangsformen sowie der legitimen Formen des Protests eine Voraussetzung, wie des Rechts auf freie Meinungsäußerung, des Rechts, sich zu versammeln, sich zu solidarisieren, einen Verein zu gründen, eine Bürgerinitiative ins Leben zu rufen, des Rechts, zu demonstrieren, zu publizieren, Anfragen an Politiker zu richten oder sich an den Petitionsausschuss zu wenden.

Bleibt es im Unterricht nur bei blutleeren Belehrungen über die Grundrechte, ist kaum davon auszugehen, dass Schüler in gesellschaftlich relevanten Krisensituationen zivilcouragiert handeln werden. Vielmehr sollten man ihnen Gelegenheiten bieten, bestimmte Formen des Protests auch praktisch zu erproben.

Wenn alle Formen des legitimen Protests scheitern, bleibt als Ultima Ratio nur ein zivilcouragiertes Handeln bis hin zum Widerstand. Um erfolgreich zu sein, genügt nicht allein der Mut, sich seines eigenen Verstandes zu bedienen, wie es Immanuel Kant im Zeitalter der Aufklärung gefordert hat. Dies ist natürlich der erste wichtige Schritt, aber weitere müssen folgen.

Die Bildungsbürger des 20. Jahrhunderts in der Zeit der Weimarer Republik und im Dritten Reich verfügten über bemerkenswerte kognitive Fähigkeiten. Viele von ihnen, vor allem die preußisch-schwäbischen Beamten, waren auch glänzend organisiert. Was ihnen mehrheitlich fehlte – und das ist nicht als Anklage, sondern lediglich als Feststellung zu verstehen –, waren ein aus unserer heutigen Sicht anspruchsvoller Normen- und Wertehorizont sowie ein gesellschaftspolitisches Verantwortungsbewusstsein.

Sie hatten selten den Mut, Missstände offen anzusprechen, was in einer Diktatur mit hohen Risiken verbunden war. Sie wagten es kaum, sich mit ähnlich gesinnten Bürgern zu solidarisieren, was im Geheimen erfolgen musste. Und sie waren selten in der Lage, Strategien zu entwickeln, die geeignet waren, Widerstand zu leisten. Und wenn sie den Versuch wagten, die im Ansatz entwickelten Strategien umzusetzen und den Widerstand zu organisieren, mündeten diese Versuche oft in einer Katastrophe (Bracher 1984).

Mit der nachstehenden Lernstrategie sollen bei den Schülern die Bereitschaft und Fähigkeit zum Widerstand gestärkt und entwickelt werden. Es ist eine Primärstrategie, d. h. es wird davon ausgegangen, dass man zivilcouragiertes Handeln in ähnlicher Weise erlernen kann wie das Verfassen eines Textes oder das Lösen einer Textaufgabe. Diese Primärstrategie umfasst von der Ereignisauffassung bis zum Handlungsvollzug zehn Schritte. Mit ihr wird als Ziel ein zivilcouragiertes Handeln verfolgt.

Aber man bewegt sich nicht geradlinig auf das Ziel zu, weil unverhofft auftretende Ereignisse den kürzesten Weg versperren können. In solchen Fällen muss vorübergehend ein anderer Weg eingeschlagen werden. Oder man ist gezwungen, einen oder mehrere

Schritte zurückzugehen, um zu einem späteren Zeitpunkt die früher eingeschlagene Strategie zu verfolgen. Im Unterschied zu den kognitiv akzentuierten Primärstrategien, gilt es hier drei weitere Faktoren zu berücksichtigen, nämlich die emotionale Betroffenheit, die Normen- und Werteproblematik sowie die »Courage« .

Schritt 1: Ereignis wahrnehmen lassen

Bei diesem Schritt kommt es darauf an, dass die Schüler das Ereignis zunächst einmal wahrnehmen, wie z. B. das geschändete Grab auf dem Friedhof, die Nazi-Symbole an der Schulmauer, den verprügelten alten Mann, den Aufmarsch radikaler Gruppen. Die Schüler sollen lernen, nicht wegzuschauen, sondern hinzusehen. Um das Ereignis begreifbar werden zu lassen, gibt es zahlreiche Möglichkeiten. So können die Schüler ihre Vorkenntnisse und Vorerfahrungen einbringen, der Lehrer kann eine Pressenotiz vorlesen oder ein anderes geeignetes Medium einsetzen.

Schritt 2: Betroffenheit äußern lassen

Bei diesem Schritt sollen die Schüler ihren Gefühlen Ausdruck geben. Ärger, Wut, Bestürzung oder Abscheu müssen zunächst einmal geäußert werden. Erst wenn die Emotionen abgeklungen sind, kann man über das Ereignis nachdenken und sich eine Meinung bilden.

Schritt 3: Erste Reaktionen abrufen

Nun sollen die Schüler erste Meinungen äußern. Steht man unter Zeit- und Handlungsdruck, ist die Frage zu beantworten, wie man sich von diesem Handlungszwang befreien kann. Muss sofort etwas geschehen, ist das Erstverhalten zu überdenken, weil unüberlegte Reaktionen viele Nachteile mit sich bringen können.

Schritt 4: Inkubationsphase

In einer Zeit des Nachdenkens sollen die Schüler das Ereignis, das zu einem Problem geworden ist, mit sich herumtragen. Sie sollen die innere Unruhe erfahren, die dann entsteht, wenn man der Meinung ist, dass etwas getan werden müsste, man aber noch nicht weiß, was getan werden könnte. Anfangs überwiegt oft ein Gefühl der Hilflosigkeit und Ratlosigkeit. Bei längerem Nachdenken zeichnen sich erste Handlungsmöglichkeiten ab.

Schritt 5: Solidarisierung

Da gemeinsame Aktionen meist erfolgreicher sind als Einzelaktionen, lohnt es sich, nach gleich gesinnten Menschen zu suchen, um sich mit ihnen zu verbünden. Bei gemeinsamen Aktionen gibt es allerdings immer auch Mitwisser, die ein Vorhaben gefährden können. Selbstverständlich müssen sich alle Beteiligten disziplinieren und außerhalb der Gruppe schweigen. Nun werden Meinungen ausgetauscht, Auffassungen dargelegt und erste Handlungsmöglichkeiten in Erwägung gezogen.

Schritt 6: Ereignisanalyse

Bei diesem Schritt sollen die Schüler lernen, gesellschaftliche Ereignisse sorgfältig zu analysieren. Es kommt darauf an, verschiedene Informationsquellen zu nutzen, die Informationen zu vergleichen und Tatsachen von Vermutungen zu trennen. Auch wird bei diesem Schritt über mögliche Ursachen nachgedacht und nach einem Verursachungsschwerpunkt gesucht. Das analytische Bemühen bewirkt eine größere Transparenz der Ereignisse.

Schritt 7: Handlungsplanung

Dieser Schritt beinhaltet drei Teilschritte. Zunächst sollen die Schüler Einfälle sammeln, die einen Handlungsbeitrag leisten könnten. Dann sind die Handlungsmöglichkeiten zu sichten und zu beurteilen. Die als positiv beurteilten Handlungsmöglichkeiten sind zu markieren. Auf diese Weise entsteht ein durchdachtes selektives Handlungsspektrum.

Schritt 8: Gewissensprüfung

Bei diesem Schritt sollen die Schüler die Frage beantworten, ob sich die in Aussicht genommenen Handlungen verantworten lassen. Das im Schritt 1 aktualisierte Ereignis und die beabsichtigten Handlungen sind mit übergeordneten Normen und Werten in Beziehung zu setzen, so z. B. mit dem Grundgesetz, der Erklärung der Menschenrechte oder den Zehn Geboten. Fehlen zutreffende Rechtsnormen, sind Beurteilungskriterien zu entwickeln und zu begründen. Am Ende dieses Prozesses steht die Entscheidung, ob gehandelt werden soll.

Schritt 9: Ausführungsplanung

Nach erfolgter Gewissensprüfung sollen die Schüler die als positiv erachteten Handlungsmöglichkeiten unter weitgehender Ausschaltung von Emotionen intelligent kombinieren. Das Ergebnis muss ein detaillierter Organisations-, Zeit- und Ablaufplan sein, d. h. es ist genau festzulegen, welche Personen sich besonders gut für die Tat eignen, welche Teilhandlungen auszuführen sind und welches die günstigsten Zeitpunkte sind. Abschließend sind die Erfolgsaussichten zu beurteilen und ist das Risiko der ausführenden Personen einzuschätzen. Um den Erfolg nicht zu gefährden, sollten Alternativen durchgespielt werden.

Schritt 10: Zivilcouragiertes Handeln

Um erfolgreich zu handeln, kommt es darauf an, den Plan umsichtig zu realisieren und in der konkreten Situation flexibel und variabel zu verfahren. Einerseits ist ein diszipliniertes Vorgehen geboten, andererseits ist vom Ausführungsplan abzuweichen, wenn es die Situation erfordert.

Nun stellt sich natürlich die Frage, ob sich in Verbindung mit dieser Primärstrategie Zivilcourage tatsächlich erlernen lässt. Grundschüler werden kaum über die ersten Schritte hinauskommen, weil ihre analytischen Fähigkeiten noch unzureichend entwickelt sind. Auch können sie – den Stufen der moralischen Entwicklung folgend – noch nicht von konkreten Ereignissen abstrahieren, Normen und Werte heranziehen und anspruchsvolle Beurteilungen vollziehen.

Für ältere Schüler und Jugendliche gibt es mehrere Lernchancen. Zunächst kann man die Wege verschiedener Widerstandsgruppen verfolgen, so z. B. den Weg von Hans und Sophie Scholl oder die Aktivitäten des Kreisauer Kreises um Graf von Moltke und Graf von Stauffenberg. Dann lassen sich die Wege einzelner Widerstandskämpfer verfolgen, wie z. B. der Weg von Johann Georg Elser, der am 8. November 1939 im Bürgerbräukeller in München ganz auf sich allein gestellt den Versuch unternahm, Hitler durch einen Sprengstoffanschlag zu beseitigen.

Auch die Lebenswege von Carl von Ossietzky, Elisabeth von Thadden, Adolf Reichwein, Hans von Dohnanyi, Dietrich Bonhoeffer, Alfred Delp, Julius Leber, Hermann Maas oder Albrecht Haushofer lassen sich mithilfe dieser Strategie analysieren, indem man folgende Fragen stellt:

- Welches waren die Ereignisse, die sie nicht akzeptieren konnten? (Schritt 1)
- Wie äußerte sich ihre Betroffenheit? (Schritt 2)
- Wie reagierten sie anfangs auf bestimmte Ereignisse? (Schritt 3)
- Gab es bei ihnen eine Inkubationsphase, eine Zeit der Hilflosigkeit und der Ratlosigkeit? (Schritt 4)
- Mit welchen Personen pflegten sie Kontakte? Wer erklärte sich

mit ihnen solidarisch, wer beging Verrat? Oder handelten sie als »Einzelkämpfer«? (Schritt 5)
- In welcher besonderen Situation befanden sich die betreffenden Persönlichkeiten? (Schritt 6)
- Durch welche Handlungen manifestierte sich ihr Widerstand? (Schritt 7)
- Welchen Normen und Werten fühlten sie sich verpflichtet? (Schritt 8)
- In welcher Art planten sie ihr Handeln? (Schritt 9)
- Und inwieweit konnten sie ihre Pläne verwirklichen, was führte zum Scheitern? (Schritt 10)

Wer sich mit den »Lebensbildern aus dem deutschen Widerstand« befasst, gelangt zu der Einsicht, dass Selbstdisziplin eine notwendige Eigenschaft ist, um Widerstand leisten zu können (Bracher 1984).

Als weitere Lernchance bietet sich ein handlungsorientierter Unterricht an. Wenn im politischen Raum, in der Gemeinde oder im Einzugsgebiet der Schule etwas Ungeheuerliches geschieht und Schüler wie Lehrer der Meinung sind, dass etwas getan werden müsste, können sie gemeinsam die zehn Schritte durchlaufen, können publizieren, plakatieren und demonstrieren.

Natürlich können auch andere Gruppen diese Strategie verfolgen, wie z. B. Jugendgruppen, Bürgerinitiativen, Bürgerrechtsgruppen, religiös oder parteipolitisch orientierte Gruppen, aber auch kriminelle Gruppen, die rechtswidrige Ziele verfolgen, deren Mitglieder aber wohl kaum dieses Buch lesen werden. So betrachtet kann die Strategie nützlich und notwendig sein, um konstruktive gesellschaftliche Veränderungen zu bewirken, das Gesellschaftssystem zu bewahren und, falls es notwendig sein sollte, effektiv Widerstand zu leisten.

Allerdings sollte diese Strategie nicht überschätzt werden, wie das bekannte Milgram-Experiment nahelegt. In diesem Experiment widersetzte sich nur jede siebente Versuchsperson den Anordnungen, bestimmte Personen für nicht erbrachte Leistungen durch Stromschläge zu bestrafen (Milgram 1974).

Bezogen auf unsere Problematik heißt das wohl, dass auch künftig viele Bürger rechtswidrige Befehle ausführen werden. Wie viele

Bürger sich in politisch bedeutsamen Krisensituationen verweigern werden, muss offen bleiben. Aber in der Vergangenheit waren es immer nur wenige, und es werden auch künftig nur wenige sein. Umso wichtiger ist es, die wenigen mit dieser Strategie vertraut zu machen, um sie so zu unterstützen.

In ähnlicher Weise stimmt der bekannte Film »Die Welle« nachdenklich und pessimistisch. Er dokumentiert eindrucksvoll, wie es einem Lehrer gelingt, seine Schüler so zu disziplinieren, dass sie widerstandslos alle seine Befehle ausführen. Wahrscheinlich ist es ein anthropologisches Phänomen, sich disziplinieren zu lassen und sich der Mehrheit anzuschließen.

Umso mehr kommt es darauf an, Lehrer und Schüler dahingehend zu sensibilisieren, dass sie alle Gesetze, Gebote, Befehle und Anordnungen einer ideologiekritischen Betrachtung unterziehen und sich immer wieder die Frage vorlegen, ob sie mit übergeordneten Normen und Wertvorstellungen übereinstimmen. Erst dann ist zu entscheiden, ob man sich in Gehorsam übt oder Widerstand leistet.

Einsichten und Folgerungen

Erstaunlicherweise hat man dem Thema »Disziplin« in den letzten Jahrzehnten wenig Beachtung geschenkt. Wahrscheinlich nehmen fast alle Menschen die Notwendigkeit disziplinierten Verhaltens als etwas Selbstverständliches hin. Arbeitnehmer denken gar nicht mehr darüber nach, wie sie sich disziplinieren lassen, um ihren Arbeitsvertrag zu erfüllen. Aber auch für verantwortungsbewusste Arbeitgeber gehört ein diszipliniertes Verhalten zum Arbeitsethos. Die Notwendigkeit disziplinierten Verhaltens dominiert alle Lebens- und Arbeitsbereiche.

Disziplin ist eine auf Ordnung oder Unterordnung gerichtete Tugend. Zu unterscheiden ist die Fremddisziplin von der Selbstdisziplin. Der kulturelle Hintergrund, die historischen Ereignisse, die gesellschaftliche Dynamik und die aktuellen gesellschaftlichen Verhältnisse bestimmen das Ausmaß der geforderten bzw. selbst auferlegten Disziplin. Politiker aller Gesellschaftssysteme fordern von ihren Bürgern oder Untertanen diszipliniertes Verhalten zum Zweck der Systemerhaltung.

Die Begriffe »Disziplin« und »Führer« sind in Deutschland zeitgeschichtlich belastet. So wurde vor dem Ersten Weltkrieg von allen Schülern Respekt und Gehorsam gegenüber den Lehrern gefordert. Die Erfahrungen aus dem Dritten Reich bewirkten bei einigen Lehrern ein Umdenken. Zwar wurden die beiden Begriffe verdrängt, dies ändert aber nichts an der Tatsache, dass es sich um zwei erziehungs- und bildungsrelevante Begriffe handelt.

Der Begriff des »Führers« wurde nach dem Zweiten Weltkrieg aus der pädagogischen Diskussion weitgehend verbannt. Wer wollte schon seine Klasse »führen«? Zwar kommt niemand auf die Idee, Berg- oder Fremdenführern eine nationalsozialistische Gesinnung zu unterstellen. Und natürlich muss auch ein Lehrer seine Schüler führen. Aber neben den Führungsaufgaben haben Lehrer die Schüler zum Lernen anzuregen und sie beim Lernen zu betreuen. Dieser Rollenwechsel vom Führer zum Anreger, Anleiter, Helfer, Moderator und Schlichter fällt vielen Lehrern an weiterführenden Schulen schwer.

Es gibt disziplinbesessene Menschen, die sich disziplinieren lassen und sich selbst disziplinieren. Sie unterliegen einem Steigerungszwang, so z. B. Spitzensportler, die jahrelang intensiv trainieren und die sich feiern lassen, wenn sie erfolgreich sind. Dieser Umstand weist auf einen Zusammenhang zwischen Disziplin, Leistung und Glück hin. Aber es gibt auch den disziplinbesessenen Arbeitnehmer, der sich für seinen Betrieb aufopfert und schließlich seinem Streben und seinem Ehrgeiz erliegt.

Wo Menschen zusammenleben und -arbeiten, muss es eine soziale Ordnung geben. Von allen Beteiligten werden Disziplin und Selbstdisziplin verlangt, so in der Familie, in der Schule, im Beruf oder in der Freizeit. Auch kommen kein Lager und keine Strafvollzugsanstalt ohne eine Lager- oder Gefängnisordnung aus. Dass die Lagerordnungen im Dritten Reich menschenverachtend waren, steht außer Zweifel. Aber Häftlinge hatten nur dann eine Überlebenschance, wenn sie sich disziplinierten.

Wenn Eltern ihren Pflichten nachkommen, schicken sie ihre Kinder erzogen zur Schule, d. h. die Kinder akzeptieren die soziale Ordnung, achten auf die Einhaltung bestimmter Regeln, nehmen aufeinander Rücksicht und sind bereit, individuelle Bedürfnisse einzuschränken oder aufzuschieben. Und die Lehrer freuen sich, wenn ihnen die Eltern erzogene Kindern zur Schule schicken.

Offenbar ist vielen Menschen gar nicht mehr bewusst, dass Schulen auch Disziplinierungsanstalten sind. Neben dem Recht auf einen Schulbesuch gibt es eine Pflicht, diese Anstalten zu besuchen. Manchmal wird sogar Schulzwang ausgeübt. Viele Internate sind Disziplinierungsanstalten eigener Art. In den berühmten britischen Internaten werden die Schüler einem strengen Reglement unterworfen. Erstaunlicherweise sind die Absolventen stolz, wenn sie die Zeit mit dem erstrebten Abschluss in der Tasche überstanden haben.

Die Disziplin im Unterricht ist die für das Lehren und Lernen in Gruppen erforderliche soziale Ordnung, die durch mehrere Verhaltensregeln näher bestimmt wird. Ist die soziale Ordnung gestört, sind Lehren und Lernen nur noch unter hohem Zeitverlust oder gar nicht mehr möglich. Zur Einhaltung der sozialen Ordnung müssen alle Beteiligten spezifische Bedürfnisse einschränken, aufschieben oder Verzicht üben. Dies gilt insbesondere für das Kommunikations- und für das Bewegungsbedürfnis. Die Unterrichtsdisziplin variiert von Schulstufe zu Schulstufe, von Fach zu Fach, von Unterrichtskonzeption zu Unterrichtskonzeption und von Lehr-Lernsituation zu Lehr-Lernsituation. Und sie variiert natürlich auch von Lehrer zu Lehrer. Fordern Lehrer von ihren Schülern ein diszipliniertes Verhalten, müssen sie diesen Machtanspruch begründen können. Unterrichtsdisziplin ist immer im Hinblick auf ein höherwertigeres Ziel zu verstehen. Disziplin um ihrer selbst willen sollte es im Unterricht nicht geben.

Anspruchsvolles Lernen ist ohne Disziplin nicht denkbar. Es erfordert Konzentration auf ein Ziel, Durchhaltevermögen und den Willen, Lernwiderstände zu überwinden. Diszipliniertes Verhalten muss geübt und trainiert werden. Dieses Üben erfordert Zeit, Geduld und Ausdauer, bis sich der erwünschte Übungserfolg einstellt. So müssen auch Schüler bestimmte Verhaltensweisen einüben, bis sie verinnerlicht sind.

Schulisches Lernen kann sich nur in einem Wechsel von Anspannung und Entspannung vollziehen. Schüler können sich nicht den ganzen Schultag über diszipliniert verhalten. Neben der erforderlichen Disziplin möchten Lehrer und Schüler auch Spaß haben. Schlagfertigkeit und Humor im Umgang miteinander verbessern zumeist das Lern- und Gruppenklima. Und wenn Lehrer auf die Widerwärtigkeiten des Schulalltags gelassen und humorvoll reagieren, wissen das die Schüler zu schätzen.

Hausaufgaben erfordern ein hohes Maß an Selbstdisziplin. Kinder aus sozial schwachen Familien sind mit den Hausaufgaben oft überfordert. Kinder begüterter Eltern nehmen die Hilfe kommerzieller Institutionen in Anspruch. Auf diese Weise ist auch das schulische Fortkommen bis zu einem gewissen Grad käuflich.

Ist die Unterrichtsdisziplin massiv gestört, liegt ein Disziplinkonflikt vor. Meist ist dann der Lehrer stark betroffen und beeinträchtigt. Um die Aufmerksamkeit der Schüler zurückzugewinnen, steht ihm ein breites Interventionsrepertoire zur Verfügung.

Zu unterscheiden sind Disziplinierungstechniken und pädagogische Maßnahmen. Erstere zielen darauf ab, in der konkreten Situation unerwünschte Verhaltensweisen abzustellen, z. B. durch Klassenbucheinträge oder Strafarbeiten. Pädagogische Maßnahmen hingegen sollen bei den Schülern eine Verhaltensänderung durch Bewusstseinserweiterung bewirken. Pädagogische Maßnahmen stehen in einem direkten Zusammenhang zum unerwünschten Verhalten und lassen sich deswegen überzeugend begründen. Ausgebildete Lehrer arbeiten überwiegend mit pädagogischen Maßnahmen, doch können sie nicht ganz auf den Einsatz von Disziplinierungstechniken verzichten.

Rituale können zwar vorübergehend die Schüler zur Besinnung, zur Ruhe und Ausgeglichenheit führen, aber sie allein sind kaum geeignet, die für das Lehren und Lernen in Gruppen erforderliche soziale Ordnung zu sichern. Rituale werden in ihrer Bedeutung häufig überschätzt.

Fragt man nach den Konfliktursachen, kommen zahlreiche Faktoren ins Spiel. Natürlich gibt es Problemschüler, die immer wieder in den Klassen für chaotische Verhältnisse sorgen. Aber der Verursachungsschwerpunkt liegt eindeutig bei den Erwachsenen. So richten sich die Unterrichtszeiten nicht nach den Lernmöglichkeiten der Schüler, sondern in erster Linie nach den Lehrvorlieben der Lehrer.

Letztere unterrichten an vielen Halbtagsschulen wie vor 89 Jahren. Sie liefern am Vormittag ihre Fachkenntnisse ab und fordern die Schüler auf, am Nachmittag zu lernen und zu üben. Sie erteilen Hausaufgaben und lassen die Schüler mit diesen Aufgaben allein. Lehrer möchten sich ihre »Zeitautonomie« bewahren und um 13 Uhr den Wettlauf zum Parkplatz gewinnen. In sechs aufeinanderfolgenden Kurzstunden bieten sie den Schülern oft so viele verschiedene Lerninhalte an, dass um die Mittagszeit bei vielen Schülern »verschmutzte Gehirne« zurückbleiben.

Als Fachlehrer sind sie zwar meist hinreichend fachkompetent, aber es mangelt ihnen häufig an methodischer, sozialer und personaler Kompetenz. Als Fachlehrer unterrichten sie ihr Fach, nicht aber die ihnen anvertrauten Schüler. Allein aufgrund der großen Schülerzahl können sie selten konstruktive Beziehungen zu den Schülern aufbauen. Deshalb herrscht oft eine Beziehungslosigkeit vor. Von einer wechselseitigen Verantwortung für den Unterricht kann selten die Rede sein. Fachlehrer, die eine Klasse nur für zwei Kurzstunden in der Woche sehen, sind nicht in der Lage, eine Gruppe in das gruppendynamisch erwünschte Stadium der konstruktiven Kooperation zu führen. Wenn Klassenzimmer Wartesälen gleichen, fordert allein schon die rigide Atmosphäre zur Disziplinlosigkeit auf.

Die hier aufgeführten Faktoren erklären auch die Unterschiede zwischen Grundschulen und weiterführenden Schulen. Während zehnjährige Grundschüler bei internationalen Vergleichsstudien relativ gut abschneiden, fallen die 15-jährigen Schüler an weiterführenden Schulen deutlich zurück. Während Grundschullehrerinnen über ein hohes Sozialprestige verfügen, müssen sich die Lehrer an weiterführenden Schulen mit einem geringeren Ansehen begnügen.

Nun zu den Folgerungen. In gut geführten Grundschulklassen sind Disziplinkonflikte selten. Die Lehrerin und die Schüler gestalten gemeinsam den Unterricht und fühlen sich auch gemeinsam für die Lehr-Lernergebnisse verantwortlich. Auch an finnischen Schulen sind Disziplinkonflikte weitgehend unbekannt. Dort werden die Lehrer im Rahmen ihres Studiums auf ihre Funktionen als Klassenlehrer vorbereitet. Die Schüler betrachten ihre Lehrer als Freunde, die ihnen beim Lernen helfen. Diese positiven Erfahrungen ließen sich kostenneutral auf alle weiterführenden Schulen in der Bundesrepublik Deutschland übertragen.

Die Anzahl der Disziplinkonflikte ließe sich reduzieren, würde man den Selektionszeitpunkt auf das zwölfte Lebensjahr verlagern. Da die prognostische Validität der Grundschulgutachten gering ist, erscheint die Selektion zehnjähriger Kinder unverantwortlich. Sitzenbleiber und Rückläufer sind mit eine Ursache für zahlreiche Disziplinkonflikte. Sinnvoll erscheinen die erste Systemdifferenzierung nach dem zwölften Lebensjahr und der Übergang zu einem zweigliedrigen Schulsystem wie im Bundesland Sachsen.

Besonders wichtig erscheint die Ausbildung der Lehrer zu Klassenlehrern, die für jeweils drei Jahre verantwortlich eine Klasse führen und die Schüler beim Lernen betreuen. Klassenlehrer können zu ihren Schülern eine förderliche Beziehung aufbauen. Gerade in der Pubertät benötigen Schüler eine Bezugsperson, die ihnen als Ansprechpartner zur Verfügung steht, die ihnen Orientierungen bietet und der sie sich verantwortlich fühlen. Klassenlehrer lehren täglich in ihrer eigenen Klasse, kennen die Lernmöglichkeiten ihrer Schüler ziemlich genau und können Differenzierungsmaßnahmen ergreifen.

Sie können auch konfliktprophylaktisch verfahren und angemessener intervenieren. Da sie täglich unterrichten, ist es ihnen auch möglich, die Kontinuität des Lehrens und Lernens zu wahren, wodurch die Lehr-Lerneffektivität wesentlich gesteigert werden kann. Gemeinsam mit den Schülern gestalten sie das Klassenzimmer zu einer Lernumgebung, in der sich verschiedene Unterrichtskonzeptionen realisieren lassen. Klassenlehrer können gruppendynamische Prozesse überschauen, sozialsteuernd eingreifen, die Schüler in das Stadium der konstruktiven Kooperation führen.

Besonders wichtig ist eine Reduzierung der Fächerzahl durch fächerübergreifenden Unterricht oder durch Epochenunterricht bzw. Kursunterricht. Schüler können sich nicht sinnvoll mit sechs verschiedenen Lerninhalten am Vormittag befassen und zwölf verschiedene Fächer pro Woche ertragen. International üblich sind sechs bis sieben Fächer. Weiterhin sollte Blockunterricht die Regel sein, damit anspruchsvolles Lernen im Unterricht überhaupt erst möglich wird und die Schule zum Lernort werden kann.

Die Lehrerausbildung ist auf den Erwerb von Handlungskompetenzen auszurichten. Lehrer sollten Schüler motivieren, verständlich erklären, den Schülern zuhören, ihnen beim Lernen helfen und Lernleistungen differenziert beurteilen können. Dies und vieles andere mehr lässt sich weitgehend erlernen (Becker 2008). Studienbegleitende Praktika – Tages- und Blockpraktika sowie ein Auslandspraktikum – können den Kompetenzerwerb fördern.

Gleiches gilt für Kurse zum Training des Lehrverhaltens mithilfe von Filmaufzeichnungen in Kleingruppen. Diese Kurse sind zwar zeit- und personalintensiv, werden aber von den Trainingsteilnehmern überaus geschätzt. Lehrveranstaltungen zur Unterrichtsplanung, -durchführung und -auswertung sowie zur Konfliktbewältigung sollten obligatorisch sein. Um die Lernvoraussetzungen und Lernmöglichkeiten der Schüler besser berücksichtigen zu können, sind obligatorische Einführungsveranstaltungen in die Lern- und Entwicklungspsychologie unverzichtbar.

Neben dem Kompetenzerwerb stellt sich im Rahmen eines Lehramtsstudiums die Frage der Persönlichkeitsbildung. Leider werden nicht alle Lehrer von den Schülern als Persönlichkeiten geschätzt. Nicht alle erweisen sich als fach-, methoden- und sozialkompetent, gehen verständnisvoll mit den Schülern um, bewahren bei auftretenden Disziplinschwierigkeiten den Überblick und sind in der Lage, die kleinen Widerwärtigkeiten des Schulalltags humorvoll zu ertragen. Nur wenige Lehrer verfügen über ein hohes Maß an natürlicher Autorität. Bei diesen Lehrern üben die Schüler Selbstdisziplin, weil sie das positive Gefühl haben, vom Unterricht zu profitieren.

In diesem Zusammenhang erscheint die Einsicht bedeutsam, dass nicht allein die Persönlichkeit des Lehrers ausschlaggebend ist, wie häufig behauptet wird. Statt dessen sollte man diese fragwürdige Persönlichkeitsideologie relativieren und sie durch eine realistischere dynamische Betrachtungsweise ersetzen. Man ist nicht eine Persönlichkeit, sondern man wird durch ständiges Bemühen zu einer Lehrerpersönlichkeit.

Empirische Studien und Ergebnisse sind für unser Thema nur begrenzt verwertbar. Meist geben die Studien einige nützliche Hinweise, wie sich die Schüler disziplinieren lassen. Aber sie vernachlässigen den kulturgeschichtlichen und zeitgeschichtlichen Hintergrund. Unberücksichtigt bleiben meist auch Faktoren wie die Schulstufe, die Schulart, die Lerninhalte, die Unterrichtskonzeption, die Unterrichtsorganisation und die Rahmenbedingungen. Weitgehend unberücksichtigt bleiben auch bedeutsame Faktoren wie die Lehrerausbildung und die Lehrerpersönlichkeit.

Von besonderem gesellschaftspolitischem Interesse ist der Übergang von der Disziplin zur Verweigerung, vom Gehorsam zum Ungehorsam. Es wäre fahrlässig, würde man Schüler ausschließlich disziplinieren und zur Selbstdisziplin anhalten. Bei gesellschaftlichen Fehlentwicklungen und in Ausnahmesituationen sollten sie bereit und in der Lage sein, hinzuschauen und nicht wegzusehen, sich zu solidarisieren und Widerstand zu leisten.

Literaturverzeichnis

Adorno, Th. (1965): Tabus über den Lehrberuf. In: Neue Sammlung 6, S. 487–498.

Becker, G. E. (2006): Lehrer lösen Konflikte. Weinheim: Beltz.

Becker, G. E. (2007a): Unterricht auswerten und beurteilen. Weinheim: Beltz.

Becker, G. E. (2007b): Unterricht planen. Weinheim: Beltz.

Becker, G. E. (2008): Unterricht durchführen. Weinheim: Beltz.

Becker, G. E., B. Dietrich und E. Kaier (1982): Konfliktbewältigung im Unterricht. Bad Heilbrunn: Klinkhardt.

Benden, M. (Hrsg.) (1977): Zur Zielproblematik in der Pädagogik. Bad Heilbrunn: Klinkhardt.

Bergmann, W. (2007): Disziplin ohne Angst. Weinheim: Beltz.

Bonner, S., u. A. Weiss (2008): Generation doof. Bergisch Gladbach: Lübbe.

Borgius, W. (1981): Die Schule – Ein Frevel an der Jugend. Freiburg: Mackay-Gesellschaft.

Bracher, K. D. (1984): Das Gewissen steht auf. Lebensbilder aus dem deutschen Widerstand 1933–1945. Mainz: von Hase & Köhler.

Brumlik, M. (Hrsg.) (2007): Vom Missbrauch der Disziplin. Weinheim: Beltz.

Buchner, Ch. (2006): Disziplin – kein Schnee von gestern, sondern eine Tugend für morgen. Kirchzarten b. Freiburg: VAK.

Bueb, B. (2006): Lob der Disziplin. Berlin: Ullstein.

Bueb, B. (2008): Von der Pflicht zu führen. Berlin: Ullstein.

Dahrendorf, R. (2003): Über Grenzen. Lebenserinnerungen. München: Beck.

Döbert, H., u. G. Scholz (1985): Ordnung und Disziplin in der Schule. Berlin: Volk und Wissen.

Dörr, M. (2007): Der Krieg hat uns geprägt. Frankfurt am Main: Campus, 2 Bände.

Ennulat, G. (2008): Kriegskinder. Stuttgart: Klett-Cotta.

Flanders, Ned A. (1970): Analyzing Teaching Behavior. Reading, Mass.: Addison-Wesley

Friedrichs, J. (2008): Gestatten: Elite. Hamburg: Hoffmann und Campe.

Galtung, J. (1975): Strukturelle Gewalt.

Gauger, J.-D. (2008): »68« – Wirkung auf Bildung und Erziehung. In: B. Vogel und M. Kutsch (Hrsg.): 40 Jahre 1968. Alte und neue Mythen – Eine Streitschrift. Freiburg: Herder, S. 225–258.

Giesecke, H. (1977): Emanzipierende Mitbestimmung als Erziehungsziel des Demokratisierungsprozesses. In: M. Benden (Hrsg.): Zur Zielproblematik in der Pädagogik. Bad Heilbrunn: Klinkhardt.

Gonschorek, G./Schneider, S. (2005): Einführung in die Schulpädagogik und Unterrichtsplanung. Donauwörth: Auer.

Gordon, Th. (1977): Lehrer-Schüler-Konferenz. Hamburg: Hoffmann und Campe.

Hesse, H. (1906/2007): Unterm Rad. Frankfurt am Main: Suhrkamp.

Hofer, M., et al. (2008): Schule–Freizeit–Konflikte, Wertorientierungen, motivationale Interferenz und Leistungen bei Grundschülern. In: Unterrichtswissenschaft 36, 3, S. 197–215.

Keller, G. (2008): Disziplinmanagement in der Schulklasse. Bern: Huber.

Kempowski, W. (1981): Unser Herr Böckelmann. Hamburg: Albrecht Knaus.

Kohlberg, L. (1974): Zur kognitiven Entwicklung des Kindes. Frankfurt am Main: Suhrkamp.

Kohler, B. (2002): Hausaufgaben. Helfen – aber wie? Weinheim: Beltz.

Kounin, J. S. (1976): Techniken der Klassenführung. Stuttgart: Huber-Klett.

Krowatschek, D., et al. (2008): Disziplin im Klassenzimmer. Buxtehude: AOL.

Lange-Garritsen, H. (1972): Strukturkonflikte des Lehrerberufs. Düsseldorf: Bertelsmann.

Mickel, W. W. (Hrsg.) (1999): Handbuch zur politischen Bildung. Bonn: Bundeszentrale für politische Bildung.

Milgram, S. (1974): Das Milgram-Experiment. Zur Gehorsamsbereitschaft gegenüber Autorität. Reinbek bei Hamburg: Rowohlt.

Miller, R. (2004): 99 Schritte zum professionellen Lehrer. Seelze: Kallmeyer.

Passig, K., u. S. Lobo (2008): Dinge geregelt kriegen ohne einen Funken Selbstdisziplin. Berlin: Rowohlt.

Rackwitz, R.-Ph. (2005): Bildungsfaktor Nachhilfe. Erkaufte Bildungschancen. In: Pädagogik 57, 12, S. 36–42.

Reich, W. (1980): Wie erreiche ich im Unterricht Disziplin? Berlin: Volk und Wissen.

Rüedi, J. (2002): Disziplin in der Schule. Bern: Haupt.

Rutter, M., et al. (1980): Fünfzehntausend Stunden. Weinheim: Beltz.

Schneider, H. (1999): Der Beutelsbacher Konsens. In: W. W. Mickel (Hrsg.): Handbuch zur politischen Bildung. Bonn: Bundeszentrale für politische Bildung.

Schneider, K. (Hrsg.) (1985): Das verdrängte Disziplinproblem. Langenau/Ulm: Armin Vaas.

Schönbohm, W. (2008): Politische Verirrungen und gesellschaftliche Veränderungen. In: B. Vogel und M. Kutsch (Hrsg.): 40 Jahre 1968. Alte und neue Mythen – Eine Streitschrift. Freiburg: Herder, S. 16–30.

Ulich, D (1971): Gruppendynamik in der Schulklasse. München: Ehrenwirth.

Vogel, B., u. M. Kutsch, Hrsg. (2008): 40 Jahre 1968. Alte und neue Mythen – Eine Streitschrift. Freiburg: Herder.

Wahl, D. (2005): Lernumgebungen erfolgreich gestalten. Bad Heilbrunn: Klinkhardt.

Walberg, H. (1990): Productive Teaching and Instruction. In: PHI DELTA KAPPAN, February, S. 470–478.

Wilhelm, Th. (1960): Pädagogik der Gegenwart. Stuttgart: Kröner.

Winterhoff, M. (2008): Warum unsere Kinder Tyrannen werden. München: Gütersloher Verlagshaus.

Sachverzeichnis

Arbeitsdisziplin 108

Begriff 11
Bewegungsbedürfnis 76
Bewegungsübungen 109
Beziehungslosigkeit 163
Bildungsfinanzierung 157
Brennpunktschulen 88

Disziplin
– Fremd- 11
– Partei- 12
– Selbst- 11, 15
– Wissenschafts- 12
Disziplinbesessenheit 40
Disziplinierungstechniken 15
Disziplin, übersteigerte 37

Elite 72
Elternabende 153
Erfolge 42
Erziehung 45
Erziehungsarbeit 50
Erziehungsbedürftigkeit 59
Erziehungsnotwendigkeit 59
Erziehungsprozess 59
Extremkonflikte 128

Fächerfolge 162
Fächerzahl 161
Familie 45
Frontalunterricht 158
Führung 16

Ganztagsschulen 125
Glück 43
Größe der Lerngruppe 164

»heimlicher Lehrplan« 124
»Homeschooling« 67
Halbtagsschulen 125
Handeln, zivilcouragiertes 197
Humor 118

Informationstechnologie 166
Internate 68

Klassenklima 85
Klassenlehrer 170
Klassenrat 179
Kommunikationsbedürfnis 76
Konferenzen 153
Konfliktursachen 156
Konkurrenz 42
Kurzstunden 160

Lehrerbildung 157
Lehrerpersönlichkeit 184
Lehr- und Erziehungsstile 165
Lernbedürfnisse 95
Lernhaltung
– aktiv-produktive 94
– passiv-rezeptiv 94
Lernstrategien 96
Lerntechniken 96
Lernumgebungen 99
Lob 57

Machthaber, nationalsozialistische 24
metakommunikativ 100
Metaunterricht 100
Methodenmonotonie 167
Mitbestimmung, emanzipatorische 196
Mobbing 120

Nachhilfeunterricht 126
Nähe-Distanz-Problem 169
Normen 20

preußisch-schwäbische Tugenden 11, 182
Problemlehrer 153
Problemschüler 165

Rahmenbedingungen 157, 164
Randkonflikte 128
Regeln 103

Scheinkonflikte 128
Schlagfertigkeit 118
Schüler, mediensüchtige 167
Selbstdisziplin 126
Sozialisation 46
Stadien, gruppendynamische 90
Steigerungszwang 41
Stilleübungen 109, 179
Streitschlichterprogramm 112
Stundenpläne 161
Suchtverhalten 41
Systemdifferenzierung 159

Tutoren 70

Unterrichtsdisziplin 84
Unterrichtskonzeptionen 158
Unterrichtsorganisation 158, 160

Vergleich, interkultureller 86
Verunsicherung, gesellschaftliche 166
Vorbild 47

Widerstand 197
Wohlstandsverwahrlosung 49

Zeitgeschichte
– Nachkriegszeit 29
– Weimarer Republik 22
– Wilhelminischen Zeit 18
– Zweiter Weltkrieg 27
Zentralkonflikte 128